学前教育专业新形态系列教材

U0692012

幼儿教师礼仪训练教程

第2版 微课版

黄永娴 马旭 ◎ 主编

李丹 林纹伶 ◎ 副主编

人民邮电出版社

北 京

图书在版编目（ＣＩＰ）数据

幼儿教师礼仪训练教程：微课版 / 黄永娴，马旭主编. -- 2版. -- 北京：人民邮电出版社，2023.10
学前教育专业新形态系列教材
ISBN 978-7-115-62475-8

Ⅰ. ①幼… Ⅱ. ①黄… ②马… Ⅲ. ①幼教人员－礼仪－高等学校－教材 Ⅳ. ①G615

中国国家版本馆CIP数据核字(2023)第150495号

内 容 提 要

本书以幼儿教师职业礼仪的训练与运用为主线，引导读者系统地学习幼儿教师职业礼仪，以塑造良好的职业形象，提升个人魅力和素质，更好地履行工作职责。本书共有十章，具体内容包括幼儿教师角色认知、幼儿教师礼仪概述、幼儿教师形象礼仪、幼儿教师交往礼仪、幼儿教师口语礼仪、幼儿园一日活动礼仪、家园共育礼仪、幼儿教师工作礼仪、幼儿教师活动礼仪，以及幼儿礼仪教育与幼儿行为素质培养等。

本书既可以作为普通职业院校及幼儿师范类院校学前教育等相关专业的教材，也可以作为广大幼儿园一线教师提升职业礼仪的参考书。

◆ 主　编　黄永娴　马　旭
　　副主编　李　丹　林纹伶
　　责任编辑　楼雪樵
　　责任印制　王　郁　彭志环
◆ 人民邮电出版社出版发行　　北京市丰台区成寿寺路 11 号
　　邮编 100164　电子邮件 315@ptpress.com.cn
　　网址 https://www.ptpress.com.cn
　　固安县铭成印刷有限公司印刷
◆ 开本：787×1092　1/16
　　印张：11.25　　　　　　　　2023 年 10 月第 2 版
　　字数：303 千字　　　　　　2025 年 7 月河北第 2 次印刷

定价：42.00 元

读者服务热线：(010)81055256　印装质量热线：(010)81055316
反盗版热线：(010)81055315

前言 FOREWORD

幼儿都具有向师性，在幼儿的心目中，幼儿教师就是榜样。幼儿教师的仪容仪表、言谈举止所传递的信息是幼儿最直观、最容易接收的，蕴含着教育的力量。因此，加强幼儿教师礼仪训练，不仅是为了提升幼儿教师的职业形象，完成日常幼儿教育工作，还是为了正向引导我们的下一代，给幼儿树立学习的榜样，真正做到"为人师表"。

幼儿教师除了要培养真诚友善、友好热情、谦和虚心、理解宽容的待人态度，养成端庄大方、文雅、有礼有节的行为举止外，还要把教师礼仪作为一项基本的职业素养，言传身教，实施新时代的幼儿园礼仪教育。具备良好的礼仪修养，能让幼儿教师在幼儿教育工作中举止大方、谈吐得体、应付自如，展现良好的职业形象和教育水平。

党的二十大报告指出，教育要落实立德树人根本任务，培养德智体美劳全面发展的社会主义建设者和接班人；加强师德师风建设，培养高素质教师队伍，弘扬尊师重教社会风尚。本书编写团队立足新发展阶段，贯彻新教育理念，落实党的二十大精神，在吸纳学前教育新经验、新成果的基础上对第 1 版教材内容进行了修订。

本次修订的主要内容如下。

• 贯彻落实党的二十大精神，顺应时代发展，融入新教育理念，精选大量真实案例进行解读，更加注重理论与实践教学的结合。

• 对部分章节内容进行了增删，新增了幼儿教师角色认知、幼儿礼仪指导与素质培养等内容，体系更完善，内容更精练。

• 落实教育立德树人的根本任务，在"学习目标"板块增加了对素质能力的要求，更加贴合课堂教学的实际需求。

与第 1 版相比，本版内容更符合学前教育改革发展的要求，突出指导性、示范性和实践性，强调学、做、行一体化。

此外，本书还提供了丰富的教学资源，教师登录人邮教育社区（www.ryjiaoyu.com）搜索本书便可获取资源。

由于编者水平有限，书中难免存在不足和疏漏之处，恳请广大读者批评指正。

编　者
2023 年 6 月

目录
CONTENTS

01

第一章
幼儿教师角色认知

学习目标

> ➤ 了解幼儿教育的特点、作用与意义。
> ➤ 了解幼儿教育的目标与任务。
> ➤ 了解幼儿教师的职业特点。
> ➤ 掌握幼儿教师的职业角色定位。
> ➤ 掌握幼儿教师的职业素养。
> ➤ 不断学习，提升个人魅力，塑造受幼儿尊敬和爱戴的幼儿教师形象。
> ➤ 树立正确的幼儿教师职业观。

　　幼儿教师不仅是科学知识的传播者，还是幼儿美好心灵的塑造者、幼儿行为的示范者。幼儿教师要明确自身定位，了解职业特点，处理好自身与幼儿之间的关系，具备良好的职业素养，以更好地言传身教。

第一节　幼儿教育认知

引导案例

　　幼儿园中班的徐老师带着小朋友们观察各种各样开得非常漂亮的花时，问了小朋友们一个问题："你们知道，花儿为什么会开吗？"
　　第1位小朋友说："它们睡醒了，想看看太阳。"
　　第2位小朋友说："它们一伸懒腰，就把花骨朵顶开了！"
　　第3位小朋友说："它们想和我们比一比，看谁穿得更漂亮。"
　　第4位小朋友说："它们想看看，我们会不会把它们摘走。"
　　第5位小朋友说："它们也长着耳朵，想听我们唱歌。"
　　突然，一位小朋友问了徐老师一句："老师，您说呢？"
　　徐老师想了想，说："花儿特别懂事，它们知道你们都喜欢它们后，就仰起小脸，开心地笑了！"
　　听到这儿，小朋友们都笑了，那笑脸比花儿更好看。
　　只有徐老师自己知道，她原来的答案是：花开了，是因为春天来了。

　　幼儿教育是指能够影响幼儿身体、认知、情感、性格等方面发展的有目的的活动。幼儿教师要了解幼儿教育的特点、作用及意义，掌握幼儿教育的目标与任务，以便更好地对幼儿实施教育。

一、幼儿教育的特点

　　幼儿教育主要指的是对3~6岁幼儿所实施的教育。3~6岁是人成长发展的奠基时期，许多重要能力、个性品质都是在这个时期形成的。幼儿教育具有以下特点。

（一）生活化

　　幼儿的年龄特征与身心发展需要，决定了幼儿教育目标和内容的广泛性。除了学习认识周围世界、启迪其心智的知识外，幼儿还要培养基本的生活能力、自理能力、沟通能力、审美能力等。这些广泛的学习内容不可能仅仅依靠教师设计、组织的教育教学活动获得，也不可能只通过口耳相传的方式获得，需要幼儿在实际生活中获得，在真正交往中获得。即使是认知方面的学习内容，也要紧密结合幼儿的生活经验进行传授，才能被幼儿理解和接受。

（二）游戏化

符合幼儿年龄特征的游戏，能够满足幼儿的各种身心需要，是幼儿教育的基本活动。从本质上来看，游戏是一种自由自发的主体性活动，对幼儿的发展有着多方面的价值。游戏是幼儿基本的学习方式，也是深受幼儿喜爱的活动方式，所以游戏化是幼儿教育的重要特征之一。

（三）活动性

幼儿主要通过身体的各种感官来认识世界。只有在获得丰富的感性经验的基础上，幼儿才能理解事物，才能对事物形成相对抽象的认识。幼儿的这种认知方式和认知特点，使幼儿教育必须以幼儿主动参与的教育性活动为基本的存在形式。对于幼儿来说，只有在活动中的学习才是有意义的学习。

（四）潜在性

从本质上讲，幼儿教育是有目的、有计划的教育，幼儿园课程也有明确的课程目标和基本的学习领域。但鉴于幼儿的身心发展特点和学习特点，幼儿教育应体现在生活、游戏和其他幼儿喜闻乐见的活动形式中，不应直接体现在课程表、教材和课堂中。

幼儿教师根据课程目的、内容、要求精心设计学习环境，支持幼儿进行探索学习，这些理念和行动并不能被幼儿清楚地认识到。幼儿能感受到的是环境、活动、材料和教师的言行，而不是教师的教育目的和期望。也就是说，幼儿教育通过环境、活动、材料和教师的言行，对幼儿发挥作用。

二、幼儿教育的作用与意义

有些人认为，幼儿教育不就是带一帮小朋友玩吗，树大自然直，一个人以后能不能成材，主要看遗传，关键在自己的选择。这种观点是不正确的，幼儿教育对幼儿的身心发展具有极其重要的作用。

（一）促进幼儿生长发育

根据幼儿生长发育的特点，幼儿教育会有计划地为幼儿创设使其身心愉快的环境。幼儿园会合理地安排营养保健和日常生活，科学地组织体育锻炼，培养幼儿良好的生活卫生习惯，提高幼儿的适应能力，帮助幼儿增强体质，健康地成长。

（二）促进幼儿智力发展

幼儿期是幼儿智力发展的关键时期。研究证明，幼儿期是幼儿语言、形状知觉、音感等发展的敏感期，幼儿在这个时期若能得到适宜的教育，就会收到事半功倍的效果。这一阶段的教育是人生其他任何阶段的教育都不可替代的。

（三）促进幼儿人格发展

道德修养、人格品质是个体素质的核心组成部分，是在社会化的过程中逐步形成与发展起来的。研究表明，6岁前是幼儿养成良好社会性行为和形成人格品质的重要时期。良好的幼儿教育能够有力地促进幼儿社会交往能力、爱心、责任感等方面的发展，促进幼儿形成良好的行为习惯和优秀的人格品质。

（四）促进幼儿想象力、创造力发展

幼儿天性爱美，喜欢借用形象、声音、色彩、身体动作等来思考和表达，如他们喜欢明亮的色彩、和谐的节奏、动人的故事，喜欢画画、做手工、唱歌跳舞等。根据幼儿思维、情感的特点，幼

儿教育以美熏陶、感染幼儿，满足其爱美的天性，激发其表现美、创造美的欲望，促进其想象力、创造力的发展。

幼儿教育不但对幼儿的身心发展十分重要，而且对教育事业的发展，对家庭、社会的稳定与进步同样具有深远的价值，如图 1-1 所示。

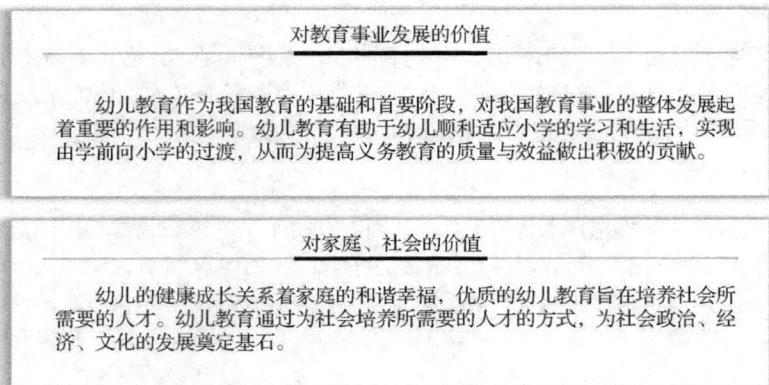

对教育事业发展的价值

　　幼儿教育作为我国教育的基础和首要阶段，对我国教育事业的整体发展起着重要的作用和影响。幼儿教育有助于幼儿顺利适应小学的学习和生活，实现由学前向小学的过渡，从而为提高义务教育的质量与效益做出积极的贡献。

对家庭、社会的价值

　　幼儿的健康成长关系着家庭的和谐幸福，优质的幼儿教育旨在培养社会所需要的人才。幼儿教育通过为社会培养所需要的人才的方式，为社会政治、经济、文化的发展奠定基石。

图 1-1　幼儿教育的价值

三、幼儿教育思想的发展

在幼儿教育发展的漫长过程中，人类关于幼儿教育的思考和认识不断加深，形成了丰富的幼儿教育思想。下面简要介绍几位著名幼儿教育家的教育思想。

（一）蒙台梭利及其教育思想

蒙台梭利是 20 世纪享誉全球的幼儿教育家。她创立的独特的幼儿教育方法深刻地影响了世界各国的教育水平和社会发展。蒙台梭利教育法的特点在于十分重视幼儿的早期教育。蒙台梭利主要的教育理念如下。

1. 遵从幼儿自我学习法则

蒙台梭利十分重视幼儿的自由活动。她反对以成人为中心的教育，反对传统的班级统一教学，认为幼儿是独立的个体，应鼓励他们在探索中学习并发展自我。

2. 重视教育环境

蒙台梭利认为，幼儿的发展离不开良好的学习环境，适宜幼儿发展的环境应是一个自由发展的环境，是一个有秩序、生机勃勃，适合幼儿年龄，能给幼儿带来愉快感受的环境。

3. 重视幼儿教师的作用

蒙台梭利认为，幼儿教师是环境的创设者、观察者和指导者。幼儿教师应为幼儿精心设计环境和各种学习材料，提供必要的发展手段，保证幼儿进行自由的学习。

4. 主张幼儿的自由和作业的组织相结合

蒙台梭利认为，给予幼儿自由和幼儿教师对作业的组织是一个统一体的两个侧面。理想的作业组织既能给幼儿发挥能量的机会，也能使幼儿获得满足。她认为，幼儿教师在为幼儿的自由发展创造条件的同时，也要设置必要的纪律。

5. 重视感觉教育

在蒙台梭利的教育理念中，感觉教育是十分重要的内容。她认为 3～6 岁是幼儿身心迅速发展的时期，此时必须对幼儿进行系统、多方面的感官训练，使他们通过与外部世界的直接接触获得更好的智力发展。

蒙台梭利的教育理念旨在全面提升幼儿素质，发展幼儿潜能。她巧妙地利用幼儿自身的成长要求，让幼儿在不失去自由与快乐的前提下获得良好的教育。虽然有人指责她的教育偏重智能培养而忽视了对幼儿情感的陶冶、社会化活动能力的培养，但她的观点无疑推动了幼儿教育的发展。

（二）陶行知及其教育思想

陶行知是我国著名的教育家。在教育实践中，他创立了生活教育理论和教、学、做合一的教育方法。陶行知的幼儿教育思想在今天仍然具有极大的现实意义。

1. 倡导农村幼儿教育

在中国幼儿教育的起步阶段，国内很少有符合本国国情的幼儿园，陶行知提倡创办中国的、省钱的、平民的幼儿园。他身体力行地积极推行平民教育、乡村幼儿教育。

2. 重视幼儿教育的价值

陶行知高度评价幼儿教育的社会价值，向社会宣传幼儿教育的重要性，如"幼儿教育实为人生之基础""小学教育应当普及，幼稚教育也应当普及"。

3. 主张生活是教育的中心

陶行知认为，生活即教育，游戏即工作。他提出将幼儿园周围的社会生活、自然现象、家乡生产等内容编进教材的想法，鼓励幼儿参加种植、饲养等劳动，让幼儿在劳动中学会自己解决问题，获得各项生活能力。

4. 主张教、学、做合一

陶行知主张教、学、做合一。他认为，运用"教、学、做合一"的教学方法对幼儿进行教育，才能更好地培养幼儿多方面的能力。"教、学、做合一"主要包括三个方面：一是教的方法要根据学的方法，学的方法要根据做的方法；二是强调在做中教、在做中学；三是教育的本质就是教人做事，"做"是"学"的中心，也是"教"的中心。可见"教、学、做合一"即现在所说的理论与实际相结合，学以致用。

5. 启发幼儿创造力

陶行知认为教育要启发幼儿的创造力，为他们的创造力发展提供条件和机会。陶行知认为，人人都是创造之人，没有年纪大小的差别，也没有愚钝与聪慧的区别；时时都是创造之时，而且往往是在山穷水尽时，创造的契机才会真正来临。因此，幼儿教育者应尊重幼儿、信任幼儿，认可幼儿的创造才能，激发他们的创造热情，培养他们的创造能力。幼儿的潜力是无限的，幼儿教师要善于把握契机，为幼儿提供更大的舞台，帮助他们创造更多的精彩。

（三）陈鹤琴及其教育思想

陈鹤琴是我国著名的儿童教育家，一生致力于探索中国化、平民化、科学化的幼儿教育道路。陈鹤琴幼儿教育理论主要包括以下几点。

1. 提倡发展符合国情的中国化幼儿教育

陈鹤琴反对生搬外国的教材、教法，积极推进符合我国国情的、为大众服务的、培养民族新一代的幼儿教育。

2. 提倡"活教育"，反对旧教育

陈鹤琴提倡"活教育"，反对压抑人性、读死书、死读书的旧教育。他认为做人、做中国人、做现代中国人是教育的三大目标；幼儿应在做中教、做中学、做中求进步；大自然、大社会是我们的活教材。陈鹤琴的教育理念对中国幼儿教育各方面的发展都产生了重大而深远的影响。

（1）教育观。陈鹤琴指出，要遵照"活教育"的精神进行幼儿教育，鼓励幼儿自己动手动脑获得知识，教师必须尊重幼儿的自主性。

（2）教育目标。幼儿教育的目标应当是育人，培养国家民族所需要的新生代，培养那种身体健康、能建设、能创造、能合作、能服务的"现代中国人"。

（3）教育方法。实现"活教育"目标的教育方法，应当是"做中教，做中学"。

（4）教育内容。幼儿教育应以大自然、大社会为活教材，与实际紧密结合。

（5）教学原则。陈鹤琴提出的 17 条教学原则，如"凡儿童自己能够做的，应当让他自己做；凡儿童自己能够想的，应当让他自己想"等，体现了尊重幼儿的主体性、重视直接经验的教育思想。

此外，陈鹤琴还十分重视家庭对幼儿的影响，积极主张幼儿园与家庭合作共同教育幼儿。

四、幼儿教育的目标与任务

幼儿教育的目标是要根据教育目的并结合幼儿教育的性质与任务提出来的。教育目的即一个国家、民族通过教育把受教育者培养成什么样的人，是国家对培养人才的质量和规格的总体要求。幼儿教育的目标是教育的目的在学前教育这一阶段的具体化。

《幼儿园工作规程》明确指出幼儿园的任务是："贯彻国家的教育方针，按照保育与教育相结合的原则，遵循幼儿身心发展特点和规律，实施德、智、体、美等方面全面发展的教育，促进幼儿身心和谐发展。"其中，"全面"是指体、智、德、美等方面发展的整体性；"和谐"是指体、智、德、美等方面发展的有机性。

国家通过这一目标对全国幼儿教育进行领导和调控。

根据《幼儿园工作规程》，幼儿园保育和教育的主要目标如下。

（1）促进幼儿身体正常发育和机能的协调发展，增强体质，促进心理健康，培养良好的生活习惯、卫生习惯和参加体育活动的兴趣。

（2）发展幼儿智力，培养正确运用感官和运用语言交往的基本能力，增进对环境的认识，培养有益的兴趣和求知欲望，培养初步的动手能力。

（3）萌发幼儿爱祖国、爱家乡、爱集体、爱劳动、爱科学的情感，培养诚实、自信、友爱、勇敢、勤学、好问、爱护公物、克服困难、讲礼貌、守纪律等良好的品德行为和习惯，以及活泼开朗的性格。

（4）培养幼儿初步感受美和表现美的情趣和能力。

幼儿园教育目标的制定保证了教育目的在幼儿阶段的贯彻和落实，以上 4 个目标分别指向体育、智育、德育和美育。幼儿教育的目标指向了幼儿发展的领域和基本范围，描绘了幼儿发展的蓝图，为幼儿的全面发展指明了方向，也为幼儿教师选择幼儿教育活动的内容、教学的方法与手段、教育评价等提供了指导依据。

对幼儿实施全面发展教育是我国幼儿教育的基本出发点，也是我国幼儿教育法规所规定的幼儿教育的任务。幼儿教育的主要内容，从幼儿教师教育角度出发，可以分为幼儿体育、幼儿智育、幼儿德育与幼儿美育，如图 1-2 所示。

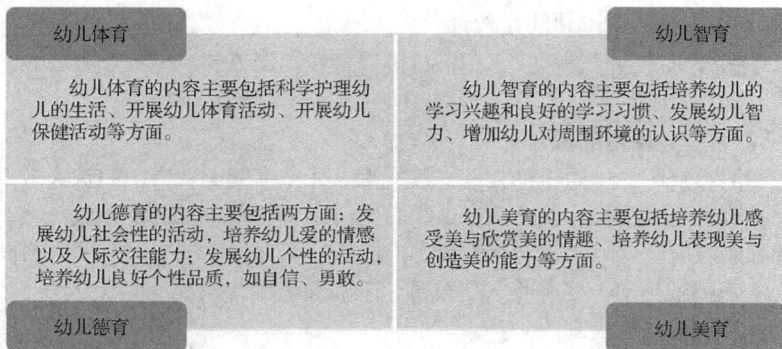

幼儿体育	幼儿智育
幼儿体育的内容主要包括科学护理幼儿的生活、开展幼儿体育活动、开展幼儿保健活动等方面。	幼儿智育的内容主要包括培养幼儿的学习兴趣和良好的学习习惯、发展幼儿智力、增加幼儿对周围环境的认识等方面。
幼儿德育的内容主要包括两方面：发展幼儿社会性的活动，培养幼儿爱的情感以及人际交往能力；发展幼儿个性的活动，培养幼儿良好个性品质，如自信、勇敢。	幼儿美育的内容主要包括培养幼儿感受美与欣赏美的情趣、培养幼儿表现美与创造美的能力等方面。
幼儿德育	幼儿美育

图 1-2　幼儿教育的主要内容

第二节　幼儿教师角色认知

引导案例

　　小萌是一名幼儿教师，今天是她入职的第一天。她走进教室时，小朋友们正在吃早饭。看到陌生人进来，他们都投来好奇的目光。这时一位小朋友跑过来并不友好地对她说："你是谁？你来我们班干吗？"小萌微笑着回答："我是新来的萌萌老师，你欢迎我吗？"这位小朋友倔强地说："哼，不欢迎，我不喜欢你。"

　　小萌愣了一下，虽然看到很多小朋友没有按餐桌礼仪就餐，但她并没有向前制止，而是蹲下来微笑着对身旁的这个小朋友说："哦，虽然你不喜欢我，但老师很喜欢你哟，肖晨晨。"小朋友一脸疑惑："你怎么知道我的名字？"小萌说："因为老师想和你做朋友……"小朋友看小萌的目光柔和多了，对她的敌意也消除了一大半。

　　这个小插曲并未影响小萌的情绪，她向大家投来关怀的目光，开始为小朋友们添菜盛汤。不一会儿，晨晨小朋友又跑过来，脸上还挂着米粒，羞涩地对老师说："我现在开始有点喜欢你了……"

　　幼儿教师角色问题的实质是幼儿教师在幼儿的生活、学习中扮演什么样的角色的问题。幼儿教师的角色认知直接影响幼儿教师与幼儿之间的关系，也影响幼儿教师所从事的工作。幼儿教师不仅是幼儿学习的支持者与指导者，还是幼儿的照顾者，幼儿的朋友与伙伴等。幼儿教师对自身有深刻的角色认知后，才能更加深入地投入幼教工作。

一、幼儿教师的职业特点

　　幼儿教师要想做好幼儿教育工作，首先必须明确幼儿教师的职业特点。幼儿教师的职业特点是由幼儿教育的任务和幼儿身心发展的特点决定的。幼儿教师既要根据幼儿的年龄特征，承担促进他们在体、智、德、美等方面发展的保育和教育任务，又要承担向社会、向家长宣传幼儿教育的价值及意义，指导家庭教育，服务家长的任务。

（一）工作对象的独特性

　　3～6岁幼儿感知事物的能力有限，对于他们来说，许多事物是第一次遇见，具有很强的吸引力。此阶段幼儿的思维以具体形象思维为主，语言的发展虽然迅速但水平较低，所以他们看问题的角度、处理事情的方法与成人是不同的。

　　对于幼儿的语言和行为，幼儿教师要给予充分的理解，尝试站在幼儿的角度考虑问题，设身处地地为他们着想，用他们能够接受的方式同他们沟通和交流，从而推动幼儿思维不断发展。

（二）工作任务的全面性

　　不同于其他教育阶段，幼儿教育是保教结合的教育。因此，幼儿教育的工作非常繁重，除了组织基本的学习活动外，还包括组织生活活动和游戏活动等，而且各种活动的进行都要以让幼儿在体、智、德、美等方面获得富有个性的发展为目标。

（三）工作内容的创造性

　　幼儿教师工作内容的创造性主要表现在以下两个方面。

　　（1）因材施教。幼儿在发展上既具有共同的年龄特征，又存在个体差异。幼儿教师应因材施教，为每个幼儿提供充分发展的机会。

（2）教育内容与教学方法的创新。教育过程不可无条件复制，幼儿教师要根据时代发展和教育对象的特点，创造性地选择教学内容和教学方法，为幼儿提供适宜的教育。

（四）工作方式的示范性

幼儿教师的智慧、思想情感、修养学识是通过言行感染、影响幼儿的。幼儿教师是幼儿模仿的重要对象，所以幼儿教师要不断提高自身修养，时刻注意自己的言谈举止，让自己成为幼儿的表率。

（五）教育效果的滞后性

幼儿教育是一项周期性很长的工作。在较短的时间内，幼儿教师很难看到自己辛勤劳动的成果。面对这种情况，幼儿教师应当正确认识自身的工作价值，以踏实的作风、良好的心态、高水平的职业素质展示幼儿教师的风采。幼儿园的重要性会随着社会的发展而凸显出来。

二、幼儿教师的角色定位

幼儿教师在幼儿教育中扮演的角色可以用"复杂""多样""全面"等词语来形容。幼儿教师的角色定位主要体现在以下几个方面。

（一）幼儿教师是教育者

幼儿教师作为幼儿的教育者，要为幼儿的学习创造良好的物质条件和心理环境。物质条件是指幼儿教师要为幼儿的学习提供操作材料与适宜的环境，让幼儿在与环境的互动中获得自信与发展。心理环境是指幼儿教师要为幼儿的学习营造快乐、轻松的心理氛围，充分尊重、理解并接纳幼儿的想法。

幼儿教师必须按照教育目的的要求及幼儿的身心发展规律，积极主动地为幼儿的学习创造条件，满足幼儿多方面的发展需求。幼儿教师扮演的主要角色如图 1-3 所示。

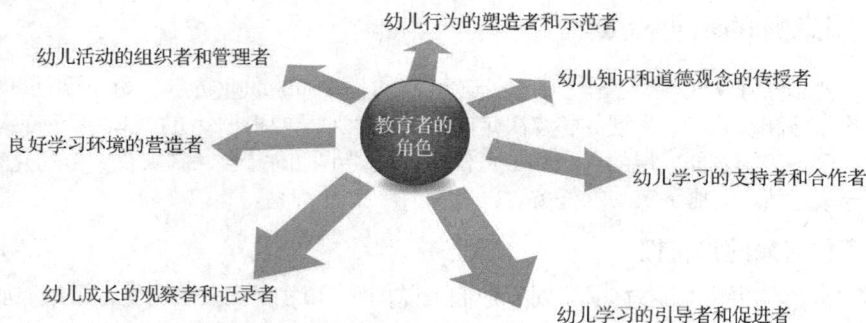

图 1-3　幼儿教师作为教育者扮演的主要角色

1. 幼儿行为的塑造者和示范者

在幼儿教育过程中，幼儿教师是幼儿行为的塑造者和示范者，在方方面面都要严于律己，做好幼儿的榜样，同时还要掌握塑造和矫正幼儿行为的方法，为幼儿创设一种环境，最大限度地强化幼儿的良好行为，消除其不规范的行为。

2. 幼儿知识和道德观念的传授者

幼儿教师的任务是向幼儿传授知识和道德观念并不断进行强化，而幼儿的任务是接受和消化这些知识和道德观念。

3. 幼儿学习的支持者和合作者

一方面，幼儿教师要为幼儿创设支持性的环境和提供可操作的材料，并营造温馨、宽松、安全、和谐的环境和建立平等、民主、合作的人际关系，从而支持幼儿的学习和探索；另一方面，在幼儿遇到困难和问题时，幼儿教师要以朋友、合作者的身份支持幼儿的主动探索，使幼儿的主动学习能够顺利进行。

4. 幼儿学习的引导者和促进者

由于幼儿的身心发展水平偏低，幼儿教师的引导作用就显得非常重要。幼儿教师的引导是为了让幼儿更好地成为学习的主体。幼儿教师要根据教学目标和幼儿认知结构的发展特点创设生动的教学情境，引导幼儿进行自主探索，让幼儿以积极的态度、饱满的热情和旺盛的精力投入学习活动。

5. 幼儿成长的观察者和记录者

幼儿教师要时刻留意幼儿的表现和活动情况，从而适时、恰当地参与其中，帮助和支持幼儿。同时，幼儿教师要不断积累教育经验，形成有关教学的规律性的认识，以便更好地为幼儿发展服务。

6. 良好学习环境的营造者

幼儿教师应致力于创设一种无拘无束、能够促进幼儿健康成长的心理氛围和允许幼儿自由选择的学习环境，这是建立和谐人际关系和促进幼儿人格成长的重要条件。

7. 幼儿活动的组织者和管理者

幼儿教师要组织课堂教学活动，进行班级管理，因此是幼儿活动的组织者和管理者。

（二）幼儿教师是幼儿游戏的参与者

游戏活动是幼儿的主要活动，也是幼儿教育的重要内容。游戏活动的特点是将课程内容融合在幼儿的自主探索活动中，让幼儿在游戏中主动捕捉其中的知识信息，并产生相应的情感体验。幼儿教师不仅是游戏材料的准备者，还是幼儿游戏的参与者。幼儿教师应主动与幼儿合作，同幼儿一起做游戏，扮演游戏中的角色，在游戏中指导幼儿，潜移默化地影响幼儿。

（三）幼儿教师是幼儿生活的照料者

由于缺乏生活经验、身心发展水平较低，幼儿的生活自理能力偏差、依赖性较强，需要幼儿教师各方面的关注和照顾。特别是对刚入园的小班生，幼儿教师应给予其母亲般的照顾，以消除其离家后的焦虑与不安，为其健康发展营造良好的生活环境，让其安心、愉快地在幼儿园里生活和学习。

（四）幼儿教师是幼儿的知心朋友

幼儿虽年龄小，但拥有丰富的内心世界。他们会有许多悄悄话和小秘密愿意与朋友分享。幼儿教师可以通过和幼儿交朋友的方式，与他们建立起亲密的朋友关系，真正走进他们的内心世界，洞察他们的心理活动。

（五）幼儿教师是幼儿教育的研究者和建构者

参与行动研究和理论建构活动是幼儿教师实现专业成长的必不可少和比较现实的途径，既有利于保证幼儿教师专业的可持续发展，也有利于保持幼儿教育研究本身的生机和活力。

三、幼儿教师与幼儿的关系

幼儿教师与幼儿的关系是影响教育效果的重要因素。幼儿教师与幼儿的关系，如图1-4所示。

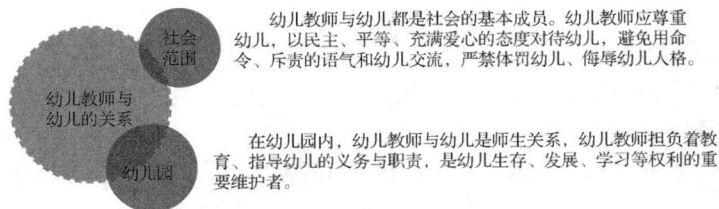

幼儿教师与幼儿都是社会的基本成员。幼儿教师应尊重幼儿，以民主、平等、充满爱心的态度对待幼儿，避免用命令、斥责的语气和幼儿交流，严禁体罚幼儿、侮辱幼儿人格。

在幼儿园内，幼儿教师与幼儿是师生关系，幼儿教师担负着教育、指导幼儿的义务与职责，是幼儿生存、发展、学习等权利的重要维护者。

图1-4 幼儿教师与幼儿之间的关系

　　幼儿教师要想正确把握与处理自身与幼儿之间的关系，就必须掌握儿童发展的相关知识，熟悉儿童的自然属性和社会属性，树立科学的儿童观。儿童观是指人们对儿童的认识、看法、观念与态度的总和。

　　现代儿童观认为，儿童是权利的主体，是自主的行动者，能够表达自己的主张和意见，充分行使自己的权利；社会应当保障他们的生存和发展，尊重他们的人格尊严和权利，尊重他们的发展特点和规律，尊重他们的能力和个性，为他们创造参与社会生活的机会。

　　幼儿教师要理解儿童观的内涵，用发展的眼光把握儿童观。儿童观的内涵主要体现在以下几个方面。

　　（1）幼儿享有各种合法权利。幼儿具有独立的人格，享有人的一切基本权利，如生存权、发展权、受教育权、受保护权、参与权等，应该受到成人的尊重与保护。

　　（2）幼儿的发展具有能动性。幼儿是活动的主体，是积极的参与者，而非被动的接受者。幼儿教师应针对幼儿身心成长发展的特点与规律，组织活动，切不可拔苗助长或者抑制幼儿正常的身心发育。

　　（3）幼儿的发展具有个体差异性，其主要体现在两个方面：一是发展层次上的差异，即每个幼儿的原有基础和发展速度是不同的；二是发展特点上的差异，即每个幼儿都有自己的特点与专长。幼儿教师应清楚幼儿的个体差异，因材施教，使每个幼儿都能最大限度地获得发展。

　　幼儿教师树立科学的儿童观后，才能形成科学的教育观。有了正确的儿童观和教育观，幼儿教师才能认识到幼儿既是教育的客体，也是教育的主体；就会重视幼儿的主观能动性，在教育教学活动中做到既注意自己怎样教，也注重幼儿怎样学；就会考虑幼儿的兴趣、爱好、能力和应有的权利，尊重幼儿的独立人格，把幼儿视为社会的一员。这样，幼儿教师和幼儿就会处于既是师生又是朋友、互相平等、亲密无间、彼此尊重、和谐的关系中。

四、幼儿教师的职业素养

　　幼儿教师的职业素养是指幼儿教师的职业素质与道德修养。幼儿教师的职业素养主要包括职业道德素质，文化知识素质，技能、能力素质和健康素质 4 个方面。

（一）职业道德素质

　　幼儿教师的职业道德素质主要体现在以下几个方面。

1. 热爱幼儿教育事业

　　幼儿教师应树立远大的理想、热爱幼儿教育事业。幼儿教师应爱护幼儿，具有良好的思想品德，为人师表，忠于职责。

2. 具有良好的道德品质

　　幼儿教师应具有正确的道德判断和较强的道德感，诚实正直、遵纪守法、实事求是、严于律己，成为道德品质高尚之人。

3. 具有科学的世界观和人生观

　　幼儿教师应用科学的世界观和人生观影响幼儿，使其能够正确地看待世界，形成积极向上的人生态度。

4. 具有崇高的敬业精神

　　幼儿教师应对幼儿教育事业拥有坚定的信念和执着的追求，具有高度的使命感和责任感。

5. 勇于开拓创新

　　幼儿教师要勇于开拓创新，在教学工作、教学方式方面有所创新，能够有效提高教育效果、培养幼儿的创新能力。

（二）文化知识素质

文化知识素质是指幼儿教师在其教育工作中应具备的文化知识水平，如文化水平、知识结构、实际经验等。文化知识素质是幼儿教师应具备的最基本的职业素质。

1. 扎实的专业知识

幼儿教师应熟练掌握专业的幼儿教育知识，如幼儿教育的目标、原则、方法、组织形式及评价等内容，并不断吸收新知识，更新自己的知识结构，充实自己的知识储备。

2. 广博的知识修养

幼儿教师要不断拓宽知识面、扩展兴趣爱好、提高文化修养，以便回答幼儿提出的各种各样的问题，启发幼儿积极思考，赢得幼儿的尊敬与爱戴。

（三）技能、能力素质

具备技能、能力素质是幼儿教师履行自身职责、完成教育任务的必要条件。此类素质的涉及面较广，如观察能力、应答能力、环境创设能力、组织管理能力等，如图 1-5 所示。

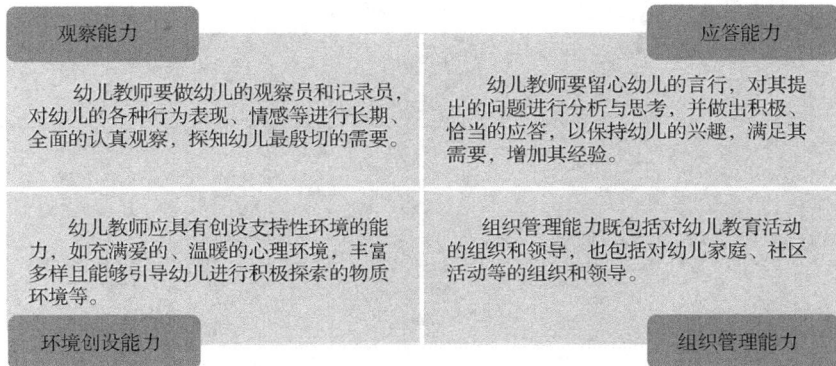

观察能力	应答能力
幼儿教师要做幼儿的观察员和记录员，对幼儿的各种行为表现、情感等进行长期、全面的认真观察，探知幼儿最殷切的需要。	幼儿教师要留心幼儿的言行，对其提出的问题进行分析与思考，并做出积极、恰当的应答，以保持幼儿的兴趣，满足其需要，增加其经验。
幼儿教师应具有创设支持性环境的能力，如充满爱的、温暖的心理环境，丰富多样且能够引导幼儿进行积极探索的物质环境等。	组织管理能力既包括对幼儿教育活动的组织和领导，也包括对幼儿家庭、社区活动等的组织和领导。
环境创设能力	组织管理能力

图 1-5 幼儿教师技能、能力素质

（四）健康素质

健康素质包括身体健康素质和心理健康素质两个方面。

1. 身体健康素质

身体健康素质是幼儿教师提高其他素质的基础。幼儿教师在幼儿的保教过程中会有大量体力和脑力的消耗，这就要求幼儿教师必须具有良好的身体素质，如身体健康、精力充沛、反应敏捷、耐受力强、耳聪目明、声音洪亮等。

2. 心理健康素质

幼儿教师应有健康的心理、健全的人格，能很好地调整自己的心理状态，以顺利完成教育任务，培养幼儿活泼开朗、自信大方的性格品质。良好的心理素质包括清晰的思维、敏锐的观察力、丰富的想象力、极强的适应能力、良好的性格及豁达的心胸等。

思考与练习

1. 幼儿教育的特点是什么？
2. 幼儿教师的职业特点有哪些？
3. 阐述幼儿教师的职业素养。

拓展训练

1. 阅读下列实例，分析两位幼儿教师的做法会对小男孩产生什么影响。

一个小男孩不小心碰倒了桌子上的水杯，王老师朝他狠狠地瞪了几眼。小男孩吓得低下头，并躲到了桌子底下。在另一个班，也有一个小男孩不小心碰倒了桌子上的水杯。李老师微笑着，用温柔的目光看着他。小男孩感觉很不好意思，就赶紧找来抹布，迅速把桌子上的水擦干了。

2. 有人说，幼儿教师就是高级保姆，照顾好幼儿的生活就可以了；也有人说，幼儿教师要有爱心，其他的都不重要。请对以上两种观点进行分析。

02

第二章
幼儿教师礼仪概述

学习目标

- ➤ 了解礼仪和幼儿教师礼仪。
- ➤ 了解幼儿教师礼仪的特点与功能。
- ➤ 掌握幼儿教师礼仪的基本原则。
- ➤ 掌握幼儿教师礼仪的实施理念。
- ➤ 遵守礼仪规范，努力提高自身的礼仪修养。
- ➤ 吸收传统礼仪文化，汲取时代特色，重视礼仪文化建设。

　　礼仪是中国传统文化的重要组成部分。礼仪是一种修养，是一种气质，是一种文明，是一种亲和力，是幼儿教师和幼儿、家长进行顺利沟通的法宝，是开启优秀教师之门的"钥匙"。遵守幼儿教师礼仪是维护师幼关系、家园关系和谐，提高幼儿教育质量，帮助幼儿教师赢得社会认可的良好途径。幼儿教师应努力成为礼仪之师，以育礼仪之童。

第一节　礼仪认知

引导案例

　　刘老师每天都会带着一个玻璃水杯上课，而且在放水杯的时候从来不注意力度，经常会发出很大的声响。小朋友们注意到这一点后，便开始模仿刘老师，特意将自己的小水杯重重地放在桌子上，非要发出一声"巨响"才可以。

　　刘老师发现这个问题后，便告诉小朋友们："大家放水杯的时候不要这么用力，要轻拿轻放，知道吗？"坐在前面的一个小朋友说："可是刘老师，你就是这样放的呀！"刘老师这才发现，自己的不良习惯给小朋友们带来了特别不好的影响。

　　对此，她特意向小朋友们道了歉，并建议大家一起改掉这个不良习惯。之后每次放水杯时，刘老师都会特别注意轻拿轻放。小朋友们在刘老师的影响下，也开始轻拿轻放，不再发出很大的声响。

　　幼儿教师是幼儿接受集体教育的启蒙之师，幼儿教师的外在形象、言谈举止、表情神态都是幼儿模仿的对象。幼儿教师要想培养幼儿的礼仪习惯，就应从自身做起，用自己的言行感染幼儿、教育幼儿，让幼儿在潜移默化中学习礼仪。

一、礼仪的含义

　　礼仪是人类文明的重要标志，既是道德文化的外在表现形式，也是人际交往活动的重要内容。

（一）礼仪

　　礼仪是指人们在社会交往活动中形成的并得到共同认可的各种行为规范。它是人们培养良好品格、塑造专业形象、保证沟通顺畅、赢得尊重、建立和谐人际关系的有效手段。

　　礼仪其实是一种规范，就个人层面而言，它是人们在社会生活中的言行规范。礼仪具体表现为礼貌、礼节、仪表、仪式，如图 2-1 所示。这四者之间有一定的关联。遵守礼仪，即具有尊敬他人的修养，言谈举止符合规矩，仪表庄重，仪态大方，礼节周全，在正式场合遵循活动的规定程序，彰显良好的素质修养。

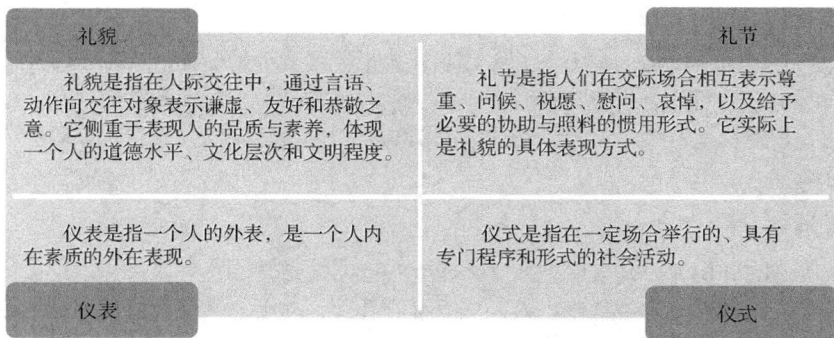

礼貌	礼节
礼貌是指在人际交往中，通过言语、动作向交往对象表示谦虚、友好和恭敬之意。它侧重于表现人的品质与素养，体现一个人的道德水平、文化层次和文明程度。	礼节是指人们在交际场合相互表示尊重、问候、祝愿、慰问、哀悼，以及给予必要的协助与照料的惯用形式。它实际上是礼貌的具体表现方式。
仪表是指一个人的外表，是一个人内在素质的外在表现。	仪式是指在一定场合举行的、具有专门程序和形式的社会活动。
仪表	仪式

图 2-1　礼仪的具体表现

（二）幼儿教师礼仪

人际交往离不开礼仪，幼儿教育活动同样如此。幼儿教育主要是幼儿教师在与幼儿及家长的交往过程中完成的，所以礼仪的运用非常重要。

幼儿教师礼仪是幼儿教师在从事幼儿教育活动的过程中，用以展示自身素质与形象，强化其所在教育机构的品牌形象，对幼儿实施基础礼仪教育，对幼儿家长、社会公众表示尊敬与友好的规范与惯例，是礼仪在幼儿教育活动中的运用和体现。

二、礼仪的特点

教师礼仪是礼仪的一个分支，就其本质而言属于职业礼仪。幼儿教师礼仪的特点，如图 2-2 所示。

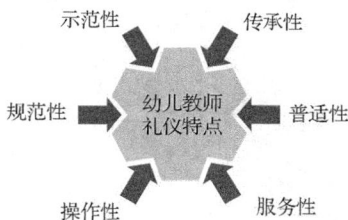

示范性　　传承性

规范性　→　**幼儿教师礼仪特点**　←　普适性

操作性　　服务性

图 2-2　幼儿教师礼仪的特点

（一）示范性

示范性是幼儿教师礼仪的一大特点。幼儿教师是幼儿了解世界的引领者、启蒙者，更是幼儿学习为人处世的榜样。从客观上讲，无论是幼儿教师的衣着打扮，还是幼儿教师的言谈举止、为人处世，都会对幼儿产生潜移默化的教育作用。

（二）规范性

礼仪不仅能约束人们在交际场合的言谈举止，使其合乎规范，还是人们在交际场合必须采用的一种"通用语言"，以实现有效沟通。同时，礼仪也是社会公众衡量自己与他人素质的一种尺度。幼儿教师礼仪是幼儿教师在交际中待人接物时必须遵守的基本职业规范。

（三）操作性

礼仪源于社会实践，又直接为社会实践服务。它注重从实际出发，从社会生活的需要出发。幼儿教师礼仪的一大特征就是规则简明、实用可行、方便操作、易学易做，而且切实有效。幼儿教师礼仪的操作性要求幼儿教师将幼儿教师礼仪落到实处，做到行之有礼。

（四）服务性

现代社会的分工越来越细，事实上大多数职业人员或多或少地会为他人提供某种服务。幼儿教育工作是一项面向学龄前儿童的特殊教育工作。从主客体的关系上看幼儿教育活动，幼儿教育工作者是主体，幼儿和家长是客体。离开了幼儿和家长的认同和肯定，幼儿教育工作就会无的放矢，失去了存在的意义。

（五）普适性

礼仪是人类文明的积淀，是人们把在交际应酬中的习惯做法固定下来并逐渐形成的定式，不会因某些人或某个人的意志而发生变化。人们只有遵守礼仪，才能与其他社会成员和谐相处。只有从幼儿阶段开始渗透，礼仪才能得到更好的普及。

（六）传承性

每一个国家或民族的礼仪都是伴随历史发展而逐渐形成、发展起来的，都具有鲜明的特色。幼儿教师礼仪也是如此，它是在传承中华民族传统礼仪的基础上，将运用在幼儿教师人际交往中的系列习惯做法沿袭下来的社会文明现象。

三、礼仪的功能

重视和讲究教师礼仪，能够有效地提升个人素质、塑造良好的个人形象、加强人际沟通与交流，同时有利于维护所在教育机构的形象。图 2-3 所示为幼儿教师礼仪的功能。

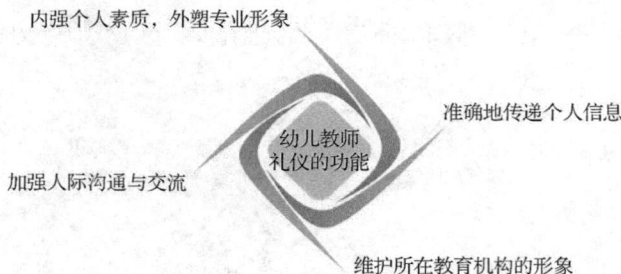

内强个人素质，外塑专业形象

准确地传递个人信息

幼儿教师
礼仪的功能

加强人际沟通与交流

维护所在教育机构的形象

图 2-3　幼儿教师礼仪的功能

（一）准确地传递个人信息

有些人在人际交往中出现失礼言行，并非其内心所愿，而是因为不懂得如何表现自己的礼貌，还有些人察觉不到自己的失礼行为，或者不明白和他人的矛盾是如何产生的。不论是哪一种情况，他们的言行都有损个人形象，也不利于与他人的沟通和交往。

幼儿教师礼仪是在长期的社会生活中形成的约定俗成的惯用形式，几乎所有的社会成员都能理解并遵循。因此，掌握和运用幼儿教师礼仪有利于准确地传递自己的意愿，促进与他人的沟通和交往。

（二）内强个人素质，外塑专业形象

学习和掌握幼儿教师礼仪，能够有效地提高幼儿教师的个人素质，体现其对他人和社会的尊重程度，是其学识、修养、才能和价值的外在表现。只有思想美和心灵美，才能成就外在美。

学习和掌握幼儿教师礼仪，具备幼儿教师应有的仪容、仪表、仪态、语言等外在特征，可以有

效地提升幼儿教师个人的外在形象，使幼儿教师在人际交往中自信稳重、举止文雅、谈吐大方、彬彬有礼，自然地流露出幼儿教师的专业精神和极高的素养，从而给人留下职业化的良好印象。

（三）加强人际沟通与交流

在幼儿教育活动中，幼儿教师每时每刻都离不开与他人的交往。要使人际交往有效且高效，幼儿教师必须善于运用幼儿教师礼仪，建立起良好的沟通渠道。

心理学研究表明，每个人都具有获得尊重的意识和需要。重视和讲究幼儿教师礼仪，有利于消除人际交往的阻碍，把尊重、重视、真诚和友好传达给对方，与他人建立起良好的沟通渠道，让自己成为幼儿喜爱、家长夸赞、同事敬佩、领导支持、社会认可的优秀幼儿教师。

（四）维护所在教育机构的形象

幼儿教师在其工作岗位上的表现不仅能展现出个人的学识、才智与专业素养，还能展示出其所在教育机构的文明程度、管理水平和服务质量。幼儿教师的个人形象代表着整个幼儿教师队伍的职业水准与所在教育机构的品牌形象。

幼儿教师违反礼仪，往往会带来严重的后果。因为当一个人处在幼儿教师这个特殊的职业岗位时，其言行的影响力往往会被成倍放大。重视和讲究幼儿教师礼仪，有利于维护幼儿教师所在教育机构的形象，提高该教育机构的知名度和美誉度，进而使其获得更多的社会支持，接纳更多的幼儿。

四、礼仪的基本原则

了解和掌握礼仪的基本原则，有利于更好地运用礼仪。

（一）敬人的原则

"礼者，敬人也。"尊敬他人是礼仪的重点与核心内容。在从事幼儿教育活动时，幼儿教师要与交往对象，如领导、同事、家长、幼儿等，相互谦让、和睦共处。幼儿教师要尊重他们的尊严和人格，尊重他们的情感和喜好，尊重他们的权利。

幼儿教师要将对交往对象的重视、恭敬、友好放在第一位，唯有如此，才能展现出自己良好的职业素养，得到对方的真诚回报。正如古语所说："爱人者，人恒爱之；敬人者，人恒敬之。"

（二）自律的原则

子曰："非礼勿视，非礼勿听，非礼勿言，非礼勿动。"礼仪的规范包括两个部分，即对待自己的要求和对待他人的做法。

在人际交往中，最重要的就是自我要求、自我控制、自我约束、自我对照、自我反省、自我检讨。这也是自律的原则。

对待他人的做法要求幼儿教师在人际交往中做到自觉遵守礼仪，运用礼仪规范，展示良好的个人素质，塑造良好的职业形象。

（三）真诚的原则

在人际交往中，幼儿教师必须诚心诚意、言行一致、表里如一。唯有如此，幼儿教师所表达的尊重和友好才会被交往对象理解和接受，才能进行愉快的交流与合作。

（四）平等原则

古人云，"勿以身贵而贱人"。幼儿教师在人际交往中应坚持平等相待，对任何交往对象都必须一视同仁，尊重对方，给予同等程度的礼遇，不能因交往对象的身份、地位、财富、性别、教育背景、职业、年龄及与自己的亲疏远近等而区别对待。

（五）适度原则

适度原则要求人们在运用礼仪时合乎规范、注意技巧，根据场合、对象拿捏分寸，适当得体。只有这样，才能真正赢得对方的好感，达到顺利交流与沟通的目的。

适度原则要求幼儿教师既有礼又有节，既彬彬有礼又不卑不亢，既热情亲切又不虚情假意。运用礼仪时，做得不到位，或者做过了头，都不能正确地表达出自己对对方的尊敬之意。只有说话、做事恰到好处，才会让问题迎刃而解。适度原则涉及的方面比较宽泛，如热情适度、谈吐适度、举止适度、关心有度等。

（六）从俗原则

常言道，"十里不同风，百里不同俗"。由于不同国家、不同地域、不同民族、不同宗教信仰存在些许差异，所以幼儿教师在表达对交往对象的尊重与友好时，应遵守从俗原则。

幼儿教师要正确地认识客观现实，切不可唯我独尊、自高自大，或者以自我为中心，轻易否定他人不同于自己的观点与做法，否则将无法与他人和谐相处，更无法与他人愉快地合作。

（七）谦和的原则

谦和是中华民族的传统美德，也是幼儿教师人际交往的重要原则。谦和是指为人谦虚、和善、随和。在人际交往中，幼儿教师应平易近人，热情大方，善于与人相处，乐于听取他人意见，显示出虚怀若谷的胸襟。

当然，这里强调的谦和并不是指过分谦虚或无原则地妥协退让，更不是指妄自菲薄。过分谦虚、不自信的表现会让对方怀疑幼儿教师的能力，甚至成为双方顺利沟通的障碍。

（八）宽容的原则

幼儿教师在运用礼仪时，既要严于律己，也要宽以待人。宽以待人的具体表现包括多容忍他人、体谅他人、理解他人。"有容乃大"，在人际交往中，幼儿教师要允许他人有进行自我判断和独自行动的自由，要接受不同的观点、看法和行为。

幼儿教师应心胸开阔、善解人意、宽容待人，能够处理好各种人际关系，争取更长远的合作与利益。

总之，幼儿教师应掌握并遵循幼儿教师礼仪的基本原则，在人际交往中务必礼待他人、态度谦和，同时要适时有度、体谅他人。彬彬有礼，方能受人尊敬，有效地进行人际沟通与交流。

第二节　幼儿教师礼仪的实施理念

引导案例

在幼儿园前几天召开的家长会上，小圆老师自转正以来第一次正式地与那么多家长进行了面对面交流。为了获得良好的效果，小圆老师提前将职业装清洗干净，把教室打扫得很干净、布置得很温馨。

家长会当天，小圆老师彬彬有礼地站在教室门口迎接家长。每位家长走进教室时，她都会微笑着与家长握手，并为其指明座位的位置。对于来得较早的家长，她还会努力地安抚他们，以免他们出现烦躁的情绪。在所有家长都落座后，小圆老师走上讲台，声情并茂地讲述了幼儿各方面的表现。家长们都对她产生了好感，不仅在家长会当天认真听小圆老师的讲话，而且在家长会之后的各项活动中积极配合她的工作。

在人际交往中，人们的思维方式往往决定其行为方式。正确的礼仪实施理念会引导事态向人们希望的方向发展，而错误的礼仪实施理念往往会导致事与愿违。因此，在实施礼仪时，幼儿教师必须坚持正确的实施理念。

一、做好准确的角色定位

人际交往是双向的、互动的。幼儿教师需要做好准确的角色定位，以便与交往对象相互了解、顺畅沟通。图 2-4 所示为角色定位包含的内容。

图 2-4　角色定位包含的内容

（一）准确定位自我角色

每个人在日常生活中都扮演着各种各样的角色，而且每个人在不同场合的角色是不同的。幼儿教师在工作时，必须清楚自己此时此地所扮演的角色。只有明确自己的身份和所处的地点、场合，调整好自己的心态，摆正自己的位置，幼儿教师才能正确地选择行为方式。

（二）准确设计自我角色形象

幼儿教师为自己进行角色形象设计，目的是让自己的角色定位具体化、明确化。幼儿教师应按照自己的角色定位，从发式、妆容、服饰、仪态等方面准确设计自己的角色形象，以获得一致的认可和好评。

（三）为对方进行必要的定位

只有了解他人，才能更好地尊重他人。由于职业、性别、年龄、职务、文化程度、身体状况、个人喜好等方面的不同，每个人的交际心态都不一样。幼儿教师在与对方交往前，必须清楚对方是怎样的人，以便表达得当、沟通顺利。

（四）遵守惯例，注意角色间的调整

按惯例交往，更容易让对方了解和接受幼儿教师对其表达的尊重和友好。此外，幼儿教师还应注意因双方关系的发展变化而导致的双方角色的变化，以便在交往时及时做出调整。

二、重视有效表达

尊重他人，不能只停留在了解对方的层面上，还应向对方做出真实的表达。幼儿教师做到有效表达，才能真实地体现出对交往对象的尊重与友好。

有效表达主要包括以下两个方面。

（一）善于表达

对对方的尊重与友好，应该让对方知道。人际交往的内容与形式是相辅相成的。形式表达内容，而内容要借助一定的形式来表现。在幼儿教育活动中，幼儿教师要通过具体形式，结合环境、氛围等因素，把对对方的尊重与友好表现出来，让对方有所了解。

（二）遵守规范

幼儿教师礼仪的本质是一种教育行为规范。与对方进行交流沟通时，幼儿教师要遵守约定俗成的规范，否则就会导致交流沟通的失败。

三、对幼儿实施针对性礼仪教育

幼儿是幼儿教师的教育对象。幼儿期是人生的启蒙期，也是幼儿塑造健康人格和形成良好礼仪行为的重要时期。幼儿礼仪是指幼儿在幼儿园、家庭、社会活动中所必须遵守的一些简单的行为规范。

幼儿园是幼儿主要的学习、生活和社交场所，幼儿教师要对幼儿施以礼仪、品格教育，使其掌握基本礼仪、家庭礼仪、幼儿园礼仪、公共场所礼仪及节日礼仪等。根据不同年龄段幼儿对礼仪的需求，幼儿教师需要注重幼儿的差异，实施有针对性的礼仪教育。

（一）对小班幼儿注重幼儿园礼仪教育

进入幼儿园小班后，幼儿逐渐脱离家人的全方位照顾，开始学习自己照顾自己，同时开始接触家人之外的人，如幼儿园里的教师、同学等。

为了让幼儿尽快适应集体生活，小班的礼仪教育应以幼儿园礼仪教育为主，以幼儿一日生活活动为主线，主要包括入园、阅读、倾听、排队、盥洗、用餐、睡眠、起床、喝水、如厕、户外活动、离园等内容。幼儿教师应教授幼儿一日生活活动中的基本礼仪。小班幼儿礼仪教育的部分内容如图 2-5 所示。

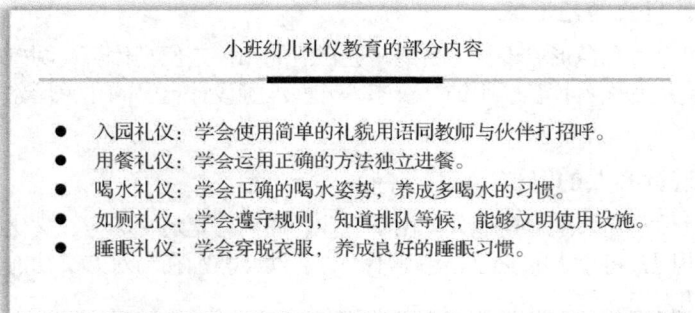

小班幼儿礼仪教育的部分内容

- 入园礼仪：学会使用简单的礼貌用语同教师与伙伴打招呼。
- 用餐礼仪：学会运用正确的方法独立进餐。
- 喝水礼仪：学会正确的喝水姿势，养成多喝水的习惯。
- 如厕礼仪：学会遵守规则，知道排队等候，能够文明使用设施。
- 睡眠礼仪：学会穿脱衣服，养成良好的睡眠习惯。

图 2-5   小班幼儿礼仪教育的部分内容

（二）对中班幼儿注重基本礼仪和家庭礼仪教育

中班幼儿的思维具体、形象，他们好奇心重，喜欢提问，爱模仿。幼儿教师和家长是幼儿最易模仿的对象。在公共场合不遵守秩序的行为，如插队、乱扔垃圾等，如果被幼儿看到，幼儿就会不加选择地进行模仿。因此，幼儿教师必须注意自己的言行，时刻遵守礼仪规范，为幼儿做好表率，树立良好的榜样。

中班幼儿礼仪教育的内容较小班有所增加，且以基本礼仪和家庭礼仪教育为主。例如，基本礼仪有学会分享、进行自我介绍、介绍他人、递接物品、有礼貌地观看（参与）他人的活动等；家庭礼仪有尊敬长辈、接待客人、拜访他人等。

（三）对大班幼儿注重公共场所礼仪教育

随着年龄的增长，大班幼儿的自理能力和自控能力有所增强，开始进入社会化发展阶段，他们的视野不断扩大。在这一阶段，幼儿教师和家长应注重对幼儿实施公共场所礼仪教育，培养幼儿在公共场所的良好行为习惯，使其懂得尊重他人。例如，在公共场所不大声喧哗，不影响他人。

大班幼儿还要掌握交通方面的礼仪，如过马路、乘公交车、乘小汽车、乘地铁、乘飞机、乘火车、乘轮船等礼仪知识。幼儿教师和家长要让幼儿认识常见的交通工具、交通标志并理解它们的作用，自觉遵守交通规则，树立安全意识，培养良好的礼仪习惯。

总之，幼儿期是良好行为规范养成的关键期，在这个时期形成的良好行为习惯和礼仪规范将影响幼儿一生的成长与发展。塑造讲文明、重礼仪的新一代，是幼儿教师义不容辞的责任。幼儿教师应以幼儿礼仪教育为切入点，教育幼儿说文明话、办文明事、做文明人。

四、以对方为中心

幼儿教师要想获得良好的人际关系，就必须坚持用"以对方为中心"的理念考虑和处理问题。"以对方为中心"是白金法则的要旨。白金法则是亚历山德拉与奥康纳研究的成果。该法则有三大要点，如图 2-6 所示。

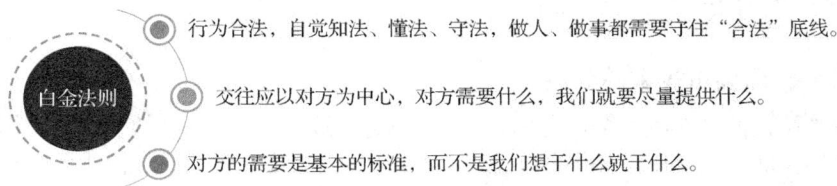

图 2-6　白金法则的三大要点

- 行为合法，自觉知法、懂法、守法，做人、做事都需要守住"合法"底线。
- 交往应以对方为中心，对方需要什么，我们就要尽量提供什么。
- 对方的需要是基本的标准，而不是我们想干什么就干什么。

白金法则的精髓在于"他人希望你怎样对待他们，你就怎样对待他们"。幼儿教师要根据他人的需要，调整自己的行为，运用自己的智慧和才能让他人感到轻松和愉快。

五、运用"3A 原则"

"3A 原则"是由布吉尼提出的，旨在教人处理好人际关系。其主要含义有 3 点，如图 2-7 所示。

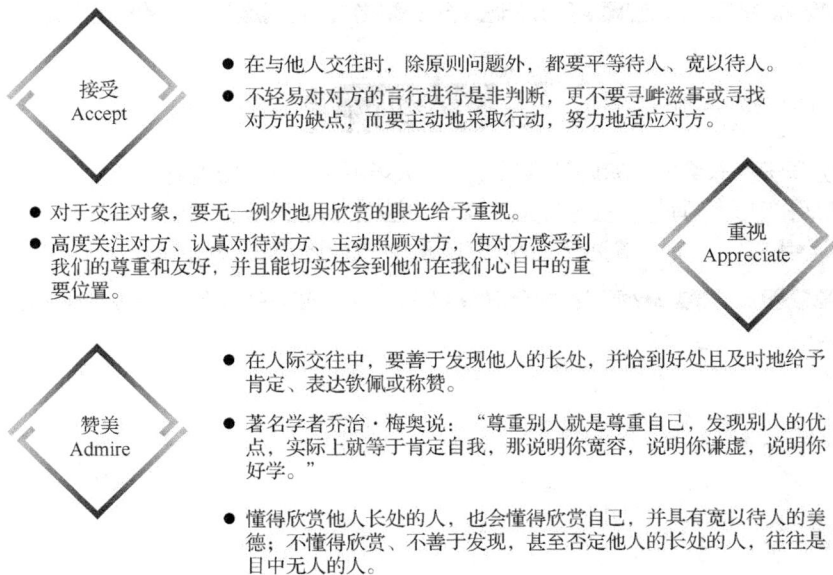

图 2-7　"3A 原则"的主要含义

接受 Accept
- 在与他人交往时，除原则问题外，都要平等待人、宽以待人。
- 不轻易对对方的言行进行是非判断，更不要寻衅滋事或寻找对方的缺点，而要主动地采取行动，努力地适应对方。

重视 Appreciate
- 对于交往对象，要无一例外地用欣赏的眼光给予重视。
- 高度关注对方、认真对待对方、主动照顾对方，使对方感受到我们的尊重和友好，并且能切实体会到他们在我们心目中的重要位置。

赞美 Admire
- 在人际交往中，要善于发现他人的长处，并恰到好处且及时地给予肯定、表达钦佩或称赞。
- 著名学者乔治·梅奥说："尊重别人就是尊重自己，发现别人的优点，实际上就等于肯定自我，那说明你宽容，说明你谦虚，说明你好学。"
- 懂得欣赏他人长处的人，也会懂得欣赏自己，并具有宽以待人的美德；不懂得欣赏、不善于发现，甚至否定他人的长处的人，往往是目中无人的人。

　　幼儿教师在实际工作中应高度重视"3A 原则"、遵循"3A 原则"，准确地向交往对象表达尊重和敬意，处理好各种人际关系，与对方愉快、和睦地相处。

六、做到善始善终

　　在人际交往中，每一个细节都不可轻视，因为它们关系着交往结果。就过程而言，开始和结束是两个更为关键的环节。交往要想尽善尽美，就必须善始善终。

（一）善始，即要重视首轮效应

　　首轮效应也称首因效应或第一印象效应，其要点在于人们对某个人或某种事物产生的第一印象往往会在自己与对方交往的过程中发挥决定性的作用。

　　幼儿教师的"初次亮相"若能使幼儿及家长对自己产生良好的印象，萌生好感，就能对幼儿教育教学活动起到积极的推进作用。幼儿教师给幼儿及家长留下良好的第一印象后，幼儿会变得比较乖巧，愿意与幼儿教师相处，家长也会比较信任幼儿教师，愿意积极配合幼儿教师的教育教学活动。

（二）善终，即要重视末轮效应

　　在人际交往中，留给交往对象的最后印象通常也是非常重要的。幼儿教师留给幼儿及家长的最后印象不仅能决定幼儿及家长对自己的记忆，还能决定幼儿及家长对自己所在教育机构的记忆。

　　幼儿教师在实施礼仪方面应善始善终，始终如一。幼儿教师应努力做好最后环节的工作，教育机构应配合幼儿教师完善后续服务。

思考与练习

1. 简述幼儿教师礼仪的特点。
2. 简述幼儿教师礼仪的基本原则。
3. 阐述幼儿教师角色定位包含的内容。

拓展训练

1. 幼儿园开家长会时，有两位家长一直在大声聊天，已经影响到家长会的正常进行。如果你是该班级的幼儿教师，你在遵循适度原则的基础上会如何对他们进行劝说？
2. 请运用"3A 原则"简述幼儿教师应如何把握自己与幼儿的关系。

03

第三章
幼儿教师形象礼仪

学习目标

➤ 掌握幼儿教师仪容礼仪。
➤ 掌握幼儿教师着装礼仪。
➤ 掌握幼儿教师仪态礼仪。
➤ 掌握幼儿教师体态语礼仪。
➤ 发扬"温良恭俭让"精神，规范自身行为举止，提升自身修养。
➤ 重视礼仪文明教育，坚定文化自信。

　　古人云："凡人之所以为人者，礼仪也。礼仪之始，在于正容体、齐颜色、顺辞令。"个人形象礼仪能够体现一个人的精神面貌和气质修养。个人形象礼仪主要包括仪容礼仪、着装礼仪、仪态礼仪、体态语礼仪等，它是评价一个人的重要因素。幼儿教师应重视塑造良好的自身形象，从而获得幼儿与家长的信任与支持，促进教育工作顺利进行。

第一节　仪容礼仪

引导案例

　　小凡是一名幼儿教师。她年轻漂亮，爱打扮，追求时尚。寒假就要结束，幼儿园即将开学时，她为自己设计了一身衣服，还特意做了发型。

　　初春时节，乍暖还寒。开学第一天，小凡就踩着高跟鞋，穿着薄纱裙，烫着一头彩色卷发来到教室。她的这一形象吸引了众多小朋友的关注，不少小朋友还投来了美慕的目光。

　　第二天，班上很多女孩也穿上了漂亮的纱裙。有个女孩还问妈妈："妈妈，小凡老师这两天可漂亮了，穿着纱裙，头发都烫成了彩色的卷，像彩虹一样好看。妈妈，我能不能也烫个卷发？"

　　女孩妈妈心想："幼儿教师怎么能起这样的示范作用？"为此，她向幼儿园反映了小凡老师的情况。经过园长的提醒，小凡意识到了自己的问题，在以后的教学中十分注意自身的仪容仪表。

　　仪容一般是指人的容貌。仪容修饰是影响社会公众对幼儿教师形象进行评价和定位的重要因素。仪容修饰不仅可以反映出幼儿教师的工作态度、工作作风和综合素质，还会影响社会公众对其所在教育机构的评价。

一、仪容修饰的原则

　　要想成为一名优秀的幼儿教师，幼儿教师就必须注重自己的职业形象。得体的仪容是良好职业形象的重要组成部分。得体的仪容不仅得益于良好的先天因素，还得益于得体的仪容修饰、良好的保养及深度的学识修养等后天因素。

　　得体的仪容除了能给对方留下良好的第一印象外，还能充分展示人们追求美、创造美、欣赏美的修养与敬业乐业、真诚友善、值得信赖的精神风貌。对于幼儿教师而言，良好的仪容修饰能够充分体现其热爱本职工作、尊重他人的品质，给人认真负责、值得信赖的感觉。

幼儿教师要想做好仪容修饰，需要遵循如图 3-1 所示的 5 项原则。

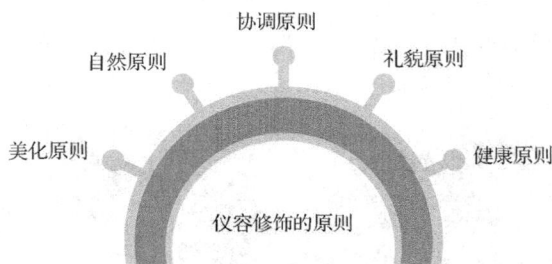

图 3-1 仪容修饰的原则

（一）美化原则

美化原则是指幼儿教师在了解自己容貌特征的基础上，通过化妆、保养等合理手段对容貌进行适度修饰，使容貌更加美丽。需要注意的是，美化容貌要符合大众的审美标准，幼儿教师应避免过度修饰。

（二）自然原则

仪容修饰的最高境界是自然，即化完妆却让人看不出化妆的痕迹，达到"妆成有却无"的效果。这样的妆容大方自然，浑然天成。幼儿教师应淡妆上岗，不化浓妆或个性彩妆。

（三）协调原则

在进行仪容修饰时，幼儿教师应注意整体协调，创造整体美。除了注重仪容修饰整体协调外，幼儿教师还要做到其他方面的协调，如身份协调、场合协调、色彩协调等。如果某个细节失败，就很可能会导致整体失败，使自己遭遇尴尬和交际挫折。

（四）礼貌原则

幼儿教师在进行仪容修饰时要注意场合，不可当众化妆、补妆。不仅如此，幼儿教师还应做到修饰用品专人专用，讲究卫生。幼儿教师不要当众评论他人的仪容修饰。如果发现对方有明显的修饰瑕疵，如脸上有口红印等，应当在私下场合进行善意提醒。

（五）健康原则

幼儿教师在进行仪容修饰时，必须以健康为前提。身体健康时，面容才会呈现出真正的好气色。因此，幼儿教师要保证饮食平衡、睡眠充足、生活习惯良好、心态平和。只有内外兼修，才能拥有健康的身体和心理，塑造出让人信赖的职业形象。

二、头发修饰

头发修饰是指幼儿教师按照职业要求、自身特点、审美习惯及流行风尚对头发进行清洁、护理、修剪等。发型大方、头发整洁是幼儿教师礼仪中发式方面的基本要求。

（一）发型

幼儿教师要根据环境、交往对象和自身特点选择合适的发型。由于幼儿正处于模仿学习的阶段，幼儿教师的示范作用十分重要，因此幼儿教师在正式的教学场合应选择庄重、大方和得体的发型。

1. 男教师的发型

男教师的发型一般分为寸头和偏分，男教师可以根据自己的脸型和喜好进行选择。不过，男教师在头发长度及发型风格上要遵守以下规则。

（1）头发长度要适宜，不能压住眉毛、遮住耳朵、遮住衣领。

（2）发型风格不能过分追求时尚，也不能标新立异，如不能留大鬓角，也不能剃光头。

男教师的常见发型如图 3-2 所示。

图 3-2　男教师的常见发型

2. 女教师的发型

虽然女性的头发一般比较长，但女教师的发型应符合以下要求。

（1）前发不能遮住双眉，后发不能披肩。一般来说，不及肩的短发较为职业化，如图 3-3 所示。如果头发已经过肩，又不想剪发，女教师就应该在办公时将长发束起，扎成马尾辫（见图 3-4）或者盘在头顶、脑后（见图 3-5）。

图 3-3　女教师短发发型　　　　图 3-4　女教师马尾辫　　　　图 3-5　女教师盘发

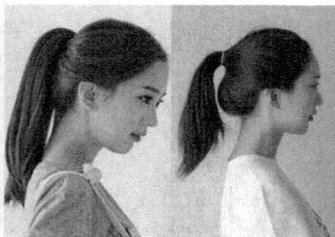

（2）女教师的发型风格也不能过分追求时尚，如烫头、染发等。

女教师可以根据自己的脸型和身材选择发型，但不能选择特别时尚、个性、怪异的发型。

（二）保养

头发是轻盈的，在日常生活中免不了沾染灰尘，被风吹乱。幼儿教师为了维持良好的形象，应做好头发的保养工作，使头发保持整洁，没有头屑和异味。

保养头发要求幼儿教师注意以下两个方面。

1. 勤洗头

要保持头发整洁，就必须养成周期性洗头的习惯。一般来说，干性头发需要 4 天洗一次，油性头发需要两天洗一次。当然，洗发周期也要根据季节及具体情况的变化而变化。例如，参加正式活动前，最好进行一次头发清理，以让自己更加从容自信、精神饱满。需要注意的是，头屑较多或者爱掉头发的幼儿教师应在每天上班前清理好肩部的落发和头屑。

2. 选对清洗方法

头发比较柔弱，易损坏，在清洗头发时应该根据自己的发质选择适当的方法。图 3-6 所示为不同发质的清洗方法。

幼儿教师还应避免随意染发。对于先天性的早生白发，将其染成黑色是符合礼仪规范的，但切忌为了追求时尚而将原来的黑发染成鲜艳的发色或者过分夸张的发色。此外，幼儿教师还要慎用发饰，必须用时应使用大方得体、安全柔软的发饰，切忌使用棱角锐利的发饰，以免影响幼儿的安全。

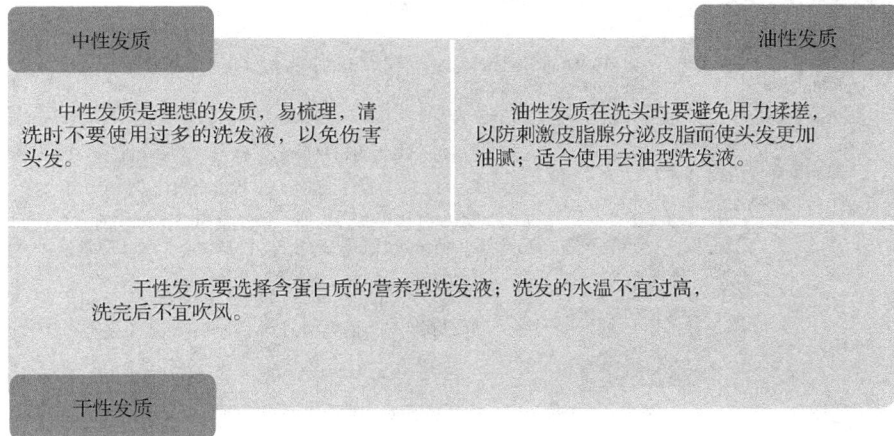

中性发质	油性发质
中性发质是理想的发质，易梳理，清洗时不要使用过多的洗发液，以免伤害头发。	油性发质在洗头时要避免用力揉搓，以防刺激皮脂腺分泌皮脂而使头发更加油腻；适合使用去油型洗发液。
干性发质要选择含蛋白质的营养型洗发液；洗发的水温不宜过高，洗完后不宜吹风。 干性发质	

图 3-6 不同发质的清洗方法

三、面部修饰

幼儿教师的面部修饰是非常必要和重要的。幼儿教师要淡妆上岗。面部修饰就是利用丰富的化妆品和化妆工具，按照步骤对面部及其他部位进行预想的描画、整理，以强调和突出个人所具有的自然美，遮盖或弥补面部存在的不足或缺陷。

（一）化淡妆的正确方法

化淡妆的正确方法如下。

1. 清洗肌肤

使用优质的洁面乳清洗面部肌肤和颈部肌肤。水温不宜过高，动作要轻柔，应顺着面部肌肉从里向外、从下向上进行清洗。

2. 拍化妆水

清洗完面部肌肤和颈部肌肤后，在面部和颈部涂拍化妆水，以补充水分、收缩毛孔。

3. 护肤

选择适合自己肌肤的乳液或营养霜等，并将其均匀涂抹在面部和颈部，以滋养肌肤。

4. 打粉底

粉底的颜色应与自己的肤色相匹配，涂抹要均匀，同时不要忘记涂抹颈部与耳朵等部位。

5. 画眼线

画眼线时，要先上后下、上重下淡，并紧贴眼睑边缘描画。画眼线的具体操作方法如下。

（1）画上眼线

从睫毛底部开始，用黑色或褐色眼线笔由内眼角画到外眼角。其间要把镜子放低，眼睛向下看。最后在眼睑最边缘处画上眼线。

（2）画下眼线

由外眼角画到内眼角的三分之二处，避免画满。其间要把镜子抬高，眼睛向上看。最后沿着下睫毛根部画细细的眼线。

6. 施眼影

眼影的颜色要合适，不宜过分鲜艳。幼儿教师在画眼影时，宜选择咖啡色系、粉色系等淡雅的色彩，且眼影要有层次感。

7. 描眉

眉毛的修饰应依序进行。描眉的正确步骤如图 3-7 所示。

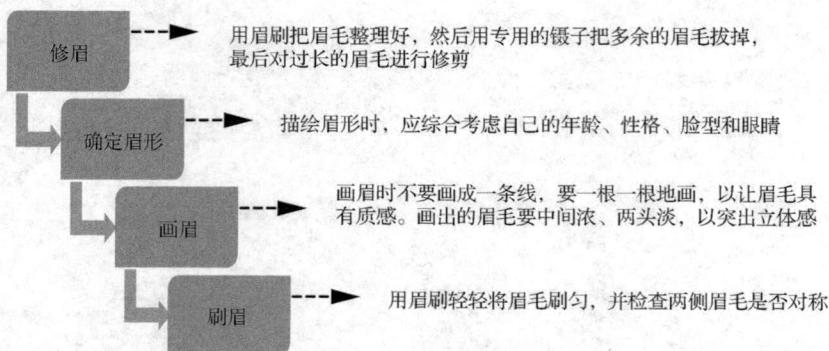

```
┌──────┐
│ 修眉 │ ----→  用眉刷把眉毛整理好，然后用专用的镊子把多余的眉毛拔掉，
└──────┘        最后对过长的眉毛进行修剪
   │
   ┌──────────┐
   │ 确定眉形 │ ----→  描绘眉形时，应综合考虑自己的年龄、性格、脸型和眼睛
   └──────────┘
      │
      ┌──────┐
      │ 画眉 │ ----→  画眉时不要画成一条线，要一根一根地画，以让眉毛具
      └──────┘        有质感。画出的眉毛要中间浓、两头淡，以突出立体感
         │
         ┌──────┐
         │ 刷眉 │ ----→  用眉刷轻轻将眉毛刷匀，并检查两侧眉毛是否对称
         └──────┘
```

图 3-7　描眉的正确步骤

8. 刷腮红

要想让面颊显得自然、红润，幼儿教师可以在面颊上刷腮红。刷腮红时，要以颧骨部位为中心向四周刷匀；颜色要越来越淡，直到与底色自然衔接。

在刷腮红时要选择适合自己的颜色。皮肤白皙的人可以选择淡一些、比较明快的颜色；皮肤深一些的人应该选择深一些、暗一些的颜色。腮红的颜色要与唇彩、眼影属于同一色系，相互协调。

9. 涂唇彩

理想的唇形表现为唇线清晰，下唇略厚于上唇，嘴角微翘，大小与脸型协调，富于立体感。涂唇彩可以修饰不理想的唇形，或让双唇更加美丽迷人。唇彩既可以是口红，也可以是唇膏。

幼儿教师在涂唇彩时，应用唇刷或唇笔按照从上唇到下唇、从嘴角向唇中央的顺序涂抹口红或唇膏等。唇彩应该涂抹在唇线以内，颜色不应过于鲜艳或古怪。

10. 修妆

化完妆后，应利用镜子观察妆面的整体效果。修妆的注意事项如图 3-8 所示。

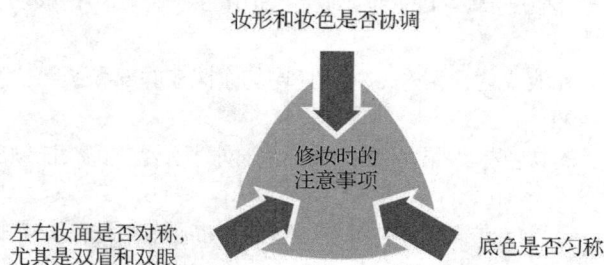

```
              妆形和妆色是否协调
                    ↓
            ┌─────────────┐
            │   修妆时的   │
            │   注意事项   │
            └─────────────┘
    ↗                        ↖
左右妆面是否对称，              底色是否匀称
尤其是双眉和双眼
```

图 3-8　修妆时的注意事项

（二）面部具体部位的修饰

面部修饰的基本要求是洁净、自然、健康。面部修饰的具体部位主要包括眉、眼、耳、鼻、口等。

1. 眉部修饰

进行眉部修饰时，需要注意以下两点。

（1）眉形的美观

眉形要正常而美观，眉色应与发色协调一致。对于不够美观的眉形，应采取措施，进行必要的修饰。

（2）眉部的清洁

眉部不能出现灰尘、死皮等异物。注意清洁眉部，保持眉部的洁净与整齐。

2. 眼部修饰

眼睛是心灵的"窗户"，人们在交往时经常需要用眼神来沟通交流。因此，眼部的修饰至关重要。合理的眼部修饰可以给人精神抖擞、气色良好的感觉。

在进行眼部修饰时，应注意以下 3 点。

（1）重视眼部的洁净

保持眼部的洁净，尤其要去除眼角的分泌物。

（2）注意用眼卫生

养成良好的用眼习惯，保持眼部卫生，同时注意劳逸结合，不要让眼睛过度疲劳。

（3）合理佩戴眼镜

不管是为了矫正视力、保护眼睛，还是为了追求时尚，人们在选择要佩戴的眼镜时，除了要考虑眼镜的使用价值外，还要考虑其质地、款式。幼儿教师宜选择无色镜片，慎用墨镜等有色眼镜。

3. 耳部修饰

要勤清洗耳部，保持耳部的清洁。耳朵里堆积的分泌物或尘土过多，会给他人留下不讲卫生的印象。此外，切忌在工作场合或与人交谈时掏挖耳垢。

4. 鼻部修饰

鼻部修饰应注意以下 3 点。

（1）去除鼻涕。切勿当众擤鼻涕、挖鼻孔、乱弹或乱抹鼻垢、用力回吸鼻涕。有必要去除鼻涕时要避人，用手帕或纸巾进行辅助，同时要控制声音。

（2）预防黑头。为了避免黑头的生成，平时要认真清洗面部。有必要清理黑头时，切勿乱挤乱抠，以免造成局部感染，可以使用科学的方法对其进行清理。

（3）修剪鼻毛。鼻毛长到一定程度后会冒出鼻孔，这样既不美观也有失风雅，因此幼儿教师要定期修剪鼻毛。

5. 口部修饰

口部是面部的关键部位，因此口部的清洁和卫生至关重要，应引起充分重视。口部修饰要注意以下 4 点。

（1）勤刷牙，定期洗牙，保持牙齿的洁净、卫生和美观。

（2）保持口腔洁净，气味清新。经常漱口，有利于保持口腔洁净，没有异物。工作期间忌吃大葱、大蒜、韭菜等有刺激性气味的食物，以防口腔出现异味。若已经食用，应在开始工作前通过刷牙或者使用专用漱口水等方式消除口腔异味。

（3）注意嘴唇修饰。应尽量避免嘴唇开裂、掉皮，嘴角起泡、出现残留物等情况；要保持嘴唇润泽，及时补充水分；尤其在冬季，即使嘴唇发干也不应舔舐嘴唇。

（4）定期修剪胡须。男教师要定期修剪胡须，养成每天修面剃须的好习惯。

（三）面部修饰禁忌

面部修饰禁忌包括以下 3 个方面，如图 3-9 所示。

●不宜当众化妆，这是公共道德问题。

●不宜在工作场所化妆，这是职业道德问题。

●不宜对着异性化妆，这是个人修养问题。

不分场合
随意化妆

●应努力维护妆面的完整，养成随时维护妆面的习惯。

●不要出现残妆，这既是对自己的尊重，也是对他人的尊重。

不重维护
残妆示人

●化妆的目的是美化自己，它体现了一个人的审美情趣、修养、气质和职业素养，不可轻视。

●平时要多学习化妆技法，提高自身修养，切不可胡乱涂抹。

技法错误
胡乱涂抹

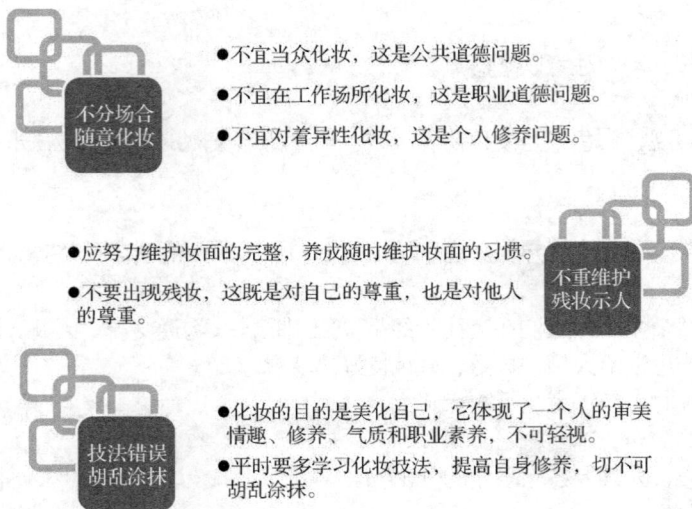

图3-9　面部修饰禁忌

四、肢体修饰

肢体是幼儿教师进行幼儿教育活动时动作幅度最大的部位，所以对肢体的修饰不可忽视。

（一）颈部修饰

颈部紧邻面部，是重要的审美中心之一，也是非常容易显现一个人年龄的部位。平时要和清洁、保养面部一样清洁、保养颈部。

（二）手部修饰

人们常说"手是人的第二张脸"，在日常工作和交际活动中，手常常充当"先行官"的角色。日常要勤洗手，时刻保持手部和手臂的洁净，同时要重视手部和手臂的保养与修饰。

手部和手臂修饰需要注意以下4点。

（1）不留长指甲。幼儿教师要及时修剪指甲，做到"每天一检查，三天一修剪"。

（2）不涂染指甲油。幼儿教师在工作时不可涂染指甲油。由于幼儿教师工作的特殊性，涂染指甲油可能会给幼儿带来卫生及安全隐患。

（3）不涂画手臂。幼儿教师不应在手臂上贴画、文身等。

（4）避免腋毛外露。一般情况下，幼儿教师不要穿无袖外衣，以免露出腋窝；在某些必须穿无袖外衣的特殊情况下，应剃除腋毛。

（三）腿部和脚部修饰

常言道："远看头，近看脚。"进行腿部和脚部修饰时应做好以下几点。

（1）注意清洁。勤洗澡，勤洗脚，勤换鞋袜。

（2）不光腿，不光脚。除夏天穿凉鞋外，一般情况下，幼儿教师不应光腿、光脚。幼儿教师在某些重要场合还应注意不露脚趾，不露脚跟。

（3）适当美化。幼儿教师应注意腿毛不外露：穿裤装时，可以配长筒袜；着裙装时，应穿长腿袜或连裤袜。要定期修剪趾甲，工作时忌画脚部彩妆。

（四）控制体味

俗语说："闻香识人。"体味也会在无形之中影响他人对自己的判断，而这正是仪容礼仪中容易被忽视的问题。

具体而言，幼儿教师需要注意以下 3 点。

（1）洁净身体。在职场中保持身体的洁净是基本的礼仪规范。只有长期保持洁净的身体才能拥有清新的体味，而不至于让人避之不及。

（2）注意防病。有些人的体味重是疾病导致的，对此应立即就医，同时应勤洗漱，勤换衣服、鞋袜，避免臭味聚集。

（3）合理运用香水。香水是修饰体味的化妆品，其芳香的气味具有提神醒脑、遮盖体味等功效。在人际交往中，正确使用香水能够有效提升个人魅力；若使用不当则会给人俗不可耐、难以忍受的感觉。在日常工作中，幼儿教师可以使用淡香型的香水，喷洒数滴即可。

第二节 着装礼仪

引导案例

子晗是一位年轻的幼儿男教师。他活泼开朗，与幼儿们相处得十分愉快，只是平时有些不拘小节，不太注意自己的穿着打扮。

这一天，子晗起得比较晚，没有刮胡子，也没有洗脸，上身随便穿了一件肥大的短袖，下身穿了一件到膝盖的破洞牛仔短裤，脚上随意穿了一双拖鞋，顶着"鸡窝头"就来到了幼儿园。

子晗走到幼儿园门口时，碰到了许多幼儿及送幼儿的家长，便开始和他们打招呼。但每次和家长打招呼时，家长都用一种异样的眼神看着他，这让他觉得莫名其妙……

下午，园长找子晗谈话时，他才明白缘由。很多家长看到他如此不修边幅，便开始担心他教不好孩子甚至会带坏孩子，并纷纷要求幼儿园换新老师。经过园长的耐心劝说，子晗也意识到了自身存在的问题，于是开始做出改变。现在，子晗已是一位既受幼儿喜爱也受家长敬重、衣冠整洁、彬彬有礼的优秀男教师。

服饰是一种无声的语言，传递着一个人的身份、修养、文化、性格、心理状态等多种信息。与其他职业不同，幼儿教师面对的是幼儿，所穿的服饰也是一种和幼儿沟通的语言。幼儿教师的服饰必须符合幼儿的认知特点与发展特点。幼儿教师应谨记，注重着装礼仪既能维护个人形象，又能维护所在教育机构的形象，还能维护教师队伍的整体形象。

一、幼儿教师着装礼仪

幼儿教师的着装应遵循"TPOR"原则。在此基础上，幼儿教师还要掌握饰品佩戴礼仪。

（一）着装的"TPOR"原则

TPOR 原则是指时间（Time）原则、地点（Place）原则、场合（Occasion）原则和角色（Role）原则。人们在社会交往中已经形成约定俗成的着装习惯，这 4 个单词正是着装原则的最好诠释。

1. 时间（Time）原则

这里所说的时间不仅包括白天和晚上的工作时间、社交活动时间，还包括四季时节变化、时代变化等。例如，白天参加休闲活动时，可以自由地选择服饰，但要遵守社会道德；参加较为正式的会议、商务活动时，应着正装。

2. 地点（Place）原则

这里所讲的地点原则包括两个方面：一方面是指在具体场地中的穿着原则；另一方面是指在不同地域的穿着习俗。在具体场地中的穿着原则是指在不同的场地，如教室、办公室、游泳馆、网球馆等，需要穿着相应的服饰，即在写字楼里要穿正装，在运动场上要穿运动装等。不同地域的穿着习俗是指我国各民族在服装款式上都有各自的特点，幼儿教师可以根据所处地域的文化穿着得体的服饰。

3. 场合（Occasion）原则

如今的生活节奏比较快，人们穿梭于生活与工作中的各种活动场合，如工作场合、私人活动场合等。工作场合分为日常工作场合与重要活动场合。私人活动场合是指在工作时间外的活动场合，包括在家休息和私人社交活动场合，如家庭宴会、友人聚会等。在不同的场合，幼儿教师要穿着与场合相适应的服装。

以幼儿教师收到邀请函为例，如果邀请函中对着装有要求，幼儿教师就要按要求准备着装；如果邀请函中对着装没有要求，幼儿教师则可根据应邀参加的场合特点考虑穿着。

4. 角色（Role）原则

生活在社会中的每个人都有不同的社会角色，幼儿教师也是社会众多职业中的一种。教师被誉为"阳光底下最光辉的职业"，培养祖国未来人才的职业者，更是培养无数家庭希望的职业者。"学高为师，德高为范""为人师表"等词语是人们对教师职业道德及职业操守的基本要求。

服饰着装是幼儿教师外在形象的一种直观的表现形式。得体的着装不仅是幼儿教师外在形象的直接体现，也是幼儿教师内在修养及审美的外在体现。因此，幼儿教师必须规范着装。

（二）制服着装礼仪

如果所在教育机构规定员工必须穿统一的工作装，也就是制服，幼儿教师就应按规定认真着装。

制服是指由所在教育机构统一制作并下发的面料、色彩、款式整齐划一的服装。制服是塑造幼儿教师所在教育机构整体形象的道具，可以体现教育机构的特点和幼儿教师的职业特征，使幼儿教师更加具有责任感、荣誉感和接受社会监督的意识。

幼儿教师穿制服上班时，应注意"四忌"，如图3-10所示。

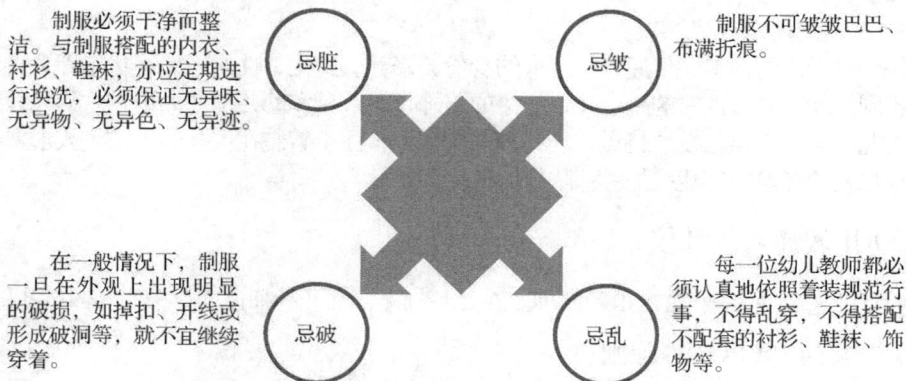

制服必须干净而整洁。与制服搭配的内衣、衬衫、鞋袜，亦应定期进行换洗，必须保证无异味、无异物、无异色、无异迹。 **忌脏**

忌皱 制服不可皱皱巴巴、布满折痕。

在一般情况下，制服一旦在外观上出现明显的破损，如掉扣、开线或形成破洞等，就不宜继续穿着。 **忌破**

忌乱 每一位幼儿教师都必须认真地依照着装规范行事，不得乱穿，不得搭配不配套的衬衫、鞋袜、饰物等。

图3-10 制服着装"四忌"

（三）饰品佩戴礼仪

饰品是指用来装饰的物品，一般用途包括美化个人仪表、装点居室、美化公共环境等。幼儿教师在教育活动中，需要对首饰、手表、眼镜、围巾和帽子等饰品的佩戴礼仪有所了解。

1. 首饰

首饰泛指各类用于点缀、美化整体形象的饰物。首饰虽然体积小，但其装饰效果明显。幼儿教师应注意首饰只有在与服饰搭配时，才能起到锦上添花的效果。

（1）首饰佩戴的规则

幼儿教师必须遵守首饰佩戴规则，如表 3-1 所示。

表 3-1　首饰佩戴规则

佩戴规则	说明
身份规则	首饰应符合幼儿教师的身份，宜精致、小巧
数量规则	幼儿教师佩戴的首饰以少为佳
色彩规则	首饰应为同色系，即佩戴两件或两件以上的首饰时，其色彩应一致
质地规则	佩戴两件或两件以上的首饰时，其质地应相同
形体规则	选择首饰时应充分考虑自身的形体特点
搭配规则	佩戴首饰时应注意与服装、发型等的整体协调性
习俗规则	幼儿教师应遵守当地的习俗，懂得首饰的寓意，避免尴尬

（2）首饰佩戴的方法

幼儿教师在佩戴首饰时，要注意佩戴方法，如表 3-2 所示。

表 3-2　首饰佩戴方法

种类	具体戴法
戒指	戒指一般戴在左手上，最好戴一枚，最多可戴两枚。戴两枚戒指时，可以戴在两根相邻的手指上，也可以戴在两只手对称的手指上
项链	男女教师均可佩戴，佩戴数量不应多于一条，且男教师所戴的项链一般不外露
耳饰	耳饰分为耳环、耳钉、耳坠等，一般成对使用，不宜在一只耳朵上同时戴多只耳饰
手镯	手镯可以戴一只，也可以同时戴两只、多只，男教师一般不戴手镯
手链	男女教师均可佩戴手链，但一只手上仅限戴一条手链
胸针	胸针多为女教师所用，应别在左侧衣领上。穿无领上衣时，则应将胸针别在左侧胸前。需要注意的是，在给幼儿上课时不宜佩戴胸针

由于岗位的特殊性，幼儿教师在带班工作前应自觉摘下首饰，以免因佩戴首饰而妨碍工作，分散幼儿的注意力，甚至给幼儿带来卫生和安全隐患。

2. 手表

手表是一种常用的计时工具，也是一种重要的饰品。佩戴手表往往能给人留下时间观念强、作风严谨等积极的印象，同时也能提升自身的气质和品位。

幼儿教师选择在职场上佩戴的手表时，应考虑其款式、风格、外观等是否与自己的身份相符。手表的色彩首选黑色、白色、金属色等。需要注意的是，幼儿教师一般不佩戴广告表、时装表、珠宝表等。

3. 眼镜

眼镜是用来保护眼睛、矫正视力的用品，也是一种重要的装饰品。它是材质和艺术的结合体，能体现出佩戴者的身份、修养、观念、兴趣和爱好。

幼儿教师在选购和佩戴眼镜时，需要注意以下几点。

（1）选购眼镜时，应综合考虑佩戴的目的、时间、场合，以及个人的脸型、肤色、喜好等。

（2）要根据镜架材质的优良程度，镜片的大小、曲线、组合、色彩、光泽等选购镜片。

（3）选购镜架时，应首先考虑镜架与镜片的相互影响，包括材质、外形、颜色、装饰的精美程度。

（4）在室内或工作时，不戴墨镜或有色眼镜。

（5）进入室内后应自觉摘下墨镜或太阳镜等有色眼镜，否则会给人以故作神秘、掩饰自己，或者不愿意与他人接触的印象。

（6）工作时，不戴时尚类装饰眼镜，不戴特种眼镜。

4. 围巾和帽子

随着服饰审美品位的提高，人们对实用型饰物的装饰作用越来越重视。围巾和帽子是人们日常选用较多的饰品，对服装的整体效果影响也较大。

幼儿教师在选择围巾和帽子时，应首先选择与服装的风格保持一致的围巾和帽子，这样才能使整体形象更加和谐，彰显气质与风度；其次选择与所处的时间、场合，个人的脸型、肤色等协调一致的围巾和帽子。

在正式场合中，男女教师均可根据自己的着装风格使用围巾和帽子。进入室内后，应摘下帽子和保暖性的围巾等。女教师在室内可以使用装饰性的帽子，但帽檐不能过宽，以免遮挡他人的视线。

幼儿教师在带班工作时，一般不宜使用装饰性太强的围巾和帽子，以免影响教学活动的开展，不便于工作。

二、男教师的着装礼仪

男教师着装的整体要求是整洁干净、平整挺括、美观大方。

（一）男教师的着装选择

男教师在选择着装时，应主要考虑着装的款式、面料、色彩与尺寸。

1. 款式

男教师的职业装一般有制服、西装、中山装、衬衫配长裤等。正式场合的着装首选西装（见图 3-11）。日常工作中的着装以休闲西装、衬衫配长裤居多，如图 3-12 所示。

图 3-11　穿西装的男教师　　　　　　图 3-12　穿衬衫配长裤的男教师

2. 面料

男装常用的面料有毛料、棉料、麻料、丝绸、化纤混纺等。职业装的面料宜挺括，有质感。西装首选毛料且最好是 100% 的毛料，也可选择至少 70% 的毛料或毛与丝的合成材料等。

3. 色彩

男装的色彩应庄重、正统，给人信任感。男教师的外套多使用蓝、深蓝、灰、深灰等中性色，以纯色为主，也可用精致的条纹、暗纹等。衬衫多选择单一色彩的高支精纺的纯棉、纯毛制品或混纺制品，也可选择带有条纹、方格、暗纹等的制品。

4. 尺寸

男装的尺寸一定要合适，过大、过小、过紧、过松的衣服都会破坏男教师的整体形象。

（二）男教师的着装细节

男教师要注意衬衫、鞋、袜子、皮带的穿搭细节。

1. 衬衫

衣扣、袖扣应扣好，领扣可不扣；下摆应塞入裤腰，不能露出一部分在外面；若穿西装，内里必须穿长袖衬衫；打领带前应扣好衣领和袖口处的所有纽扣；在某些轻松场合可以不系领带，不扣领扣；衬衫、西装的袖口不要卷起，裤管不要卷起，否则会给人粗俗之感。

2. 鞋

在选择鞋子时，男教师一般选择盖式、系带式皮鞋或休闲鞋，鞋的颜色应与裤装同色或比裤装颜色更深一些，以黑色或深色居多。最适合搭配西装的皮鞋应是没有任何图案的、黑色光面的、系带的牛皮皮鞋。

此外，男教师还应做到鞋内无味、鞋面无尘、鞋子完好无损。

3. 袜子

穿皮鞋或休闲鞋时，袜色以深色、单色为宜，应与鞋色一致。袜子多选择纯棉、纯毛制品，也可选择混纺制品。

袜子要干净、完整、成双、合脚。一般而言，袜筒的长度以男教师坐下来不会露出腿部皮肤为宜。

4. 皮带

皮带即腰带。男教师在选用皮带时应考虑其颜色、图案、尺寸、环扣等。用于正式场合的皮带，颜色宜为单色、深色，与皮鞋、皮包的颜色保持一致，且为光面，无任何图案。

皮带的环扣应为金属制品，多为单色。除商标外，环扣上不宜出现其他文字、图案。需要注意的是，皮带上不宜挂放手机、钥匙、打火机等物品。

三、女教师的着装礼仪

职业化的装扮可以彰显女教师的气质，也可以恰如其分地展示女教师认真的工作态度和温婉大方的女性美。

（一）女教师的着装选择

女教师在选择服装时，应注意款式、面料和色彩，如图3-13所示。

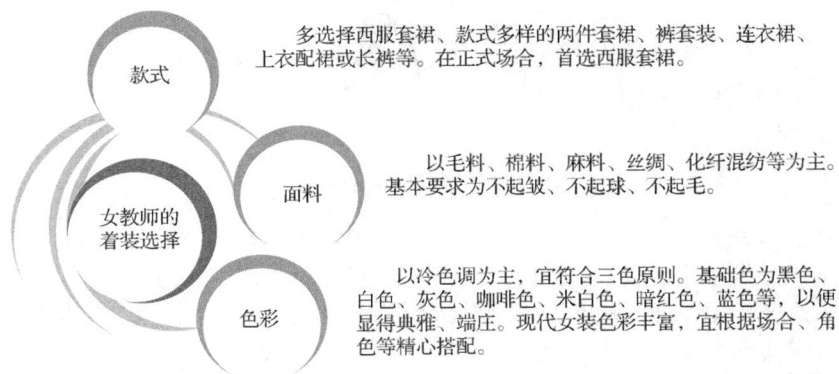

款式：多选择西服套裙、款式多样的两件套裙、裤套装、连衣裙、上衣配裙或长裤等。在正式场合，首选西服套裙。

面料：以毛料、棉料、麻料、丝绸、化纤混纺等为主。基本要求为不起皱、不起球、不起毛。

色彩：以冷色调为主，宜符合三色原则。基础色为黑色、白色、灰色、咖啡色、米白色、暗红色、蓝色等，以便显得典雅、端庄。现代女装色彩丰富，宜根据场合、角色等精心搭配。

图3-13 女教师的着装选择

女教师在日常工作中的着装应选择符合幼儿教师职业特点的款型，一般是活泼、大方、颜色鲜艳且便于活动的休闲款型，切忌穿奇装异服。

例如，幼儿园一位女教师非常爱穿哥特风格的服装上班，引得很多小朋友纷纷效仿，导致很多家长产生了不满情绪。家长认为，幼儿教师穿如此个性的服装上班，对幼儿的成长没有任何帮助，反而会将幼儿的审美拉到与幼儿发展特征不符的层面上；幼儿老师应起到表率的作用，正确引导幼儿的行为。

（二）女教师的着装细节

女教师要注意着装的细节及合理搭配，掌握衬衫、丝巾、袜子、鞋的搭配技巧。

1. 衬衫

女教师选择衬衫搭配套装时应首选单色。花色衬衫应搭配与其色彩协调的外套。除最上面的一粒纽扣外，衬衫上的其他纽扣应系好。不随便挽起衬衫袖子。

2. 丝巾

女性常用丝巾进行装饰或点缀。不同颜色、款式和结法的丝巾，可以使女装变得更加俏丽、时尚和充满活力。

3. 袜子

女教师穿裙装时，宜选用中性色（如灰褐色、浅灰色、灰色或黑色等）的单色袜；应避免露出袜口，宜穿连裤袜。

女教师穿裤装时，宜选择与裤子颜色协调的短袜，如纯棉、纯毛制品，也可选择混纺制品。袜子要干净、完整、成双、合脚。

4. 鞋

鞋的颜色宜与上衣或裙、裤同色或较其颜色更深一些。穿套装、裙装时，应搭配半高跟、坡跟的船式或盖式皮鞋。女教师带班时，宜穿平底鞋、坡跟鞋等较舒适的鞋，忌穿拖鞋、响底鞋、高跟鞋等。不管穿哪种款式的鞋，女教师都应保持鞋面无尘、鞋内无味、鞋子完好无损。

（三）女教师着装"四忌"

女教师的着装有 4 个禁忌，如图 3-14 所示。

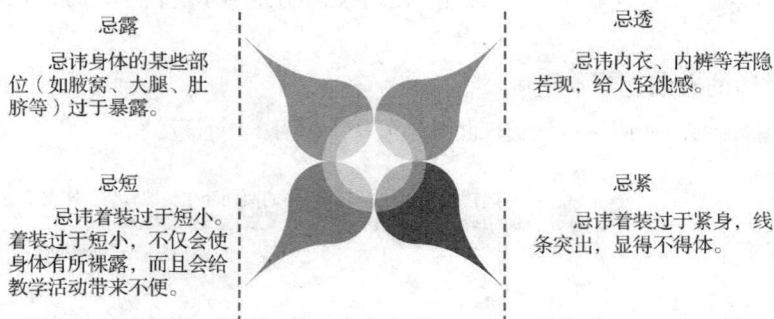

忌露
忌讳身体的某些部位（如腋窝、大腿、肚脐等）过于暴露。

忌透
忌讳内衣、内裤等若隐若现，给人轻佻感。

忌短
忌讳着装过于短小。着装过于短小，不仅会使身体有所裸露，而且会给教学活动带来不便。

忌紧
忌讳着装过于紧身，线条突出，显得不得体。

图 3-14　女教师着装"四忌"

曾有因幼儿园女教师穿着过于"清凉"引发热议一事。在炎热的夏天，年轻的女教师为了舒适凉爽、追求时尚美，常穿露肩装、露脐装、短裙等服装上班。女教师认为自己有穿衣自由，有追求时尚的权利，而家长担心女教师的不当穿着会给幼儿带来不好的影响。因此，幼儿教师要考虑岗位的特殊性，遵守着装礼仪规范，穿着既要简约大方，能起到正确的引导作用，又要不失时尚，能提升幼儿的审美能力。

第三节 仪态礼仪

引导案例

阳光幼儿园最近正在招聘幼儿教师。这一天来了两位面试者，一位是刚毕业的大学生，一位是已有几年教学经验的幼儿教师。

大学生的表现略显青涩，而幼儿教师无论是在沟通方面，还是在教育教学方面都更胜一筹，但园长最后留下了大学生。

大家都很不解，便问园长为什么要选择大学生。园长说："大学生站得笔直，看起来精神抖擞，坐姿也很端正、规范，谦逊有礼，递简历都是双手递上。而幼儿教师站着的时候弓腰驼背，坐下不久就开始抖动腿脚，递简历时也是非常随便地放在桌子上，虽然他经验丰富，但是他的行为举止缺乏修养。大学生虽然没有经验，但我相信他是一个有诚心、有毅力的人，以后会越来越优秀的。"

仪态是指一个人的姿势、举止与动作，包括站姿、坐姿、蹲姿、走姿等。一个人如果具有优雅的举止，就会被人们羡慕和称赞，给人留下深刻的印象。人们往往会凭借一个人的仪态来判断其品格、学识和其他方面的修养程度。可以说，仪态在一定程度上能反映出幼儿教师的精神面貌和对教学的投入程度，也能影响幼儿生活习惯的养成。

一、站姿礼仪

站姿又叫立姿、站相，是指人在站立时呈现出来的具体姿态。它通常是一种静态姿势。站姿是幼儿教师在工作、生活及人际交往中的基本姿势。幼儿教师在站立时应挺拔而庄重，要做到身体站直、挺胸收腹、双腿并拢、双脚微分、双肩平直、双目平视、头部保持端正。

（一）正确的站姿

站姿是幼儿教师在课堂中的重要姿态之一。幼儿教师的站姿应能在稳重中透出活力，不能过于拘谨和呆板，要随时根据课堂内容和活动情景的变化进行灵活调整。

幼儿教师在讲解知识时应站在教室前方，站姿端正、稳重自然，并且保持精神振作、亲切大方，如图 3-15 所示。幼儿教师在参与幼儿活动时，应动作自然、舒展大方、精力充沛，给幼儿积极向上、和谐相容的感觉，如图 3-16 所示。

图 3-15 幼儿教师的站姿

图 3-16 幼儿教师参与幼儿活动时的站姿

男女教师的基本站姿有所不同，男教师的站姿要刚劲挺拔、威武稳健，女教师的站姿要亭亭玉立、文静优雅。

1. 男教师的基本站姿

男教师在站立时，一般应双脚平行，并要注意其分开的幅度。这种幅度一般以不超过肩宽为宜，最佳间距为一脚之宽。

男教师在站立时要全身笔直，双肩展开，头部抬起，双臂自然下垂伸直，双手贴放于大腿两侧，双脚不能乱动。如果站立时间过久，可以将身体的重心轮流落在左右脚上，但变换不可过于频繁，且上身仍须直挺。

男教师还有一种前腹式站姿，即在保持基本站姿的基础上，一只手抱空拳，另一只手握住其腕部，双手放在腹部前边，双脚呈"V"字形，宽度略小于肩宽。

2. 女教师的基本站姿

女教师在站立时应当挺胸收颌，目视前方，双手自然下垂，叠放或相握于腹前，双腿基本并拢，不宜叉开。女教师在站立时可以将重心置于其中一只脚上，双腿一直一斜。

女教师还有一种站姿，即双脚脚跟并拢，脚尖分开，张开的脚尖大约相距 10 厘米，其张角约为 45°，呈"V"字形。女教师还要切记，不能正面面对他人双腿叉开而立。

幼儿回答问题时，幼儿教师的身体应微微前倾。这种姿势既表明幼儿教师对幼儿说的话感兴趣，也表明幼儿教师的注意力都集中在幼儿身上，没有走神，增加了亲切感，体现了幼儿教师对幼儿的尊重。

（二）应避免的不良站姿

不良的站姿不仅会影响身体健康，还会影响精神面貌，因此幼儿教师应避免出现以下不良站姿。

1. 弯腰驼背

幼儿教师在站立时，应身体挺拔。长期弯腰驼背，会导致颈部弯缩、胸部凹陷、腹部凸出、臀部撅起等不良体态。这种体态会显得幼儿教师无精打采，甚至会给幼儿一种病态的感觉。

2. 手位不当

幼儿教师要以正确的手位来配合站姿。站立时手位不当，如双手抱在脑后、双手抱在胸前、把肘部支在某处、双手叉腰、将手插在衣服或裤子口袋里等，会破坏站姿的整体效果。

3. 脚位不当

在正常情况下，"V"字步、"丁"字步或平行步均可采用，但要避免"人"字步和"蹬踩式"。"人"字步即俗称的内八字，"蹬踩式"是指一只脚站在地上，另一只脚踩在鞋帮上或者踏在其他物体上。

4. 半坐半立

在一些正式场合，幼儿教师必须注意坐立有别，该站的时候就要站，该坐的时候就要坐。在站立之际，不可以为了贪图舒服而采用半坐半立之姿，否则会让人感觉比较随便，缺乏职业素养。

5. 身体歪斜

幼儿教师在站立时不能歪斜扭曲身体。歪斜扭曲身体，如头偏、肩斜、腿曲、身歪、膝部不直等，不但会直接破坏人体的线条美，而且会给他人留下颓废消沉、萎靡不振、散漫松懈的印象。

二、坐姿礼仪

坐姿即人在就座之后呈现的姿势。坐姿是幼儿教师在人际交往中非常重要的身体姿势，它反映的信息非常丰富。幼儿教师的坐姿也是一种静态姿势。端庄优美的坐姿会给幼儿以优雅、稳重、自然、大方的美感，有利于提升教学效果。

（一）正确的坐姿

坐姿主要体现在入座前、入座后和起立时。在一些较为正式的场合，幼儿教师在入座前，应用轻盈的步态走到座位前面并转身，转身后，右脚向后退半步，缓慢坐下。女教师若穿裙装，就要先轻拢裙摆再入座。

在与幼儿的日常互动中，幼儿教师常采用的坐姿如图 3-17 所示。

图 3-17　与幼儿日常互动时的坐姿

幼儿教师在入座后，需要遵守以下规则。

1. 头要端正

头要端正，不宜仰头、低头、歪头、扭头等。幼儿教师在办公时可以低头，但在回答幼儿的问题时，必须面向幼儿，保持专注的目光。

2. 上身自然挺直

幼儿教师在休息时可以倚靠椅背，而在教室入座后，不宜完全倚靠在座椅上，可以坐满椅面的四分之三。坐好以后，幼儿教师的上身仍然需要保持挺拔的姿势。

3. 手臂自然摆放

在正式场合入座后，幼儿教师的双手可以各自扶在一条大腿上。女教师的双手叠放或相握后可以放在两条腿上，手臂自然摆放或放在椅子扶手上。

4. 面带微笑

幼儿教师要面带微笑，嘴微闭，下颌微收。

5. 双腿正放或侧放

女教师的双膝应自然并拢，男教师的双膝可以微开，与肩同宽。谈话时可以侧坐，即上身与腿同时转向一侧。起立时，应将右脚向后收半步后，再缓慢起立。

（二）坐姿方式

在不同的场合，幼儿教师可以选择不同的坐姿方式。

1. "正襟危坐"式

这种坐姿适用于课堂、正规集会等场合，要求幼儿教师的上身和大腿、大腿和小腿都呈 90°，小腿垂直于地面；双膝、双脚，包括双脚的跟部，都要完全并拢。

2. 双腿斜放式

这种坐姿适合穿裙子的女教师在较低的位置就座时使用。幼儿教师首先要并拢双腿，然后将双脚向左侧或右侧斜放，力求斜放后的腿部与地面呈 45°。

3. 前伸后曲式

这是女教师常用的一种坐姿，需要幼儿教师先并紧大腿，然后将一条小腿向前伸、一条小腿向后屈，要求两脚掌着地，双脚前后保持在一条直线上。

4. 双腿叠放式

这种坐姿适合裙子稍短的女教师使用，要求双腿一上一下交叠在一起，交叠后的双腿间没有任何缝隙，犹如一条直线，斜放后的腿部与地面呈45°，叠放的上脚尖垂向地面。

5. 双脚内收式

对于这种坐姿，男女教师都可选用。它要求两条大腿并拢，双膝可以略微打开，两条小腿可以在稍许分开后再向内收，双脚掌着地。

6. 垂腿开膝式

这种坐姿多为男教师使用，比较正规，要求上身和大腿、大腿和小腿都呈90°，小腿垂直于地面。双膝允许分开，但分开的幅度不要超过肩宽。

7. 双脚交叉式

这种坐姿适用于各种场合，男女教师都可选用。双膝要并拢，双脚在踝部交叉。需要注意的是，交叉后的双脚可以内收，也可以斜放，但不要向前方伸出。

（三）坐姿禁忌

幼儿教师的坐姿主要有以下禁忌。

（1）双腿叉开过大。不论是大腿叉开还是小腿叉开，都非常不雅观。身穿裙装的女教师更要注意这一禁忌。

（2）架腿。将小腿架在另一条大腿上，两腿之间留出较大空隙的坐姿非常无礼，也不雅观。

（3）双腿直伸出去。这样既不雅观，也会妨碍别人。

（4）将腿放在桌椅上。为求舒服而把腿架在高处，甚至抬到身前的桌子或椅子上的行为非常粗鲁。

（5）抖腿。入座后不停地抖动或摇晃腿部，会让人心烦意乱，给人留下轻浮的印象。

（6）用脚蹬踏物体。入座后，双脚要放在地上，忌用脚乱蹬乱踩。

（7）手触摸脚部。入座后用手抚摸小腿或脚部的行为，既不卫生也不雅观。

（8）手乱放。入座后，不允许把手放在桌下，也不允许把双肘支在面前的桌子上或者夹在两腿间。

（9）双手抱腿。双手抱腿本是一种惬意、放松的休息姿势，但在正式场合不宜采用。

（10）趴伏在桌上。趴伏在桌子上的姿态会显得一个人无精打采。

（11）跷二郎腿。仰靠椅背，跷起二郎腿，会给人留下傲慢和随意的印象。

三、走姿礼仪

走姿是指一个人在行走时所采取的具体姿势，是人在行进过程中呈现出的一种动态姿势。它以站姿为基础，是其延续动作。走姿最能体现一个人的精神面貌。幼儿教师的走姿要优雅、稳重、从容、落落大方。

（一）正确的走姿

正确的走姿要以正确的站姿为基础，同时满足以下要求。

（1）行走时上身挺直，双肩平稳，目光平视，下颌微收，面带微笑。

（2）手臂伸直放松，手指自然弯曲。手臂在摆动时以肩关节为轴，上臂带动前臂，前后自然摆动，摆动幅度以前摆35°、后摆30°为宜，肘关节略弯曲，前臂不要向上甩。

（3）上身稍向前倾，提髋，屈大腿，带动小腿向前迈。

（4）保持膝关节和脚尖正对前进的方向，脚尖略抬，脚跟先接触地面，依靠后腿的力量将身体重心推送到前脚掌上，使身体前移。

（5）行走痕迹应为"一条线"或"两条平行线"，步幅（前脚的脚跟与后脚的脚尖之间的距离）一般为一个脚长，但因性别不同和身高不同会有一定的差异。

（6）行走时脚不宜抬得过高，也不宜抬得过低而使鞋底与地面产生摩擦。

（7）男生的步频一般约为每分钟110步，女生的步频一般约为每分钟120步。

（二）几种常见的步态

常见的步态主要有以下4种。

1. 前行步

前行步主要是指一种与来宾、师长、同学问候时的仪态举止。走前行步时一般会伴随头和上身向左或向右的转动，面带微笑，点头致意，并配以恰当的问候语言。

2. 侧行步

需要走在前面引导他人时，要尽量走在他人的左前方，髋部朝前行的方向，上身稍向右转体，左肩稍前，右肩稍后，侧身朝向来宾，与来宾保持2～3步的距离。侧行步一般用于引导来宾或在较窄的走廊里与人相遇时。在较窄的路面与人相遇时，要面向对方打招呼，以示礼貌。

3. 前行左右转身步

在行进中，需要向左（右）转身时，要在右（左）脚迈步落地时，以右（左）脚掌为轴心，向左（右）转体90°，同时迈左（右）脚。

4. 后退左右转身步

需要后退向左（右）转体行进时，要在退2步或4步后，赶在以右（左）脚掌为轴心时，向左（右）方向转身90°，再迈出左（右）脚，继续向前方行进。

（三）走姿禁忌

幼儿教师在行走时要保持良好的姿态，给人一种充满活力的感觉。图3-18所示为幼儿教师的走姿禁忌。

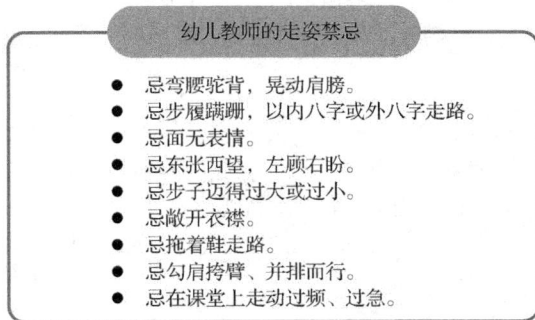

幼儿教师的走姿禁忌

- 忌弯腰驼背，晃动肩膀。
- 忌步履蹒跚，以内八字或外八字走路。
- 忌面无表情。
- 忌东张西望，左顾右盼。
- 忌步子迈得过大或过小。
- 忌敞开衣襟。
- 忌拖着鞋走路。
- 忌勾肩挎臂、并排而行。
- 忌在课堂上走动过频、过急。

图3-18　幼儿教师的走姿禁忌

四、蹲姿礼仪

幼儿教师在生活和工作中常需要下蹲和屈膝，在下蹲和屈膝时要注意动作和姿势的自然、优美、得体。

幼儿教师下蹲和屈膝时的动作应大方、得体，不应遮遮掩掩、慢慢腾腾；要两腿合力支撑身体，避免滑倒；上身应保持挺拔，使蹲姿优美。男教师两腿间可以留有适当的缝隙，女教师无论采用哪种蹲姿，都应将双腿靠紧，使臀部向下。

幼儿教师经常采用的蹲姿主要有以下4种。

（一）高低式蹲姿

男女教师都可选择这一蹲姿。这种蹲姿的要求是：下蹲时，双腿不并排在一起，而是左脚在前、右脚稍向后；左脚应完全着地，小腿基本垂直于地面，右脚应脚掌着地，脚跟提起（此刻右膝低于左膝，女教师的右膝内侧可靠于左小腿的内侧），形成左膝高、右膝低的姿态；臀部向下，基本用右腿支撑身体。图 3-19 所示为男教师和女教师的高低式蹲姿。

图 3-19　男教师和女教师的高低式蹲姿

（二）交叉式蹲姿

交叉式蹲姿更适合女教师采用，其特点是造型优美、典雅。这种蹲姿的要求是：在下蹲前，先以正确的站姿站立，再双腿交叉，之后上身重心下移，稳稳蹲下，双手相叠置于腿上，如图 3-20 所示。

（三）半蹲式蹲姿

半蹲式蹲姿一般在行走时临时采用。它的正式程度不及前两种蹲姿，但可以应急。其基本特征是身体半立半蹲，主要要求是：在下蹲时上身稍微下弯，但不要和下肢构成直角或锐角；臀部务必向下，而不是撅起；双膝略为弯曲，一般构成钝角；身体的重心应放在一条腿上；两腿不要分开过大。

（四）半跪式蹲姿

半跪式蹲姿又叫单跪式蹲姿。这也是一种非正式蹲姿，但在日常带班时，幼儿教师会经常采用这种姿势与幼儿交谈。其主要要求是：在下蹲后，一腿单膝点地，臀部紧靠脚跟，脚尖着地；另一条腿全脚着地，小腿垂直于地面；双腿尽力靠拢，如图 3-21 所示。幼儿教师蹲下来和幼儿交流能给幼儿一种平等的感觉，也可以使幼儿教师从幼儿的角度感觉周围的环境。

图 3-20　交叉式蹲姿　　　　图 3-21　半跪式蹲姿

五、递接物品礼仪

在日常工作和生活中，幼儿教师会经常遇到递接物品的情况。因此幼儿教师要做好幼儿的表率，遵守递接物品礼仪。

（一）递接物品的原则

幼儿教师在递接物品时应以尊重对方、注视对方、双手递物、双手接物为原则，如图 3-22 所示。

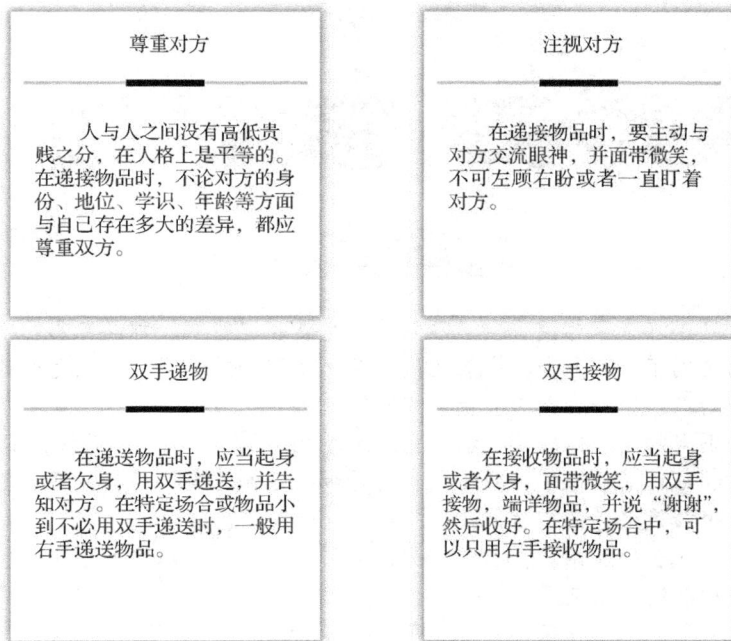

尊重对方

人与人之间没有高低贵贱之分，在人格上是平等的。在递接物品时，不论对方的身份、地位、学识、年龄等方面与自己存在多大的差异，都应尊重双方。

注视对方

在递接物品时，要主动与对方交流眼神，并面带微笑，不可左顾右盼或者一直盯着对方。

双手递物

在递送物品时，应当起身或者欠身，用双手递送，并告知对方。在特定场合或物品小到不必用双手递送时，一般用右手递送物品。

双手接物

在接收物品时，应当起身或者欠身，面带微笑，用双手接物，端详物品，并说"谢谢"，然后收好。在特定场合中，可以只用右手接收物品。

图 3-22 递接物品的原则

（二）递送物品的方法

幼儿教师递送物品时应注意以下细节。

1. 递送文件、图书杂志、名片等时

幼儿教师在工作和生活中向对方递送文件或图书杂志时，应使其正面朝着对方，不可倒置。在结识新朋友时，需要互换名片，幼儿教师在向他人递送名片时，要双手恭敬地递上，并使名片的正面朝向对方，以便对方查看上面的信息。

2. 递送茶杯等时

幼儿教师在递送茶杯时应双手递上；递送饮料、酒水时，应将商标朝向对方，左手托底，右手握距瓶口三分之一处。

3. 递送尖利物品时

幼儿教师递送笔、剪刀之类的尖利物品时，不要将尖头朝向对方；递送水果刀时，应双手托住刀身，让刀刃朝向自己，或让刀刃向下，自己手握刀背，使刀把朝向对方。

（三）递接物品的禁忌

递接物品有两个禁忌，如图 3-23 所示。

在递送物品时，应该做到尊重、安全和便利。以下这些做法都是不适宜的：递送物品时与他人交谈，或者漫不经心，注视其他地方；递送笔、剪刀之类的尖利物品时，将尖头朝向对方；递送装有热茶的茶杯时，直接将茶杯递到对方手上，或者将水洒到对方身上等。

递接物品的禁忌

递送物品

接收物品

接收他人给的物品时，切忌看都不看一眼就漫不经心地放在一旁或者扔掉。如果需要将物品暂时放在桌子上，切记不要在物品上放其他东西。

图 3-23　递接物品的禁忌

第四节　体态语礼仪

引导案例

最近园长收到了许多家长对小雨老师的反馈意见，这些家长都说自己的孩子很怕小雨老师，都不敢来幼儿园了，甚至会在来幼儿园的路上哭哭啼啼。园长对此也感到不解，小雨老师是个爱说爱笑的人，孩子们怎么会怕她呢？

园长去找小雨老师了解情况，这才知道，小雨老师为了让孩子们听话，每天故意板着脸，背着手，用严肃的眼神看着他们。孩子们每天看到一张面无表情的脸，就不敢和小雨老师亲近，又因为小雨老师最近总是呵斥他们，所以更害怕她了。

小雨老师知道家长的反馈后，非常惭愧，觉得自己不应该用这种方法教导孩子们，并保证以后一定避免出现这种情况。

语言表达的通常是人们所思考的事物或概念，而体态语可以传递出人们的情绪和感受。幼儿教师的一个微笑能使幼儿感受到爱和接纳，消除初入园时的不适感和恐惧；幼儿教师的一次抚摸可以抚平幼儿因与同伴闹矛盾而产生的委屈。同样，幼儿教师严肃的神情也会给幼儿带来恐惧，使幼儿不敢接近。体态语是神奇的，幼儿教师应运用好体态语，发挥它的积极作用。

一、微笑

微笑是一种世界语、通用语。我们可能听不懂对方的语言，但能理解对方笑容里包含的热情和友善。当你对别人微笑时，你就变成了一个能给别人带来好心情的天使，让他们的生活中多一份阳光。可见，微笑既可以愉悦自己，又可以愉悦他人，是幼儿教师在和幼儿、家长、同事的交往中不可缺少的礼节。

幼儿教师礼仪对微笑有以下3个要求。

（一）真诚

微笑最重要的是真诚和自然，只有发自内心的微笑才会给幼儿亲切、和蔼、可信的感觉，才能让幼儿愿意亲近幼儿教师。虽然面带微笑，但眼神很凌厉，只会使幼儿感受到幼儿教师的威严、态度冷淡，让其感到恐惧，对幼儿教师敬而远之。因此，真诚的微笑应该是口到、眼到、心到、意到、神到、情到，是五官协调的笑。

（二）得体

微笑的基本特征是笑不露齿，笑不出声，既不刻意掩盖笑意，也不无所顾忌地哈哈大笑。幼儿教师的微笑要自然、得体，让幼儿感到温馨和亲切，这样才能充分表达出幼儿教师的友善、关爱等美好的情感。

（三）适宜

微笑固然重要，但不能不分时间、不分场合，微笑要适宜。例如，在十分严肃的场合不宜微笑；别人遭受重大挫折、打击，感到特别失意痛苦时不宜微笑等。

幼儿教师应该用自信的神态面对每一个幼儿。微笑是幼儿教师拥有良好心境、充满自信的表现，是幼儿教师在幼儿教育活动中与幼儿进行无声沟通和交流的桥梁。

幼儿教师的微笑对幼儿具有重要的意义。微笑是对幼儿个体的尊重，能展现出幼儿教师与幼儿平等、民主的师幼关系，即幼儿教师把幼儿看成独立的人，尊重幼儿的人格；微笑是对幼儿的鼓励，如在教育活动中，幼儿教师自然流露的微笑可以消除幼儿的紧张感，使幼儿能积极参与到教育活动中来；微笑是一种宽容，既能保护幼儿的自尊，又能让幼儿认识到自己的不足，从而主动改正不足。

二、眼神

眼睛是心灵的窗户，学会用眼睛说话是幼儿教师的基本功之一。

（一）注意目光视角

正视、平视、环视能给幼儿一种平等、亲切的感觉；俯视则会给人一种居高临下的感觉，让幼儿感到畏惧。任何时候幼儿教师都不能扫视、盯视、蔑视和斜视幼儿。

（二）找准凝视区域

人们在与他人交谈时应注视对方，但注视的目光应落在对方上至额头，下至衬衫第二粒纽扣之间，左右以两肩为限的区域。幼儿教师在与幼儿交谈时，可以注视幼儿的眼睛、额头、眼部、唇部，也可以注视其整个上半身。

（三）注意注视时间

在交谈中，听方应多注视说方，注视时长能体现听方对说方的关注程度。注视时长与关注程度的关系主要体现在以下几个方面。

（1）若对说方表示友好，注视说方的时长应不少于双方交流时长的三分之一。

（2）若对说方表示关注，如听领导报告、向同事请教问题等，则注视说方的时长应不少于双方交流时长的三分之二。

（3）注视说方的时长若少于双方交流时长的三分之一，则表示轻视说方或对说方不感兴趣。

（4）注视说方的时长若超过双方交流时长的三分之二，甚至将目光始终盯在说方身上，则可能是对说方抱有敌意。

（四）合理分配目光

幼儿教师在教学活动中应灵活地运用眼皮的开合、眼球的转动、瞳孔的变化等，让每个幼儿都能感受到幼儿教师对自己的关注。合理分配目光的方法如下。

（1）对正在发言的幼儿回以信任的目光和亲切的微笑，给幼儿信心。

（2）幼儿答对问题后，幼儿教师应投以欣赏的目光；幼儿答错问题后，幼儿教师也应给予鼓励的目光。如果幼儿一时答不上来，幼儿教师应以耐心、期待的目光注视幼儿。

（3）幼儿之间发生矛盾后，幼儿教师不能用目光传递出自己对一方存在袒护之类的信息，而应以开放的目光引导幼儿用民主的办法解决。

（4）幼儿遇到问题时，幼儿教师不能用不以为意的目光表现出烦躁情绪，而应回以宽容、高兴的目光，鼓励幼儿培养大胆质疑的习惯和积极思维的能力。

（五）读懂幼儿的眼神

幼儿的眼神常常是其生理状况和心理活动的外显。例如，幼儿认为自己能回答幼儿教师的提问时，会直视幼儿教师，眼神里满是自信；觉得自己不能回答幼儿教师的问题时，目光会躲闪，甚至低头不敢看幼儿教师；幼儿眼神呆滞，有可能是因为他生病了；幼儿眼睛突然放光，盯在某一处，说明他可能发现了特别感兴趣的事物。

幼儿教师不仅要学会运用自己的眼神，还要读懂幼儿的眼神，走进幼儿的内心，发现幼儿的真实想法，从而改进教学方法，提高教学效果。

三、手势语

法国艺术家罗丹说，手是会说话的工具。幼儿教师的手势语可以使语言更加生动、形象，富有表现力。手势语是指幼儿教师根据教学内容需要，通过双手或胳膊的动作来传情达意的体态语言，是幼儿园教育教学中运用十分普遍、典型的体态语。

（一）手势语的基本要领

手位适当，自然大方；手臂放松自如，不呆板，不拘谨；手的姿势和举止位置协调，切合教学需要。手势要和有声语言或其他身体语言协调配合，相辅相成。幼儿教师切忌对幼儿"指指点点"，切忌出现双手后背、交叉抱臂、用力敲桌等动作。

（二）手势语的类型

幼儿教师的每一个手势都应具有表达教学信息、情绪和管理意图的价值。幼儿教师手势语的类型及其含义如下。

1. 指示型手势语

指示型手势语在教学中一般用于组织、指导幼儿学习，维持教学纪律，引起幼儿注意。指示型手势语在幼儿园教学中十分重要。

学前儿童心理学表明，幼儿的记忆以表象记忆为主，许多教学内容如果只凭幼儿教师语言描述，很难在短时期内让幼儿理解、记住。幼儿教师在传递信息时辅以手势语，可以帮助幼儿将生动形象的手势与有声的语言联系起来，从而牢固地记住学习的信息。

例如，幼儿教师在提问时总是辅以举手的手势语，经过一段时间后，幼儿便对幼儿教师"举手"这一手势语非常了解，看到这个动作时就会很自然地做出"举手发言"的反应。

2. 情感型手势语

情感型手势语是指一种在教学过程中根据教学情景和氛围的需要，表达情感的手势语。情感型手势语能够强化幼儿教师表达的思想情感，进一步辅助师幼交流，营造积极愉快、和谐的课堂氛围。

教育心理学研究表明，积极、主动、活泼的课堂气氛能使幼儿的大脑皮质处于兴奋状态，容易接受"环境助长作用"的影响，从而更好地接受新知识，并在掌握新知识的基础上通过联想、综合、分析、推理等进行创造性的学习。例如，幼儿答对问题后，幼儿教师对其竖起大拇指，会让幼儿感到幼儿教师对他的赞赏，回答问题的积极性也会大大增加。

3. 形象型手势语

形象型手势语是指幼儿教师根据教学目的、内容的需要而运用的一种直观形象的手势语。符合幼儿年龄特点的形象型手势语是幼儿园教学的一种有效手段。

例如，在小班幼儿音乐活动中，幼儿教师结合所演唱的、有鲜明动物形象的歌曲，通过形象型手势语模仿出各种动物，能很好地激发幼儿的学习兴趣。此外，幼儿教师还可以用形象型手势语生动地解决一些抽象问题，例如，用两个手臂大幅度地画弧表示"大"的概念，将两手交叉在双臂处摩擦表示"冷"的感觉等。

（三）常用的手势语

常用的手势语有手指语、手掌语和手臂语。

1. 手指语

（1）竖起大拇指，表示称赞、钦佩。

（2）伸出小拇指，表示卑下、低劣、轻视。

（3）5个手指由外向里收拢，表示力量集中，事物相聚。

（4）5个手指向下用力收拢，表示控制、抓握。

（5）伸出食指，特指某人、某事物，表示命令、斥责。

（6）手指逐一屈或伸，表示计算数目、列数次第。

（7）大拇指与食指相捏，表示细小物体。

（8）右手四指相握，食指在空中画圆、直线、曲线或进行上下、左右、内外、快慢运动，表示事物的运动轨迹、过程或方向。

（9）两只手平握于胸前，两个食指在同一水平高度由外向内合拢，表示两个事物运动、贴合、碰撞。

2. 手掌语

（1）手掌向上伸，手臂微屈，表示恭敬、请求、赞美、欢迎。

（2）手臂微屈，手掌向下压，表示反对、否定、制止。

（3）手掌挺直，用力劈下，强调果断的力量和气势。

（4）两手掌从胸前向外推出，表示拒绝或不赞成某种观点。

（5）两手掌由外向胸前回收，表示聚集、接受。

（6）两手掌由合而分，向上摊开，表示消极、失望、分散。

（7）两手掌由外向内，由分而合，表示团结、联合、亲密。

（8）单手掌向前上方冲击，表示勇往直前或猛烈进攻。

（9）两手掌向上方推举，表示强大的力量和宏伟的气魄。

3. 手臂语

（1）摊开双手，向前上方展开双臂，表示颂扬、称赞和歌颂光明与充满希望的积极情感。

（2）两只大臂自然下垂，小臂在胸前做左右、前后、上下运动，辅助有声语言，表示指示，象征和强调说明。

（3）手臂交叉在胸前，如盾牌和防弹钢板形成一种防御屏障，可以增强自己的安全感。

（4）手臂紧紧交叉在胸前，而且双手紧握，伴随咬紧牙关，可以体现出更强烈的防御信号和敌对态度。

四、空间语言

空间语言主要用社交场合中人与人之间的身体距离来体现。它显示的是人际关系的亲疏，是人际关系密切程度的尺码。有学者曾对中国人讲话时的身体距离情况做过调查，调查结果显示：亲密区一般为0～0.6米；熟人区一般在0.6米左右；社交区一般为0.9～2米；讲演区一般为2～8米。

幼儿教师有必要树立个人空间意识，根据不同的情景，与幼儿保持适当的距离，让幼儿感受到幼儿教师的亲切与友好，同时给予幼儿自主理解世界的机会。

　　师幼之间保持一定的距离，会让幼儿感到舒适和安全。需要注意的是，由于幼儿并非总能很好地控制自己，所以在一些时候，幼儿教师可以适当地走进幼儿的个人空间，给他们造成心理压力，督促他们集中注意力。在大多数情况下，幼儿教师应尊重幼儿的个人空间，让其拥有一个宽松的心理环境。

思考与练习

1. 简述幼儿男教师与女教师的发型要求。
2. 简述幼儿教师化淡妆的方法。
3. 简述幼儿教师的正确坐姿。

拓展训练

1. 假如你要去幼儿园实习，请你为自己设计一款合适的发型，并尝试化一次淡妆。
2. 请你以幼儿教师的身份运用有声语言、体态语为幼儿讲一则生动的故事。

04

第四章

幼儿教师交往礼仪

学习目标

➢ 掌握常用的礼貌用语和称呼。
➢ 掌握握手礼仪。
➢ 掌握自我介绍的礼仪规范。
➢ 掌握介绍他人的礼仪规范。
➢ 学会换位思考，培养宽人律己、乐于助人的优良品质。
➢ 学会理解与尊重，建立和谐的人际关系。

交往礼仪是一种尊重他人的行为规范，其核心是体现尊重和关爱他人的态度。以礼待人是一种文明的表现。无论是在工作中还是生活中，为了塑造良好的自身形象，幼儿教师都应熟练掌握和运用交往礼仪，彰显内外兼修的气质。

第一节 礼貌用语

引导案例

乔老师在批改作业时，不小心将笔掉在了地上。乔老师对小强说："小强，老师的笔掉你桌子下面了，你帮老师捡起来，好不好？"小强很开心地说："乔老师，我帮您捡！"乔老师笑着对小强说："谢谢你啊，小强。"小强立马说："乔老师，不客气！"

下课后，小强一副自豪的样子，看见小伙伴就说："乔老师叫我帮她捡笔，还对我说了声'谢谢'。"乔老师看到这一情形后有些诧异，没想到自己的一句"谢谢"能让小强这么高兴。在之后的幼儿教学中，乔老师更加注重对礼貌用语的运用了。

礼仪在实施过程中，包含施礼者和受礼者的双向情感交流，充满了人情味。这种人情味主要体现在施礼者与受礼者之间的互相尊重上。常用的礼貌用语成为人们表达尊重的直接方式。恰到好处地使用社交礼仪用语准则规范言行，能使一个人的行为举止给他人留下美好的印象，有助于交往活动的成功。

一、常用的礼貌用语

在日常交往中，幼儿教师常用到的礼貌用语包括问候语、欢迎语、致谢语、道歉语、道别语、请托语、征询语和礼赞语等。

（一）问候语

人们一般会用"××好"的句式问候他人，有时也会使用时效性问候，因为时效性问候显得独具特色和更加专业。主动问候对方是一种基本的礼貌。无论是对外来的客人，还是对领导、同事，人们都应当礼貌问候，否则就会给人一种缺乏教养的感觉。幼儿教师主动问候幼儿，会增加幼儿对幼儿教师的信任感和亲密感。

（二）欢迎语

欢迎语适用于一些特定的场合或活动主办方对来访的朋友表示热烈欢迎的场合，如座谈会、宴会、酒会等。在幼儿园中，幼儿教师经常会在开学时或有新的幼儿入园时，用欢迎语表达对幼儿的热烈欢迎。

使用欢迎语时应怀有愉快的心情，表达出真诚的情感。欢迎语通常用在口语表达上，所以用语应生活化、言简意赅，不宜长篇大论，既要简洁又要富有生活的情趣。对幼儿来说，幼儿教师的欢迎语可以有效消除幼儿刚入园时的紧张感与陌生感，使其尽快融入新环境。

（三）致谢语

致谢语主要用来对帮助过自己的人表示感谢。致谢语应表达出真挚的谢意，同时向对方表示适度的赞赏，如"非常感谢，您真了不起"。

幼儿教师经常使用致谢语，可以使幼儿尽快学会使用"谢谢"，使其在日常生活中更加懂礼貌。

（四）道歉语

当打扰、妨碍、怠慢他人时，应主动向对方表示歉意，如说"抱歉"或"对不起"等。在使用道歉语的时候，应注意态度，认真地说，这也是一种基本的礼貌和教养，如"很抱歉!这件事实在没有办法做到""真对不起，让您久等了""对不起，打扰了"等。该道歉时应及时道歉，并用歉意的目光注视对方，这样才能表明诚意。让幼儿学会使用道歉语，有利于及时消除幼儿之间的矛盾，营造和谐的课堂氛围。

（五）道别语

与对方告别时，要主动向对方说"再见""保重"或"请慢走"。道别是幼儿离园与接待客人的最后的一个环节，如果忽视了这一环节，就会使前面的努力大打折扣。无论与对方相处得怎样，告别时都应使用道别语。

（六）请托语

请托语是指向他人提出某种要求或请求时使用的语言，如"有劳您了""拜托您，请帮个忙""麻烦您关照一下""劳驾""让您费心了"等。当幼儿教师向他人提出某种要求或请求时，一定要"请"字当先，而且态度要诚恳，切忌趾高气扬，也不要低声下气。在教学活动中，幼儿教师适当使用请托语，可以增加幼儿的积极性。

（七）征询语

征询语是主动询问对方的需求和意见，以示关心和尊重的礼貌用语，如"请问我能为您做些什么吗""请问您还有什么别的事情吗""这样会不会打扰您""您不介意的话，我可以看一看吗"等。这些话都能表示出对他人的关心和尊重。在幼儿园中，幼儿教师使用征询语表达对幼儿的关心，更容易让幼儿接受。

（八）礼赞语

礼赞语指对某事物或某人的赞美语言，在表达时需要体现出敬重和钦佩的意味，即以崇敬的心情称赞表扬对方。幼儿教师可以通过礼赞语表达对幼儿的欣赏，幼儿可以通过礼赞语表达对幼儿教师的喜爱与尊敬。

在社交活动中，欣赏与被欣赏、赞美与被赞美是一种互动的力量：赞美者必须具有愉悦之心、仁爱之怀、成人之美等善念；被赞美者应当产生自尊之心、奋进之力、向上之志。因此，学会赞美是社交礼仪的一种要求。

在日常交往中，幼儿教师为了向对方表达尊重和敬意，可以多使用"请"字开头的敬语，如"请稍候""请用餐""请上楼""请进"等。在课堂上，幼儿教师想让幼儿回答问题时，用"请"字开头，更能调动幼儿回答问题的踊跃性。

二、恰当的称呼

人际交往，礼貌当先；与人交谈，称呼当先。恰当地使用称呼是社交活动中的一种基本礼貌。称呼他人时表现出尊敬、亲切和文雅，让双方心灵的沟通和感情更加融洽，才能缩短彼此的距离。正确地掌握和运用称呼是幼儿教师在工作和人际交往中不可缺少的能力。

称呼可分为两种不同的类型，即按身份称呼和按年龄称呼。

当清楚对方的身份时，应当优先用对方的职务称呼对方；当不清楚对方身份时，可以使用性别称呼对方，如"某先生""某女士"。

称呼年长者时务必要恭敬，不应直呼其名，可敬呼"老张""老王"等；尊称有身份的人时可将"老"字与其姓倒置，如"张老""王老"；称呼同辈时，可称呼其姓名，甚至可以去姓称名，但要态度诚恳，体现出真诚；称呼年轻人时，可在其姓前加"小"字，如"小张""小王"，也可直呼其名，但要谦和、慈爱，表达出对年轻人的喜爱和关心。

（一）不同情景下的称呼礼仪

在不同的情景中，称呼的礼仪也有所不同。

1. 面对面称呼

在日常交往中，有些人会有一种错误观念，以为只要对方知道自己是在和他说话，就没有必要称呼他了。其实，懂礼貌的人经常会为了表示敬重而称呼对方。例如，幼儿在上学路上看到幼儿教师后叫一声"老师"，放学回家后看到父亲后叫一声"爸爸"。这在礼仪上是很有必要的，哪怕是称呼过后什么话也没说，对方也会领会到我们的敬意。

2. 使用第二人称

众所周知，用"您"比用"你"更显敬重，而用"老师您""叔叔您""经理您"比单用"您"更显敬重。另外，用量词"位"也可表示出尊重，如"这位同学"就比"这个同学"更显尊重。

3. 称呼对方的家人

对于老师的妻子，可以称"师母"；对于兄长的妻子，可以称"大嫂"；对于与自己父母年纪差不多的女性，可以称"阿姨"。

4. 称呼对方的事物

对于对方的姓（名），要称"贵姓"或"尊姓大名"；对于老师的作品，可称"大作"；对于对方的观点，可称"高见"；对于老人的年龄，要称"高寿"；对于对方的公司，称"贵公司"。

5. 称呼对方的行为

可将宾客的来临敬称为"光临""莅临""惠顾"，可将对方的批评敬称为"指教"，可将对方的解答敬称为"赐教"，可将对方的原谅敬称为"海涵"，可将对方的允诺敬称为"赏光""赏脸"，可将对方的修改敬称为"斧正"。

（二）称呼的注意事项

称呼的使用是否规范，能否表现出尊重，能否符合彼此的身份和社会习惯是一个十分重要的问题。在社会活动中，人们经常互相接触，称呼问题必然频繁地出现。一般来说，称呼应按职业、年龄来选择。

在机关单位常听到的称呼是"同志"；在单位内部除称呼对方为"同志"外，也可用"小张""小王"等称呼对方；在医院常听到的称呼是"医生""大夫"；在工厂常听到的称呼是"师傅"；在学校常听到的称呼是"老师""教授"或"同学"。邻居之间可用辈分称呼对方，如对长辈可称"大爷""叔叔"等；对小孩可称"小朋友""小同学"等。

使用称呼时应注意如下事项。

（1）不能把旧时代的道德观念当成有趣的事物，如称他人为"掌柜的""财主""马夫""少爷"等。有些人对使用这些称呼不以为耻，反以为荣，这显然是不正确的。

（2）不礼貌的称呼在公共场所不要使用，如"老头""老婆""小子"等。但这些称呼在家庭中或亲朋好友之间使用，会产生亲近的效果。

（3）青年人在正式场合要慎用或不用"哥儿们""姐儿们"之类的称呼，以免给人粗俗之感。

（4）在一般情况下，如果同时与多人打招呼，应遵循先长后幼、先上后下、先近后远、先女后男、先疏后亲的原则。

第二节　握手礼仪

引导案例

陈放是一位特别热情的男教师。最近幼儿园新来了一位女教师，叫李雨晴。幼儿园教师聚餐时，李雨晴正好坐在陈放旁边。你好，你是新来的老师李雨晴吧，我早就听说你了，我叫陈放。"陈放热情地说完后，就伸出了左手，打算和新同事握个手。李雨晴有些别扭地伸出左手，说："我也听说过您，我刚来不久，以后请多多照顾。"陈放握着李雨晴的手继续说："没关系，你以后有什么事尽管找我，我在这儿很长时间了……"

李雨晴发现陈放一直不松手后，就有些生气地抽回了手，对陈放也产生了很不好的印象。其实，陈放平时热情善良、乐于助人，和同事相处得也很好，但由于不注意细节，不懂得握手礼仪，经常给人一种轻佻的感觉。

一般来说，握手是一种表示友好的交流方式，能够表现出对对方的尊敬、敬仰、祝贺与鼓励，可以增强双方的信任与理解。但是，如果不懂得握手礼仪，就可能传达出一种淡漠、敷衍、逢迎、傲慢的态度。因此，在交往中，幼儿教师必须明确握手的基本礼仪。

幼儿教师与他人握手时，需要遵循两个基本原则。

● 尊卑有异、男女有别。与他人握手时，主人、长辈、领导、女士应主动伸出手，客人、晚辈、下属、男士再上前握手。

● 以右为先、适时适度。与他人握手时，要用右手握住对方的右手，并把握好握手的力度和时间。

幼儿教师在一些较正式场合与他人握手时，应使用握手的标准姿势。握手的标准姿势（见图4-1）是站在与对方相距1米左右的位置，双腿伸直，上身稍向前倾，伸出右手，四指并拢，拇指张开，虎口朝下约15°与对方握手。握手时应注意力度，上下晃动3～4次即可松开手。

图4-1　握手的基本动作

一、注意握手顺序

握手时应注意伸手的次序。在与不同身份的人握手时，伸手次序是不同的。

（一）与客人握手

接待来访客人时，主人有向客人先伸手的义务，以示欢迎；送别客人时，主人也应主动握手，表示欢迎客人再次光临。

（二）与长辈、领导握手

在与长辈握手时，年轻者要等年长者伸出手后再握手；在与领导握手时，下属要等领导伸出手后再趋前握手。当年长者、职务高者用点头致意代替握手时，年轻者、职务低者也应随之点头致意。

（三）与女士握手

在与女士握手时，男士要等女士伸出手后再握手。如果女士不伸手，或者无握手之意，男士点头鞠躬致意即可，不可主动去握女士的手。男士与女士初次握手时，力度要轻，一般只握对方的手指，以示礼貌，如图 4-2 所示。

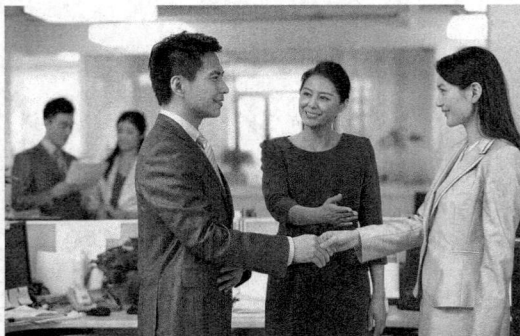

图 4-2　男士与女士握手

二、采用正确手位

握手的手位分为单手相握和双手相握。幼儿教师与不同的人握手时，需要采用正确的手位。

（一）单手相握

单手相握是常用的握手方式，是一种平等式握手，即用右手与人相握，掌心朝向对方的掌心，表示不卑不亢。左手应自然下垂，切不可插在衣兜里或者背在身后。

（二）双手相握

双手相握是指用右手握住对方的右手后，再用左手握住对方右手的手背，即手套式握手，主要用于表达亲朋故友之间的深厚情谊。因此，这种握手方式一般不适用于初次见面和与异性握手的场合，否则有讨好或失态之嫌。

三、明确握手规范

握手虽然是一个很小的动作，表面看是手与手的交流，但其实是心与心的沟通。幼儿教师需要注意细节，明确握手的礼仪规范及要求。

（一）神态自然

幼儿教师与他人握手时应神态自然、亲切友好、面带微笑、目视对方，并向对方表示问候，切忌三心二意、敷衍了事、傲慢冷淡。

（二）体态正确

处于坐位的幼儿教师要与他人行握手礼时，应起身站稳后再握手。握手时，幼儿教师要主动向对方靠拢，但要与对方保持 1 米左右的距离：距离过大，有故意冷落对方之嫌；距离过小，手臂难以伸直，握手的姿势会不雅观。

（三）力度适中

幼儿教师与人握手时应掌握好力度，即保持力度适中，不轻不重，恰到好处。手指轻轻一碰就结束握手或握手时缺少应有的力度，会给人留下敷衍了事、勉强应付或傲慢的感觉；握手的力度太大，让对方感到疼痛与不适，会给对方留下热情过度、粗鲁的感觉：这些都是失礼的。

在力度适中的前提下，男士之间可以握得较紧，虎口相压，以表示热情、自信与真诚的问候。而男士与女士握手时一般只轻握女士的手指部分。

（四）时长适宜

握手的时长通常因人而异，可根据所处的场合、情景而有所不同，但都不可过久。一般来说，幼儿教师与初次见面的人握手的时长以 2～3 秒为宜，打完招呼后即可松开；与异性握手时，应轻轻一握，不能久握不放；与老朋友或关系密切者握手时，可以一边握手一边问候，但时长也应控制在 20 秒内，特别是在多人相聚的场合，不宜与某一人长时间握手，以免引起误会。

四、清楚握手禁忌

幼儿教师与他人握手时，要遵循礼仪规范，要清楚握手的禁忌。

（一）面无表情

幼儿教师与他人握手时应伴随亲切的问候，切忌面无表情、三心二意、敷衍了事。握手时的态度应真诚，目光要专注，切忌东张西望、漫不经心，使对方产生不被尊重和重视的感觉。

（二）拒绝握手

在任何情况下，拒绝对方主动要求握手的举动都是无礼的，即使因手上有水或双手不干净而需谢绝握手时，幼儿教师也必须做出解释并致歉。

（三）戴手套握手

男士与女士握手时，一般只宜轻轻握住女士的手指部位。握手时出于礼貌还应脱帽，切忌戴手套握手。如果戴着手套，握手前就要摘下手套。若实在来不及摘掉，幼儿教师应向对方说明原因并表示歉意。不过，在隆重的晚会上，女士如果是穿着晚礼服并戴着装饰长手套，就不必摘下。

虽然握手是一个再简单不过的动作，但它贯穿于人们交往、应酬的各个环节，因此我们决不能忽视握手的礼仪。

第三节 自我介绍礼仪

引导案例

杨婉君在面试幼儿教师的自我介绍环节，说道："我叫杨婉君。很多人会以为这个名字来自影视剧《婉君》，不过事实是先有我这个'婉君'，后有那个'婉君'。同学们由于觉得叫我'婉君'有些别扭，所以都叫我'杨万君'。"面试官感觉她的自我介绍很特别，对她产生了深刻的印象，加上后来她表现得非常优秀，就录用了她。

　　介绍是人与人进行沟通的出发点。介绍的突出作用是缩短人与人之间的距离。俗话说，"第一印象是黄金"。在社交或商务场合，正确地自我介绍，不仅可以扩大自己的交际圈，广交朋友，还有助于进行必要的自我展示、自我宣传，帮助自己在人际交往中消除误会、减少麻烦。

一、抓住自我介绍的时机

　　在社交活动中，如果想结识某个人或某些人却找不到介绍人，就可以自己充当介绍人，把自己介绍给对方。

　　自我介绍的具体内容，需兼顾实际需要、所处场景，要具有鲜明的针对性，切忌千篇一律。有时也可以把自己的姓名与名人的姓氏或常用名词结合起来介绍，以增强对方的记忆。幼儿教师应抓住自我介绍的时机，进行恰当的自我介绍。

　　自我介绍的时机主要包括以下几种。

　　（1）应聘求职时。

　　（2）应试求学时。

　　（3）在社交场合与陌生人相处时。

　　（4）在社交场合，有陌生人表现出对自己感兴趣时。

　　（5）在社交场合，有陌生人要求自己做自我介绍时。

　　（6）在公共聚会上，与身边的陌生人组成交际圈时。

　　（7）在公共聚会上，打算介入由陌生人组成的交际圈时。

　　（8）交往对象因为健忘而记不清自己，或担心这种情况出现时。

　　（9）有求于人，而对方对自己不甚了解或一无所知时。

　　（10）拜访熟人遇到陌生人，或熟人不在而需要请陌生人代为转告时。

　　（11）前往陌生单位进行业务联系时。

　　（12）在出差、旅行途中，与他人不期而遇并且有必要与之进行临时接触时。

　　（13）因业务需要，在公共场合进行业务推广时。

　　（14）初次利用大众传媒向社会公众进行自我推荐、自我宣传时。

　　进行自我介绍时应先向对方点头致意，得到回应后再向对方介绍自己的姓名、身份、单位等信息。

二、确定自我介绍的形式

　　自我介绍主要有 5 种形式，如图 4-3 所示。

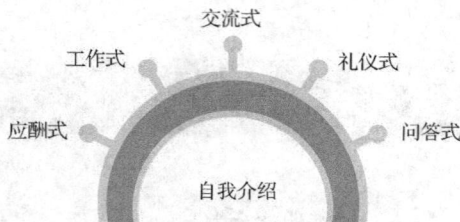

图 4-3　自我介绍的形式

（一）应酬式

　　应酬式自我介绍适用于某些公共场合和一般性的社交场合。这种自我介绍最为简洁，往往只包括姓名这一项内容。

（二）工作式

工作式自我介绍适用于工作场合，内容包括姓名、供职单位及部门、职务或从事的具体工作等。

（三）交流式

交流式自我介绍适用于社交场合，尤其是希望与交往对象进行进一步交流与沟通时，内容大体包括姓名、工作、籍贯、学历、兴趣及与交往对象的某些熟人的关系等。

（四）礼仪式

礼仪式自我介绍适用于讲座、报告、演出、庆典、仪式等一些正规而隆重的场合，内容包括姓名、供职单位、职务等，以及一些适当的谦辞、敬辞等。

（五）问答式

问答式自我介绍适用于应试、应聘和公务交往等场合。这种自我介绍应该是有问必答，被问什么就答什么。

三、自我介绍的礼仪规范

幼儿教师在进行自我介绍时，应注意的礼仪规范主要包括以下几点。

（一）把握时机

把握时机一方面是指幼儿教师要在适当的场合进行自我介绍，如在对方空闲、情绪较好且有兴趣时进行自我介绍，这样既不会打扰对方，也不会引起对方的反感；另一方面是指幼儿教师要注意自我介绍的时间，宜短不宜长。自我介绍要言简意赅，介绍时长一般以半分钟为宜。为了提高效率，幼儿教师也可以利用名片、介绍信、求职信等资料加以辅助。

（二）讲究态度

幼儿教师在进行自我介绍时，态度要自然、友善、亲切、随和；要落落大方、彬彬有礼，既不能唯唯诺诺，也不能虚张声势、轻浮夸张；切忌用背诵、朗读的口吻介绍自己，让人觉得滑稽与失礼。介绍自己时，要稳重大方、面带微笑、眼神和善、态度恭敬、不卑不亢、充满自信。

（三）注意表达

幼儿教师在做自我介绍时，要内容清晰，详略得当。自我介绍的内容应简明扼要、详略得当，让他人对自己有一个初步的认识。自我介绍时的语气要自然，语速要正常，语音要清晰。幼儿教师要保证介绍内容真实可信，既不能自吹自擂、夸夸其谈、炫耀自己，也不要过分谦虚、故意遮掩、贬低自己。

第四节 介绍他人礼仪

引导案例

小天是某幼儿园的幼儿教师。他带自己的女朋友参加幼儿园年终聚餐时，遇到了自己的领导王主任。小天对自己的女朋友说："这是我们幼儿园的王主任。"接着，他又向王主任介绍说："王主任，这是我的女朋友，小池。"王主任笑了笑，说："希望你们今天玩得开心。"待王主任走后，小天的女朋友特意对他说："刚才你应该先向王主任介绍我，首先他是你的领导，其次他是长者。你先向我介绍他，很不礼貌。"

小天这才恍然大悟，连连称是。之后再遇到类似情况时，小天特别注意遵守介绍他人的礼仪。

在人际交往中，除了自我介绍外，介绍他人也是一种被广泛运用的介绍形式。合理地运用介绍礼仪，不仅能够成功将自己熟悉的人介绍给对方，也可以深化自己在对方心目中的良好形象，可谓一举两得。

一、注意介绍他人的时机

介绍他人通常是双向介绍，也就是向乙方介绍完甲方后，要再向甲方介绍乙方。有时也可以进行单向介绍，即只将甲方介绍给乙方，但其前提是甲方了解乙方，而乙方不了解甲方。遇到下列8种情况时，通常有必要介绍他人。

（1）在家中接待彼此不认识的客人。
（2）在办公地点接待彼此不认识的来访者。
（3）与家人外出时，路遇家人不认识的同事或朋友。
（4）陪同亲友拜会亲友不认识的人。
（5）自己的接待对象遇见了他们不认识的人，而对方又跟他们打了招呼。
（6）陪同领导、前辈、客人时，遇见他们并不认识的人，而对方又跟他们打了招呼。
（7）打算推荐某人加入某一交际圈。
（8）受到为他人做介绍的邀请。

二、清楚介绍他人的顺序

在为他人做介绍时，介绍的先后顺序是一个非常重要的问题。根据规范，处理这一问题时必须遵守"尊者优先了解情况"的规则。在为他人做介绍前，要确定双方地位的尊卑，以便先介绍位低者，后介绍位尊者，即让位尊者优先了解位低者的情况，在交际应酬中掌握主动权。这样可以表示出对位尊者的尊重。

根据这些规则，为他人做介绍时的顺序大致有下列10种情况。

（1）介绍年长者与年幼者认识时，应先介绍年幼者，后介绍年长者。
（2）介绍长辈与晚辈认识时，应先介绍晚辈，后介绍长辈。
（3）介绍老师与学生认识时，应先介绍学生，后介绍老师。
（4）介绍女士与男士认识时，应先介绍男士，后介绍女士。
（5）介绍已婚者与未婚者认识时，应先介绍未婚者，后介绍已婚者。
（6）介绍同事、朋友与家人认识时，应先介绍家人，后介绍同事、朋友。
（7）介绍来宾与主人认识时，应先介绍主人，后介绍来宾。
（8）介绍社交场合的先到者与后来者时，应先介绍后来者，后介绍先到者。
（9）介绍上级与下级认识时，应先介绍下级，后介绍上级。
（10）介绍职位身份高者与职位身份低者认识时，应先介绍职位身份低者，后介绍职位身份高者。

三、选择介绍他人的方式

在为他人做介绍时，介绍者对介绍的内容应当字斟句酌，慎之又慎。倘若对此掉以轻心、敷衍了事，以致词不达意，就很容易给被介绍者留下不良印象。

根据不同的实际需要，为他人做介绍时的内容也会有所不同。介绍他人时通常有 6 种方式可供选择。

（一）标准式

这种方式适用于正式场合，介绍内容以双方的姓名、单位、职务等为主。

（二）简介式

这种方式适用于一般的社交场合，介绍内容往往只有双方的姓名，甚至可以只提到双方的姓氏。接下来的谈话内容要由被介绍者见机行事、自主决定。

（三）强调式

这种方式适用于各种交际场合。除了强调被介绍者的姓名外，介绍者还要强调其中某位被介绍者与自己的特殊关系，以便引起另一位被介绍者的重视。

（四）引见式

这种方式适用于普通的社交场合。采用这种介绍方式时，介绍者需要将被介绍者双方引导到一起，而不需要表达任何具有实质性的内容。

（五）推荐式

这种方式适用于比较正规的场合，多是介绍者有备而来，有意将某位被介绍者推荐给另一位被介绍者。因此，在介绍内容上，介绍者通常会对前者的优点进行重点介绍。

（六）礼仪式

这种方式适用于正式场合。该方式与标准式非常类似，但介绍者在语气、表达、称呼上会更为礼貌、谦虚。

四、注意介绍他人的细节

在介绍他人时，幼儿教师应注意以下礼仪细节。

（一）手势动作

在介绍他人时，幼儿教师的手势动作要文雅。无论介绍哪一方，幼儿教师都应将身体稍向前倾，手心斜上 45°，手背朝下，四指并拢，拇指张开，指向被介绍者的大臂位置，并向另一位被介绍者点头微笑。

（二）表情态度

幼儿教师在介绍他人时，要真诚、热情、自然、礼貌、周全、实事求是。介绍时的语言应清晰明了，以便双方都能记清对方的姓名。

幼儿教师在介绍他人时，应先征得被介绍双方的同意，而且在正式开始介绍时需要再打一下招呼，以免让被介绍者措手不及。幼儿教师也可说明被介绍的一方与自己的关系，以增进双方的了解和信任。

五、介绍集体的礼仪规范

介绍集体是介绍他人的一种特殊形式。有时被介绍者的其中一方或者双方不止一个人，甚至有许多人，需要幼儿教师进行集体介绍。介绍集体时需要注意相关的礼仪规范。

（一）适用场合

集体介绍适用于由多方参加或各方参加人数较多的大型活动或规模较大的社交活动。例如，幼儿园组织的室外活动、邀请家长参与的一日游活动；参与者不止一人的演讲、报告、比赛、演出；大型宴会；等等。

（二）介绍顺序

总体来说，做集体介绍时，幼儿教师应按"先卑后尊"的顺序进行介绍，而在介绍其中一方时，幼儿教师应按"先尊后卑"的顺序进行介绍。

介绍集体时，幼儿教师需要根据具体情况确定介绍顺序。

1. 将一人介绍给众人时

在被介绍者双方地位、身份大致相似，或者难以确定时，幼儿教师应先介绍一人或人数少的一方，后介绍人数较多的一方。

2. 将众人介绍给一人时

若一人的地位明显高于人数多的一方，幼儿教师就应先介绍人数多的一方，再介绍地位高的那一位。如果要介绍人数多的一方中的每一位时，幼儿教师可按座次或队次进行介绍，也可按地位的高低进行介绍。

3. 双方人数都较多时

若需要介绍的双方人数均较多，幼儿教师就可以采取笼统的方法进行介绍，如"左边的是阳光幼儿园的师生，右边是彩虹幼儿园的师生"。幼儿教师也可按位次尊卑顺序进行介绍，即先介绍主方，后介绍客方。

4. 被介绍者不止两方，且人数均较多时

此时，幼儿教师应根据合乎礼仪的顺序确定各方的尊卑，由尊至卑，按顺序介绍各方，通常只需把各方的主角介绍给大家认识。

除了尊卑顺序外，幼儿教师也可以按各方的单位规模、单位名称开头字母顺序、座位顺序、与自己的距离或抵达的时间顺序进行介绍。

（三）注意事项

幼儿教师介绍集体时应庄重、文雅，不能随意开玩笑。对于对方的单位名称，第一次介绍时要使用正确的全称，可以在第二次或后面重复介绍时使用简称。

思考与练习

1. 称呼的类型有哪些？
2. 简述握手的正确手位。
3. 简述自我介绍的礼仪规范。

拓展训练

1. 与朋友在一起时，碰到了自己的领导，你会如何介绍双方？
2. 新来的同事陈卓，职位比你低，年纪比你大，你会如何称呼他？

05

第五章
幼儿教师口语礼仪

学习目标

> ➤ 掌握语言交流礼仪。
> ➤ 掌握不同类型的口语礼仪。
> ➤ 掌握电话沟通礼仪。
> ➤ 掌握网络沟通礼仪。
> ➤ 遵循尊重原则，懂得聆听与赞美，营造良好的沟通氛围，提升沟通效率。
> ➤ 说文明话，办文明事，自觉塑造、维护、发展文明的幼儿教师形象。

　　幼儿教师口语礼仪能直接影响幼儿的行为、学习、情绪、情感的发展，也能影响到幼儿与幼儿教师的关系等。幼儿教师要通过口语礼仪展示科学的育人理念，向他人传达丰富饱满、健康高尚的情感，突显教师的人格魅力。幼儿教师掌握规范的口语礼仪，有利于展示自己高尚的情趣、满腔的热忱和良好的沟通能力。

第一节　语言交流礼仪

引导案例

　　某幼儿园小班的区角活动已经结束，小朋友们收拾好玩具后也已经回到教室，只有小雪还在"娃娃家"玩。张老师轻声提醒了她两次，但她只是看了看张老师，小声嘀咕了一句，并没有离开的意思。张老师有些生气，便加重了语气，对她说："小雪，老师让你收拾好玩具，赶紧回教室。你听见了吗？"

　　小雪非但没有行动，反而对老师说："你没有听见我说话吗？娃娃还没睡着呢，我要再陪她一会儿！"张老师听她这样一说，很吃惊，态度好转了许多，很温和地对她说："哦，原来是这样啊，那你再陪娃娃一会儿吧。等她睡着了，你轻轻地帮她把家收拾好，再来找老师，好吗？"听了张老师的话，小雪高兴地点了点头。过了一会儿，娃娃"睡着"了，小雪就开始收拾娃娃家，比任何时候收拾得都认真。

　　语言是架起幼儿教师与幼儿沟通的桥梁，是幼儿进入知识海洋的一把钥匙。幼儿教师的语言交流方式一方面能体现自己的形象与品格，另一方面会影响幼儿的言行。同时，作为社会中的一员，幼儿教师必须掌握正确的语言交流礼仪，树立良好的教师形象，为自己拓展人际关系做好铺垫。

一、合理运用声音

　　声音是传递思想、文字、信息、情感的载体，人们可以通过声音展现自身的教养、学识、才智、态度和热忱。良好的声音形象是建立敬重感和信赖感的基础。

　　幼儿教师的声音是幼儿教师形象塑造的要素之一，也是传递信息的重要载体。同样的一句话，说时和缓或急促，柔声细语或高门大嗓，唯唯诺诺或颐指气使，面带笑容或面露凶色，给对方的印象和感觉会截然不同，沟通效果也会大相径庭。

　　说话是一门艺术，幼儿教师要想把话说好，提高与幼儿的沟通效率，首先要运用合理的声音进行准确的表达。

（一）语音清晰

顺畅交流与沟通的首要条件是发音准确、清晰易懂。口齿不清，发音不准，满口方言，会严重影响内容的表达，甚至根本无法与人交流与沟通。

幼儿教师肩负着对幼儿进行普通话启蒙教育的工作任务。幼儿园要求幼儿教师工作时必须使用普通话。一口流利的普通话是幼儿教师必备的职业素质，也是幼儿教师知识、能力、形象的外在体现，还是留给幼儿良好印象的基础与前提。

（二）语调得体

语调是指说话时语音高低、升降、轻重的变化。说话人根据传情达意的需要，结合自身的年龄、知识水平、气质、修养等，在进行口语表达时，使声音或快或慢，或高或低，或缓或急，或轻或重等。这就形成了升调、平调、降调和曲调等各种各样的语调。

语调是说话人思想感情的自然流露，即说话人想表达什么样的思想感情，就会用什么样的语调。所以，从一个人的语调中，我们可以了解到他的情绪。正所谓"听话听声，锣鼓听音"。

鉴于语调在停顿、重音、速度、升降上的丰富变化，人们可以通过语调表达出委婉、复杂、细致、微妙的思想感情。因此，幼儿教师要特别重视语调的作用，要善于在不同的教育情境中根据幼儿身心发展的特点，用符合幼儿年龄特点的语言与幼儿进行沟通，对幼儿进行引导，使教学活动收到事半功倍的效果。

（三）音色明亮

音色又称音质，是一个人声音的特色。音色，既与先天因素有关，也与后天训练有关。经过训练，每个人都可以使自己的音色更加纯正。

幼儿教师应通过刻意训练控制自己的音色，使音色更加明亮、柔和、自然，易于被幼儿接受。只有这样，才能充分展现幼儿教师良好的职业素养和职业形象。

（四）音量适中

音量是指声音的大小。人们在讲话时，声音的大小会不断地变化，这种变化不是无目的的、随意的，而是受到了表达内容或感情的制约。

与他人交谈时，幼儿教师要控制好音量。声音当大则大，当小则小。不过，声音再大也不必大到声嘶力竭；再小也不必小到他人无法听清楚。

此外，幼儿教师在说话时还要注意周围环境和他人的感受，既要注意保持公共环境的安静，也要照顾到交谈对象的情绪、状态和周围其他人的感受。

（五）停顿得当

语言表达中的停顿，主要会受到生理因素和表情达意需要的影响。在语言表达中，停顿有换气停顿、语法停顿、逻辑停顿和心理停顿 4 种，如表 5-1 所示。幼儿教师在说话时，要善于处理各种停顿。恰当运用停顿可以使交谈更顺利。

表 5-1　停顿的类型

类型	说明
换气停顿	主要是出于生理方面的需要，即缓气，减弱呼气和吸气的声音
语法停顿	主要是为了区分语言单位。正确地运用语法停顿，可以使由各种语言单位充当的各种句子成分的关系更清晰
逻辑停顿	基本上是出于强调、呼应、转换等方面的需要，目的是使表达更加准确

续表

类型	说明
心理停顿	主要是出于表达情感的需要。在交谈中，说话者的心理感受，以及希望给予对方的各种心理暗示，都是通过心理停顿体现出来的。心理停顿有时还被用来吸引对方的特别注意或者刻意吸引对方注意自己所表达的内容上

（六）语速适宜

语速就是说话的速度。幼儿教师说话时要保持语速适宜，应根据场合、交谈对象、交谈内容等灵活调整语速。与幼儿交谈时，幼儿教师要适当放慢语速，以便对方理解或接收信息，从而提高沟通效率。

语速的运用方法如下。

（1）在正常情况下，如叙述、说明、解释时，一般用中速表达；

（2）在庄重场合或需要冷静表现时，一般适宜用慢速表达；

（3）在需要表达情绪大起大落或需要表现昂扬激荡的情感或需要表达重要的评论时，可以用快速表达。

二、懂得倾听与赞美

幼儿教师在人际交往中，除了会说（能够准确表达自己的思想和感情）外，还要会听，即用心倾听对方的讲话。这不仅有利于准确理解对方所要表达的意思，还能体现出对他人的尊重，获得对方的好感与信任，从而提高沟通效率。

人们都喜欢被赞美。爱听赞美，是人们的一种正常的心理需要，是人们寻求理解、支持与鼓励，渴求上进的表现。发自内心的真诚赞美可以让对方产生亲近感，拉近与对方的心理距离。幼儿教师适当的赞美，能够增强幼儿的自尊心和自信心，培养他们勇敢坚定和乐于探索的精神。

（一）倾听

"雄辩是银，倾听是金。"倾听和说话都很重要，有时倾听比说话更重要。倾听能够使对方感受到被尊重，从而使双方更容易达成一致意见。倾听是洞察人心的有效方式，也是集思广益、获取更多信息的有效渠道。正所谓"兼听则明，偏听则暗"，多听才能获得更多的信息，才能获得更准确的信息。

善听是走向善说的捷径，是幼儿教师进行有效交流与沟通的有效方法。倾听时注意技巧，才能收到更好的效果。幼儿教师应掌握有效倾听的技巧，即听清、听记、听辨、听懂。

1. 听清

听别人说话，最重要的就是集中注意力，听清对方说的是什么。要想听清对方表达的内容，除了注意听语音和语义（包括词汇和语法）外，还要从整体出发，抓住对方表达的本意和主旨，切不可断章取义。

幼儿教师要想听清对方说的话，就要专心致志，聚精会神，认真倾听。注意力不集中，漫不经心，就会左耳进、右耳出，将语音听错，将语义听岔，自然也就无法与人顺利交流。

2. 听记

记，即记忆，是人脑对经历过的事物的反映。它包括识记、保持和回忆 3 个环节。只听不记或前听后忘，必然无法听记，也就失去了"听"的意义。语言交流时的语速通常偏快，声音转瞬即逝，要求倾听者有较好的记忆力，随听随记。

幼儿教师在与人交流时要注意听记，要排除杂念，使注意力集中在听的内容上，自觉培养心记的习惯，有时还可借助手记。此外，幼儿教师还要培养记忆的兴趣，提高自己对记忆的敏感度。工作中，幼儿教师要努力记住幼儿及家长的姓名、幼儿的习惯和特点等，方便称呼、交流、引导与管理等。

3. 听辨

听辨，即辨析，非常考验幼儿教师的理解能力。辨析是在辨别的基础上对人、事、物进行分析，是理解的基础。在语言交流中，幼儿教师要根据对方表达的内容辨析出对方的观念、意图，然后做出相应的反应。有时，由于某种原因，家长不愿直接道出自己的真意，这就需要幼儿教师透过语言的表象辨析出家长的真正目的。

4. 听懂

倾听的最终目的是听懂。倾听是一种包括思维过程在内的高层次智力活动。听懂的关键是对对方表达内容的内在意蕴进行理性分析，并正确地做出回应。

幼儿教师不可满足于仅理解了对方说出的表面意思。幼儿教师不仅要理解对方所说的话本身，还要从对方当时所处的环境、说话时的语气、语调、语速、重音、停顿、目光、手势等方面来品味对方的思想感情、善恶是非。只有这样，才能真正领悟对方的本意，做出有力的回应。

例如，在某幼儿园中班的一次户外活动上，一个皮球砸中了郭老师的背部。这时，小宇跑了出来，并跑到郭老师身边关切地问："郭老师，痛吗？"郭老师想到小宇平时就爱调皮捣蛋，便认为这次一定是他干的，又想到这孩子还知道来认错，于是心平气和地说："还好，没关系。可是如果砸在其他小朋友身上就很危险了！下次小心点，记住了吗？"

小宇听完老师的话，睁大了眼睛，还想说些什么。可接下来他们要做集体游戏了，郭老师无暇听小宇的话。过了一会儿，邻班的一个小朋友跑过来，说："对不起，老师，我刚才玩球不小心砸到您了……"郭老师愣了一下，一边回应小朋友，一边想原来是自己错怪了小宇。

郭老师很愧疚，觉得自己不该自以为是，更不该不听小宇的解释。于是，郭老师赶紧找到小宇，跟他说："郭老师刚才不知道皮球不是你扔过来的，现在知道你刚才是在关心郭老师。谢谢你，我要跟你说声对不起！你能原谅老师吗？"小宇朝老师笑了笑，又使劲地点点头……

幼儿教师在对待幼儿时，要充分尊重幼儿，本着公平民主的原则，倾听幼儿的表达内容。幼儿也有独立的人格，幼儿教师切忌想当然。虽然小宇平时调皮，但他是个心地善良的孩子，郭老师意识到自己的错误后，也用实际行动表达了自己的歉意，体现出其民主平等意识和勇于承认错误的品质。

（二）赞美

赞美是现代人际交往中不可缺少的润滑剂。发自内心的赞美可以使对方产生亲和心理，因为人人都喜欢被赞美。幼儿教师应多使用赞美语言，让对方的心理得到极大的满足，从而建立起良好的人际关系。

赞美他人的方法如下。

（1）赞美男士时，要考虑其年龄。例如，对于年轻的男士，可以多赞美其能力和表现；对于稍上年纪的男士，可以多赞美其奋斗过程、社会地位、实力、成就、气度和信用等。

（2）对于女士，人们大多会先赞美其气质、外貌；其次会称赞其能力、事业成就（职业女性很在乎她们在工作上的表现），以及品位、保养等。

（3）使用赞美语言要得体适度，避免让对方觉得自己别有用心。

（4）想纠正对方的缺点时，不妨反过来赞美其优点。大部分人不愿意正视自己的缺点，但只要听到别人赞美自己的优点，就会努力维护这份美誉。

幼儿教师要多赞美、多鼓励幼儿。一些正面、积极、肯定的评价性语言能使幼儿产生快乐的情绪，促使他们朝着正确的方向发展。

例如，某幼儿园陈老师在午休时，对着一群特别兴奋的小朋友说："请大家安静！安静！"

小朋友们还是叽叽喳喳地说个不停。这可怎么办呢？陈老师突然想到了一个办法。

陈老师把手指放在嘴上，"嘘"了好长的一声，然后轻轻地走到一个小朋友跟前，抚摸了一下他的头，贴在他的耳边，说了声悄悄话。这个小朋友就笑眯眯地闭上眼睛，开始午休。陈老师的这一举动成功吸引了其他小朋友的注意力，他们马上静下来，轻声地问陈老师说："老师，您对他说什么了啊？"

陈老师装出一副神神秘秘的样子说："谁闭上眼睛睡觉，我就告诉谁。"其实，陈老师对每个小朋友都说了同样的悄悄话："你真是个懂事的好孩子，老师喜欢你，请你快快闭上眼，好好睡一觉。祝你做个美梦！"就这样，小朋友们都甜甜地睡着了。

陈老师的一句赞美、一个爱抚动作，让小朋友们感受到了老师对自己的爱、对自己的肯定。老师的赞美、肯定促使他们相信自己的力量，从而主动地把外在的纪律内化为对自我的要求，使遵守纪律变为积极、主动的行为。

三、注重谈话的礼仪技巧

谈话是指两个或两个以上的人以口头语言为工具，采用对话的形式，面对面地进行思想、感情和信息交流的活动，它是人际交往中直接、广泛、简便的口语交际方式。

在人际交往中，幼儿教师与他人谈话时，应注重以下礼仪技巧。

（一）态度真诚、友善

幼儿教师与他人交谈时，应本着真诚、友善、虚心、亲切的态度，尊重对方，理解对方的情绪和情感，不要事事都认为自己的观点是正确的，对他人的不同意见横加驳斥。说话本是用来向他人传递思想感情的，所以说话时的态度很重要。

在交谈中，幼儿教师要以心相交、以诚相待，做到语言生动明快、语调柔和亲切、表情自然丰富，不以教训人的口吻谈话，不摆出盛气凌人的架势。

（二）重视倾听反馈

倾听是表达的基础，是有效沟通的前提。幼儿教师在倾听他人说话时，首先要有包容心、耐心，即使对方所持的观点和自己的观点相左，也能认真倾听；其次要努力接纳对方、欣赏对方，与对方建立同理心，站在对方立场上考虑问题；再次要排除一切干扰，保持专注，用点头、微笑等反应给对方以积极的反馈；最后要能提炼出对方的说话要点，梳理出对方的思路，听出对方的弦外之音。

（三）灵活变换话题

在绝大多数情况下，谈话是有一定目的的，如通过交谈了解对方，通过家访掌握幼儿在家的表现等。在交谈时，不管是事先想好的话题，还是不是事先定好的话题，幼儿教师都可以根据当时的实际情况变换话题。

总之，交谈是一种比较自由、随意的语言沟通行为。幼儿教师在谈话中遇到一些不愉快的情况时，应及时变换话题，以保证交谈顺利进行。

（四）措辞准确、得体

幼儿教师在与人交谈时，要保证措辞准确、得体，力求谦逊、文雅；要注重口语化表达，保证内容通俗易懂，能让人听得清楚、听得明白。

幼儿教师与幼儿交谈时，在句式上，应少用否定句，多用肯定句，因为结构简单的句子更能被幼儿理解和接受；在用词上，要注意感情色彩，多用褒义词、中性词，少用贬义词，可以运用形象化的词语和叠音词、谚语、歇后语、惯用语等增加生活气息。

幼儿教师要多说善意的、诚恳、赞许、礼貌、谦让的话，不说恶意、虚伪、贬斥、无礼、强迫的话，否则极易破坏师幼关系，伤害幼儿的感情。另外，幼儿教师还要根据不同的场合针对不同的对象遣词造句，拿捏好措辞。

（五）考虑交谈对象

不同的交谈对象在年龄、地域、职业、性格、文化程度、兴趣爱好方面存在较大的差异，所以其关注的问题、思维方式、表达方式、接受能力等也是迥异的。因此，幼儿教师要注意研究分析交谈对象的特点，以便寻找恰当的话题，采用对方容易接受的方式展开交谈。例如，对小孩要保持亲切，用最简单的语句进行表达；对同龄人要以诚相待，用词要生活化；对年长的交谈对象要敬重，可以用一些谦辞、敬称。

（六）切合时机、场合

俗话说，"到什么山上唱什么歌。"幼儿教师说话时要注意时机和场合，以便自己说的话能发挥应有的作用。说话要看时机，找准了说话的时机，就能水到渠成，达到说话的目的。

说话要看场合。场合是指交谈双方当时所处的具体地点和环境。在正式场合，由于气氛比较严肃，说话时要力求准确、规范；在非正式场合，由于气氛比较宽松、自由，说话也应平易、通俗、幽默。

在谈话过程中，幼儿教师要避免以下禁忌。

（1）唱独角戏。风趣幽默的谈吐一向为众人所欢迎，但幼儿教师在交谈时不要喋喋不休，让别人插不进话。交谈时应让对方也有发言的机会，这样对方才有继续交谈的兴趣。

（2）习惯以"我"为中心。要记住"我"是一个微不足道的字，不要在交谈时无限制地使用它。一个有礼貌的人，不会总是把"我认为"挂在嘴上，而会经常问"你认为如何""你觉得怎样"。不过，一个成熟的人在讨论问题时会说"我认为应该……"，而不是直接说"不是这样"或"你说得不对"，因为后者无异于指责他人。

（3）随意插话。出于对他人的尊重，在他人讲话时，幼儿教师尽量不要打断他人，否则不仅会干扰对方的思绪，破坏交谈的效果，还会给人自以为是的感觉。如果真的需要打断谈话，应该在征得对方的同意后再发言。

（4）只谈自己感兴趣的主题。交谈时要选择一些在座的人都喜欢的主题，以免其他人只能无奈地听下去，索然无味地等待交谈结束。

（5）有口头禅。有些人谈话中习惯性地插入一些口头禅，如"就是""然后""一般""啊""那个"等。这些口头禅既没有实质的表达意义，又会分散听者的注意力，虽然无伤大雅，但出现的次数多了就会让人觉得别扭。

（6）乱用谈话距离。谈话距离可以反映出交谈者之间的关系。对于不同的人，应保持不同的谈话距离，幼儿教师要学会把握谈话距离。

四、正确运用体态语

在谈话中，幼儿教师要正确运用体态语。恰当的体态语能够辅助语言表达，提高沟通的效率。

（一）目光

与人交谈时，谈话者应诚恳而沉稳地看着对方。和一个人谈话时，要与对方维持时长为5～15秒的目光接触。面对一个团体谈话时，要轮流和每个人进行时长约为5秒的目光接触。幼儿教师既不要让眼睛转来转去，也不要刻意减慢眨眼睛的速度。为了避免出现紧盯对方的情况，幼儿教师可以将视线放在对方的眉宇间。

（二）手势

手势是谈话必要的辅助手段，但手势的幅度不宜过大、变换频率不宜过高，幼儿教师要特别注意手势的规范动作和相应含义，如图 5-1 所示。

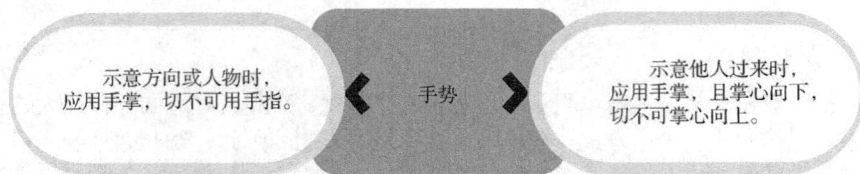

图 5-1　手势的规范动作和相应含义

（三）姿势与动作

与他人交谈时，幼儿教师应该身姿挺拔，神态放松，自然而轻松地移动步伐，呈现出精神活力。切记不要双臂环抱、两手交叉，因为这些都是具有防御意味的身体语言。双手与手臂的动作尤其重要，柔和的手势表示友好、商量，强硬的手势则意味着"我是对的，你必须听我的"。

（四）面部表情

幼儿教师在谈话时要面带微笑，因为微笑表示友善和礼貌，而皱眉则表示怀疑和不满。

第二节　不同类型的口语礼仪

引导案例

小林特别喜欢画画，有时也会在墙上画画。小林的妈妈经常为此呵斥小林，但效果并不好，只要不看着他，墙上就会出现他的"作品"。无奈的小林妈妈很头疼，特意和小林的老师反映了这一情况，希望老师帮助小林改掉这个习惯。

这天，小林在幼儿园的墙壁上画了起来。老师发现后，微笑着对小林说："小林画得真棒！可是过一段时间幼儿园就会重新粉刷墙壁了，我就看不到小林的画了，可怎么办啊？"

小林皱着眉头说："不刷不行吗？"

老师说："不行啊。小林把墙的脸弄脏了，它都哭了。我们得给它洗干净呀，就像妈妈每天都给小林洗脸洗得很干净一样。"

小林听后深受启发，愧疚地说："我以后不让它哭了，可是我的画怎么办呀？"

老师说："这样吧，你以后把画都画在纸上，老师帮你保存起来，这样老师就能随时看到小林的画了，好不好？"

小林受到了鼓励，非常开心，从此再也不在墙壁上画画了，而且每次都认真地把画交给老师保管。

幼儿教师在对幼儿开展教育活动时，需要针对幼儿的年龄、性格、兴趣、爱好和心理发展水平，根据特定的教育场景，灵活采用沟通、劝慰、启迪、激励、评价等教育语言，提高语言的针对性和可接受性，促进幼儿知、情、意、行等全面发展。

一、沟通语礼仪

实施幼儿教育的过程即幼儿教师与幼儿相互沟通的过程。在这个过程中，幼儿教师起主导性作用，引导幼儿向某一方向发展。幼儿教师的沟通语对幼儿的思想与行为都具有重要影响，所以学会与幼儿交流，掌握沟通语礼仪，是现代教育对每位幼儿教师的要求，也是实现高质量幼儿教育的需要。

（一）沟通语的特点

沟通语主要具有以下特点。

1. 浅显易懂

幼儿教师使用的语言要符合幼儿的感知接受能力，要浅显易懂，即幼儿教师尽量用直白、形象的语言与幼儿沟通，切忌"假、大、空"。

2. 用语规范

幼儿教师要讲普通话，使用文明语言，多用符合语法规范的简单句。

3. 饱含情感互动

幼儿对幼儿教师的情感需求特别强烈，所以幼儿教师与幼儿的交往应饱含情感互动，要把自己对幼儿的爱大声说出来。没有情感就没有真正的交流，就不可能完成教育任务。

（二）沟通语的基本原则

沟通语的基本原则如下。

1. 平等性原则

《幼儿园教育指导纲要》明确要求："创造一个自由、宽松的语言交往环境，支持、鼓励、吸引幼儿与教师、同伴交谈，体验语言交流的乐趣。"这就要求幼儿教师多用协商的语气、讨论的方式鼓励幼儿积极参与交流活动，保护幼儿的自尊心和自信心，达到语言教育的目的。

2. 保护性原则

苏联著名教育家苏霍姆林斯基说，要像对待荷叶上的露珠一样对待孩子的心灵。这就要求幼儿教师充分掌握幼儿心理成长规律，掌握幼儿认知发展规律，熟悉每一个幼儿的特点，对内向的幼儿要多鼓励，对幼儿的不良言行要进行有效制止。

3. 因材施教原则

幼儿教师要针对不同的学习环境、不同的学习材料，对不同年龄阶段的幼儿使用不同的语言，切实做到因材施教。

（三）沟通语的礼仪技巧

谈话重在交流与沟通。幼儿教师只有遵守沟通语礼仪，才能拉近自己和幼儿之间的情感距离，消除与幼儿之间的心理障碍，取得其心理认可，从而实现教育谈话的目的。

幼儿教师沟通语的礼仪技巧如下。

1. 认真倾听促进沟通

学会倾听才能读懂幼儿。幼儿教师可以从倾听中获得大量的信息，找到问题产生的根源，思考解决问题的办法。同时，倾听也是对幼儿的尊重。

2. 合理引导促进沟通

沟通不可能是一帆风顺的。幼儿教师以聊天的口吻亲切地询问幼儿，是获取信息、确定沟通方向的基础。在沟通过程中，幼儿教师对幼儿表现出一定程度的理解和认同，更容易实现与幼儿的心理相容，激发幼儿的表达欲望。

3. 恰用体态语促进沟通

幼儿教师正确的体态语可以给幼儿以关心、呵护和鼓励，让幼儿感受到来自幼儿教师的信任和温暖。

二、劝慰语礼仪

劝慰语是指幼儿教师对幼儿施加的劝说、安慰性教育语言。由于心智不成熟、自控能力弱、适应力差、对外界刺激相当敏感，幼儿在遭受挫折和委屈时往往会产生无助、失望的情绪，甚至会哭闹，幼儿教师应及时给予劝慰。

（一）劝慰语的特点

在某人感到焦虑、痛苦或遭受苦难时，劝慰能使其心情舒缓。劝慰语是人们交往中的一个功能项目，是具有安慰功能的言语类型。

幼儿因为某些消极事件，如摔倒、丢东西、生病、犯错误等，而产生的某种消极情绪，如悲伤、失望、苦恼等，就是幼儿教师使用劝慰语的前提条件，也是劝慰语产生的重要语境因素。在这样的语境中，一些语言材料便获得了劝慰功能，成为劝慰语。但是，如果没有特定的心理情绪，这些语言材料就不会具有劝慰作用，所以劝慰语的最大特点就是它需要有特定的语境与特定的安慰心理做基础。

例如，幼儿园的小朋友豆豆每次生病的时候，吃药都很费劲。这次豆豆又感冒了，豆豆妈妈特意叮嘱老师一定要让豆豆吃药，实在不行就硬灌下去。

午饭过后，老师对豆豆说："豆豆，该吃药了。"豆豆皱着眉头说："不，我不吃药。""豆豆为什么不想吃药啊？"老师问道。豆豆捏着鼻子，学着自己平时吃药的样子说："药苦，妈妈每次都捏我的鼻子，但还是苦。"

老师笑着说："豆豆生病了，吃药后才能快点好起来，就像勇敢的战士，受伤后要补充些能量才能继续战斗。豆豆是不是小小男子汉啊？豆豆补充能量后，才会有精神和小朋友们继续玩，对不对？"

豆豆说："嗯，是的，豆豆很勇敢，豆豆不怕苦。"豆豆把药吃完后，老师拿出一朵小红花并贴在了豆豆的手上，说："老师要奖励豆豆一朵小红花，豆豆真是一个勇敢的男子汉！"

后来，豆豆吃药的时候都很积极。

（二）针对不同性格幼儿的劝慰语

每个幼儿的性格都是不同的，幼儿教师要加强对幼儿的了解，把握每个幼儿的性格特点，以便在进行教育时"对症下药"，产生事半功倍的效果。

首先，幼儿教师应对不同的气质类型及其特点（见图 5-2）有一定的了解。

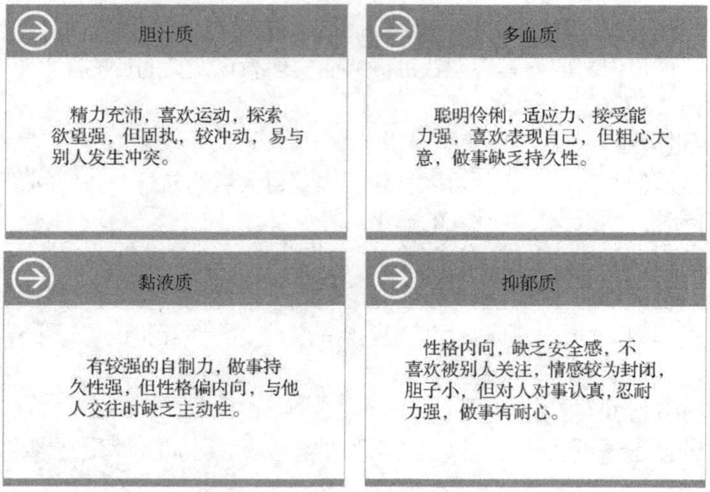

胆汁质	多血质
精力充沛，喜欢运动，探索欲望强，但固执，较冲动，易与别人发生冲突。	聪明伶俐，适应力、接受能力强，喜欢表现自己，但粗心大意，做事缺乏持久性。
黏液质	抑郁质
有较强的自制力，做事持久性强，但性格偏内向，与他人交往时缺乏主动性。	性格内向，缺乏安全感，不喜欢被别人关注，情感较为封闭，胆子小，但对人对事认真，忍耐力强，做事有耐心。

图 5-2　不同的气质类型及其特点

其次，针对不同气质类型的幼儿，幼儿教师应采用不同的劝慰方式。

（1）胆汁质、多血质

对于胆汁质、多血质的幼儿，幼儿教师要设法转移他们的注意力，帮助其从不安、不快的情绪中脱离出来，使用的劝慰语宜直接、明确。

（2）黏液质

对于黏液质的幼儿，幼儿教师要先设法站在幼儿的角度对其表示理解和同情，再进行劝慰。

（3）抑郁质

对于抑郁质的幼儿，幼儿教师要有足够的耐心，用明快的语言表达关爱，用乐观的情绪带动幼儿，使其走出情绪低谷。

（三）使用劝慰语的技巧

首先，幼儿教师要用正确的态度对待幼儿及其发生的事，要分清对错是非，不能把劝慰当作唯一的目的，要做到劝慰中有引导、安抚中有教育。

下方案例中的幼儿教师灵活地使用劝慰语，既安抚了幼儿，又让她明白了"尺有所长、寸有所短"的道理。

晓迪是班里个子最小的小朋友，经常受到其他小朋友的嘲笑。她为此闷闷不乐，也变得比较内向。老师发现这一情况后，跟晓迪进行了一次谈话。

老师："晓迪，最近怎么不高兴了？"

晓迪（低头）："小朋友们说我是《白雪公主》里面的小矮人。"

老师（笑了笑）："晓迪，你还记得老师讲过的《山羊和长颈鹿》的故事吗？它们俩谁比谁强大啊？"

晓迪："一样强大。山羊个儿小，能钻进园子吃青草；长颈鹿个儿高，能吃到大树上的果子。"

老师："是啊，个子小也有优势。历史上有很多英雄的个子也不高，但他们都通过勤奋读书、学习本领建立了伟大的功业。晓迪好好学习，将来一定能和他们一样有出息！不过，晓迪也要好好吃饭，争取快点长高啊。"

晓迪听后，抬起头自信地笑了。

其次，幼儿教师应真诚地表达同情和理解。当幼儿出现消极情绪时，幼儿教师应及时给予心理上的安慰，并对幼儿进行鼓励，即让幼儿感觉到老师知道他们的痛苦，理解他们的不快，还会给予他们情感上的支持。

最后，幼儿教师在使用劝慰语劝慰幼儿时，声音要柔美，语气要亲和，并辅以态势语。对于幼儿身体上的疼痛，幼儿教师可以用手帮幼儿揉一揉，摸一摸，拍一拍，但要保证动作轻柔，节奏缓慢，以便幼儿从老师的语言和动作中感受到关爱。

三、启迪语礼仪

幼儿期是幼儿道德观、价值观形成的初始阶段，高级社会性情感萌生并发展的重要时期。幼儿教师应掌握并使用好启迪语，以浅喻深，见微知著，方可收到事半功倍的成效。

启迪语是幼儿教师使用的具有启发、开导幼儿作用的教育口语，旨在通过幼儿教师的循循善诱唤起幼儿内在的情感，引导幼儿思考正在发生的事情，帮助他们厘清道理，开启他们的心智，最终实现幼儿的自我教育。

例如，小亮每次排队的时候，总是拖拖拉拉不守秩序，有时跑到一边玩，有时在教室里磨蹭。这一天，老师组织小朋友们到户外做游戏，大家都已经排好队，只有小亮还在队伍的外面玩。

这时一群大雁从头顶飞过，老师走到小亮身边，轻抚着他的头说："小亮，你抬头看一下。""是大雁啊，老师。"

老师对小亮说："你看这群大雁排得多整齐呀，它们一会儿排成'人'字，一会儿排成'一'字，没有一个掉队的。小亮，你知道它们为什么这么守纪律吗？""不知道。"老师接着说："因为不守纪律就会脱离集体，离开集体后的大雁容易迷失方向，还有可能遇到危险。"

小亮渐渐明白过来，说："我知道了，老师。大雁都知道排队，我也应该排队，跟着集体走。"

为了更好地启发、开导幼儿，幼儿教师在使用启迪语时需要注意以下礼仪技巧。

（一）善于提问

幼儿教师应做到针对不同的问题情境、不同幼儿的性格特征、不同幼儿的年龄特征采用不同的提问方式。提问的方式有以下3种。

1. 正面提问

正面提问即直接提出问题，单刀直入，能够对幼儿施加直接的心理刺激的提问方式。幼儿可以提供肯定性答案，可以提供否定性答案，但不能回避问题。

2. 侧面提问

幼儿教师从某个侧面切入，委婉地进行提问，有利于引导幼儿回答自己关注的问题。

3. 反向提问

反向提问即幼儿教师从反方向出发，语气比较强硬地提出问题，通常用于事实非常清楚、道理也已明确之时。反向提问会使幼儿很难做出否定性的回答。

（二）善于设喻

幼儿在学前阶段时的认知以具体形象思维为主。因此，幼儿教师要充分考虑幼儿的心理特点与年龄特点，通过设喻使模糊的道理变得清晰，使抽象的概念变得具体，让幼儿能够理解抽象的道理。

（三）善于举例

幼儿的认知及思维水平较低，难以分清事物的主次、表里、本质与非本质等内容。幼儿教师在启迪幼儿时，应尽可能地用幼儿熟悉的案例说明道理，把抽象的道理变得具体可感，让幼儿易于接受。

（四）善用暗示

暗示是一种非常有效的启迪方法。保加利亚心理学家洛扎洛夫经过实验证明，对幼儿颇有效的教育方法是含蓄、间接的暗示法。暗示法舍弃了直白的语言，不明确表示意思，而是采用含蓄的语言或行为使人领会意图，没有指令性和强迫性，更容易被他人认同。

暗示教育能让幼儿在轻松、愉快的气氛中接受教育，这比用强制性、命令性的教育语言效果更好。

四、激励语礼仪

激励语是鼓励幼儿积极上进，激发其奋斗意志的教育口语。激励语能够激励幼儿树立良好的心态，调动积极性，以饱满的热情投入活动和学习。

（一）激励语的作用

在幼儿教育活动中，使用激励语是一门艺术，这是因为幼儿的主动性和自觉性多是通过语言来激活的。适时、真切、慷慨地使用一些激励语，不仅能激发幼儿强烈的学习欲望，活跃课堂气氛，还能刺激幼儿的中枢神经，强化幼儿的行为，释放幼儿的思维能量。

在课堂教学中，幼儿教师应该使用积极的语言建立起有效的反馈机制，为幼儿营造积极的学习氛围，使他们养成良好的学习习惯。

激励语在幼儿的成长过程中起着不可估量的作用，所以幼儿教师应以不同的激励方式来培养幼儿的控制能力，对那些自控能力偏差的幼儿，更要进行反复强化和行为训练。例如，幼儿教师可以用激励语，对幼儿较为优秀的方面进行鼓励，以表扬优点来促进他们改掉缺点。

（二）激励语的类型

激励语包括正向激励、逆向激励和勉励3种。

1. 正向激励

正向激励就是使用教育口语调动幼儿的情绪，使他们的内心激动起来，响应幼儿教师提出的要求。使用正向激励时，幼儿教师的情绪要高涨，声调要高亢，语言节奏要偏快，语言要有鼓动性，体态语要简洁有力。

2. 逆向激励

逆向激励，也称激将法。幼儿教师使用逆向激励时要注意条件。在幼儿应该做却不愿意做，或者完成某项任务有一定的难度，幼儿自信心不足时使用逆向激励可以激励他们实现自我突破。另外，幼儿教师要注意幼儿的性格，此方法对胆汁质和多血质气质的幼儿较适用。

3. 勉励

勉励重在"勉"，即幼儿教师在勉励幼儿时要语气平和、语重心长，以便使幼儿产生较持久的动力。

（1）方案勉励

幼儿教师可制定一个奖励方案与标准，在一段时间内，幼儿如果可以长期坚持，就可以得到奖励。例如，刚入园的小班幼儿如果在午睡后能坚持15天自己穿衣服，就可以得到奖励。

（2）日常管理考核勉励

幼儿教师可以从日常生活中的小事入手，对幼儿的行为进行监督和检查，通过检查的幼儿可以获得表扬或一定的奖品。例如，能做到每天午饭前按时洗手、不尿裤子、午睡不打扰其他幼儿的幼儿，可以获得表扬；坚持遵守幼儿园各种制度的幼儿，可以被评为"模范之星"。幼儿教师可以在每天放学前出一些关于当天所学知识的题目，难度要适宜，答对的幼儿可以得到一颗小星星，小星星积累到一定程度时，就可以兑换一个大奖品。

（3）活动中进行勉励

幼儿教师可以定期举办一些活动，在活动中表现优秀的幼儿可以获得一定的奖励。

（三）激励语的礼仪技巧

幼儿教师在使用激励语时，可以运用以下技巧。

1. 肯定鼓励，情感表达

幼儿教师要善于发现幼儿身上的闪光点，肯定他们优良的思想品质和良好的行为表现，用富有情感的语言激发幼儿的热情，使他们行动起来，鼓励他们获得更大的进步。一般来说，幼儿教师使用鼓励、激发类的激励语时应富有激情，语调激昂慷慨，语速略快，这样容易调动幼儿积极的情绪。

使用激励语的立足点不在于引导幼儿的激情，而在于提高他们的认识，让他们产生积极向上的内驱力。

2. 因人而异，针对性强

使用激励语时，还应考虑幼儿的气质类型、性格特点，这样才能起到良好的教育作用。例如，对于热情而冲动的幼儿，幼儿教师应在全体幼儿面前，用富有鼓动性的语言激发他们的热情；对于安静、沉稳的幼儿，幼儿教师要用中等语速、亲切的口吻进行鼓励；对于胆小、敏感、孤僻、缺乏信心的幼儿，幼儿教师要在语气语调上表现得更温柔、更善解人意，给予幼儿更多的情感上的理解与帮助，使他们在教师的肯定中获得自信。

五、表扬语礼仪

表扬语是幼儿教师对幼儿个体或群体表现出来的良好的思想品质、行为习惯、某种进步，以及所取得的成绩给予肯定性的评价。

由于幼儿是通过他人的评价获得对自我的认知的，所以幼儿教师用热情、有感染力的语言表扬幼儿，肯定他们所取得的成绩，不仅能提高幼儿的自信心，使他们享受到成功的快乐，还可以起到巩固和强化幼儿的良好表现，为全体幼儿树立榜样和示范，并提高幼儿的自我评价能力的作用。

幼儿教师在使用表扬语时，可以使用以下技巧。

（一）表扬要客观公正

客观，即实事求是。表扬的事实要有根据，不能虚假。幼儿教师要善于发现幼儿的每一个闪光点，并进行恰如其分的评价。表扬的用语要准确、恰当。

公正是幼儿教育民主性的体现。表扬幼儿要做到公正，幼儿教师要面对全体幼儿，对他们的成长与进步一视同仁地给予肯定和鼓励。幼儿教师绝不能凭主观情绪来评判幼儿的表现，更不能因为自己喜欢某个幼儿，就毫无原则地对其进行表扬。

（二）表扬要适度、具体

表扬要适度。表扬的语言要适度，评价要客观，言过其实的夸张称赞会使被表扬的幼儿不能正确地看待自己，极易产生负面效应；表扬的频率要适度，幼儿教师对幼儿的表扬要有针对性。要对行为本身产生的效果与周围的关系进行全方位的考虑，该表扬时才表扬。

表扬要具体，是指幼儿教师要明确告诉幼儿为什么表扬他，这样能使幼儿明白怎么做是对的，接下来该怎么做。尽量避免用"你真棒""你真了不起"等语言含糊、笼统地表扬幼儿，因为这样的表扬起不到应有的作用。

例如，幼儿教师看到幼儿的画后，对他说："你画得真好，眼睛和耳朵画得非常像。你看是不是还可以画小溪流或一些青草，添上这些，这幅画就更好看了。"这位幼儿老师既具体指出了幼儿画得好的地方，也指出了幼儿需要努力的方向。

（三）表扬形式要多样

表扬语要避免过于单一。幼儿教师要针对不同的情况，使用不同的表扬语，力求表扬形式多样化，使幼儿始终保持活跃的思维状态。除了予以正确评价外，幼儿教师还可以调动其他幼儿参与表扬和激励的教育活动，使被表扬幼儿的优点得到广泛的认可。一个会心的微笑，一个赞许的眼神，一个亲昵的爱抚动作，一次和幼儿的拥抱都可以作为表扬语的辅助形式。

（四）表扬语气要真诚

幼儿年龄虽小，但对幼儿教师说话的语气、表情、动作还是相当敏感的。表扬语要避免语气平淡、语调平板，否则会削减表扬的力度，甚至适得其反。另外，幼儿教师还要注意表扬要及时。

例如，准备午睡时，老师无意间发现平时比较调皮的成成小朋友在叠衣服。看着他那认真的样子，老师没有去打扰他，而是默默地注视着他。他叠好衣服，把衣服放在床尾后，就安静地躺下了。

老师走过去拿起成成叠好的衣服对小朋友们说："小朋友们，你们看，成成多棒啊，把自己的衣服叠得这么整齐。现在每个小朋友都把自己的衣服叠起来，跟成成一样放在床尾，好不好？"小朋友们看着成成的衣服，异口同声地说："好！"

不一会儿，小朋友们都把叠好的衣服整整齐齐地放在了床尾。老师非常高兴地说："小朋友们真棒！"

该幼儿教师发现幼儿的闪光点后，抓住机会，语气真诚地当众表扬了成成午睡前整理衣服的好习惯，把成成树为幼儿的榜样，强化了幼儿的行为习惯要求，起到了教育全体幼儿的作用。

六、批评语礼仪

批评语是幼儿教师对幼儿的错误思想和不当行为做出的否定性评价。幼儿教师批评幼儿是为了指出并帮助幼儿改正他们的不良行为和错误想法，提高他们对是非、善恶、美丑的鉴别能力。

（一）批评语的类型

批评语有以下 3 种类型。

1. 直言式批评

直言式批评是指幼儿教师从正面入手，直奔主题，开门见山地指出幼儿的错误，并对幼儿提出正确的要求。直言式批评要求幼儿教师语言简练、表情严肃、手势有力，但要注意说话的力度，不可过于生硬；用词要斟酌，不夸大，不缩小，实事求是。

2. 类比式批评

类比式批评是指幼儿教师不直接指出幼儿的错误，而是用举例子、讲故事、打比方等方法让幼儿认识到自己的错误并加以改正。

3. 肯定式批评

肯定式批评是指幼儿教师在批评幼儿时不仅看到幼儿的错误，还能对幼儿的某些方面进行肯定，让幼儿既认识到自己的错误，又看到自己的优点，以减少抵抗心理。

批评的主要作用是教育和激励。幼儿教师通过批评可以纠正幼儿的错误言行，重塑幼儿的正确行为。幼儿教师要激发幼儿的上进心，激励幼儿在思想上和行动上都获得改变和提升。幼儿教师的批评既要有中肯的分析，又要有热情的勉励和殷切的期望。批评与表扬殊途同归，其最终目的都是促进幼儿的健康成长。

（二）批评语的基本礼仪

一名合格的幼儿教师既要敢于批评，又要善于批评。批评必须注意方法，坚持实事求是，不带偏见与歧视，从关心、爱护幼儿的角度出发，平等地对待每一位幼儿。对于是非分辨能力较弱的幼儿来讲，不时"犯"些小错误是难免的。

批评语的基本礼仪如图 5-3 所示。

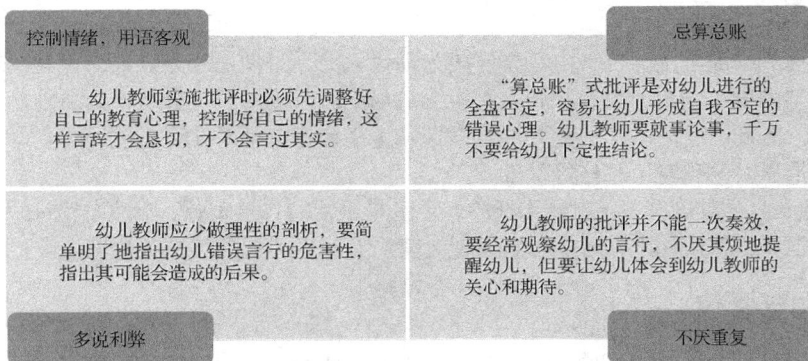

控制情绪，用语客观	忌算总账
幼儿教师实施批评时必须先调整好自己的教育心理，控制好自己的情绪，这样言辞才会恳切，才不会言过其实。	"算总账"式批评是对幼儿进行的全盘否定，容易让幼儿形成自我否定的错误心理。幼儿教师要就事论事，千万不要给幼儿下定性结论。
幼儿教师应少做理性的剖析，要简单明了地指出幼儿错误言行的危害性，指出其可能会造成的后果。	幼儿教师的批评并不能一次奏效，要经常观察幼儿的言行，不厌其烦地提醒幼儿，但要让幼儿体会到幼儿教师的关心和期待。
多说利弊	不厌重复

图 5-3 批评语的基本礼仪

　　此外，幼儿教师要根据幼儿出现的问题的性质、幼儿对待问题的态度和幼儿的语言接受能力，进行有针对性的批评教育。针对不同气质幼儿的批评语的设计如表5-2所示。

表5-2　针对不同气质幼儿的批评语的设计

幼儿的气质类型	批评语设计
多血质	多血质幼儿易接受批评，但往往忘得也快。因此，批评应开门见山，但须注意保护其自尊心和积极性
胆汁质	胆汁质幼儿易冲动、要强，而且经常质疑权威。因此，对这类幼儿的批评应等其情绪平静后，态度温和地进行
黏液质	黏液质幼儿往往需要更多的时间来消化批评、反思自我，但一旦明白了道理、认识到错误后就很少重犯错误。因此，对于这类幼儿，幼儿教师一定要给他们思考、反省的时间和机会，并要有耐心
抑郁质	抑郁质幼儿表露错误的机会不多，因而受批评的概率也较低。对这类幼儿应以鼓励为主，即使批评也应尽可能委婉含蓄

第三节　电话沟通礼仪

引导案例

　　一天，小鹏与隔壁班的一个小朋友打了起来。徐老师决定给小鹏的家长打个电话，讲一下小鹏的情况，让家长了解小鹏在幼儿园的表现。打第一遍时，被挂断，徐老师接着打了第二遍，很久之后家长接了电话说："老师您好，我正在开会，不太方便接电话。"而徐老师认为没有什么事比孩子的事更重要，便说："不会耽误您多长时间，也就几分钟，想跟您讲一下小鹏今天打架的事。"

　　家长听后，觉得几分钟不耽误事，况且是孩子惹了祸，便说："好，您说吧！"之后，徐老师明显可以感觉到家长换了一个地方听电话。

　　徐老师便开始讲述今天小鹏因为和别人抢球打架的事情，之后又讲了前几天小鹏在活动课上捣乱及午睡期间和小朋友打闹的事情……

　　不知不觉，已经讲了20分钟，但徐老师并没有停下的意思。家长还有事情要处理，很是着急，最后不得不打断徐老师的讲话，告诉徐老师等他把事情忙完后会给她回电话。

　　除了面对面的交流与沟通外，电话早已成为现代人交际时使用较为频繁的工具。幼儿教师经常需要通过电话与领导、同事、家长和亲友进行交流与沟通，而对方也会从中判断出幼儿教师的专业水准和态度等。因此，幼儿教师一定要注意掌握和运用接打电话的礼仪规范，树立好自己的"电话形象"，为塑造良好的自身形象打好基础。

　　"未见其人，先闻其声。"在电话沟通中，声音是重要的信息来源。虽然电话是只闻其声、不见其人的交谈，但人们在使用电话时的种种表现会使对方产生"听闻其声，如见其人"的感觉。

一、接电话礼仪

　　幼儿教师接听电话前需要做好接听准备，如准备好笔和纸，以便对方需要留言时进行记录。此外，幼儿教师还要调整出随时准备接听电话的状态。

幼儿教师在接听电话时需要注意的礼仪规范主要包括以下几点。

（一）及时得体

幼儿教师应在电话铃响 3 声左右时接起电话，最好不要让铃声响过第 5 声。如果由于某些不得已的原因，在铃响多次后才接起电话，幼儿教师应主动向对方致歉，如"很抱歉，让您久等了"。幼儿教师不要在铃声还没响完第一声时就接起电话，这样显得不得体。

（二）礼貌问候

幼儿教师接起电话后应先问好，再自报幼儿园的全称或规范简称，表明个人身份等。例如，幼儿教师先说"您好！我是××幼儿园××班××老师"，让对方明白自己在跟谁通话后，再询问"请问您找谁""请问有什么可以帮到您吗"。

（三）认真倾听

幼儿教师在接听电话时应聚精会神，不要出现心不在焉的情况。例如，接听电话的同时与第三者讲话，或者喝水、吃东西等，会无法确保自己对对方所言之事听得清、记得准。

（四）热情回应

幼儿教师回应对方时，态度应热情、谦和、诚恳，用语要文明、礼貌，语调应平和，音量要适中，语速要控制好。如果是打错的电话，应礼貌地说明情况，让对方重新确认电话号码，并尽可能地主动提供帮助。

（五）做好记录

对于由于工作原因而进行的电话沟通，幼儿教师要认真做好记录。在沟通过程中，应把重要的内容简明扼要地记录下来；对对方的讲话可做必要的重复，尤其要注意听取时间、地点、事由和数字等重要信息。交谈结束后，应针对内容进行下一步处理，如请示领导、通知负责部门或同事等。

（六）文明转接

如果需要他人接听电话，幼儿教师要用手轻捂话筒，然后通知受话人。如果受话人距离自己太远，要向对方说一声"请您稍等一下"，然后轻放话筒，去找受话人，不要大声叫喊。如果受话人不在，则要重新拿起话筒，告知情况，并询问对方是否需要转达信息，也可以记下对方的电话号码。

（七）终止有方

幼儿教师应遵循"尊者先挂"的原则。电话沟通完毕时，应尽量让领导、长辈、家长等结束对话。若确实需要自己来结束，应解释并致歉。通话完毕后，应轻轻放下话筒。

二、打电话礼仪

幼儿教师在拨打电话时也要遵守礼仪规范，不要给接听电话的人带来麻烦，给其留下不好的印象。在拨打电话时，幼儿教师为了展现自身的良好素养，必须遵守以下礼仪规范。

（一）时间适宜

幼儿教师在给他人拨打电话时应选择适宜的时间，首先要考虑对方此时是否有时间或方便接听。工作电话一般应在上班时间拨打，若确有必要拨打私人电话时，应注意避开休息时间。

幼儿教师拨打电话时，还要注意通话时长，应尽量将通话时长控制在 3 分钟以内。确实有重要的事情需要长谈时，应考虑对方的处境，询问对方是否方便，经过对方同意后再开始交谈。如果此时对方不方便长谈，应以商量的口吻另约时间，让对方决定什么时候再沟通为妥。

（二）主动问候

电话拨通后，幼儿教师应该先主动问候对方，再确认对方的电话号码、单位、姓名，以免打错电话。得到回复后，应先报上自己的单位、姓名等，再说事情。例如，"您好！您是××的爸爸吗？我是××幼儿园××班的××老师。是这样的……"

需要注意的是，对对方的称呼要正确。如果对方是幼儿家长，就不宜称呼对方的职务；若对方是领导或同事，则可以称呼其职务或姓名。

（三）内容简洁

与他人通电话时，幼儿教师应简明扼要地说明通话的目的，以尽快结束通话。幼儿教师拨打电话前可以先打好"腹稿"，拟出电话要点，厘清说话顺序，准备好需要用到的资料等。

在电话中进行具体陈述时，要注意有主有次、有点有面、有先有后、有因有果。凡事均应一一道来，循序而行，讲究逻辑。切忌想到哪说到哪，通话内容无逻辑、无主题，让对方听得一头雾水。

（四）方式恰当

幼儿教师拨通电话后，如果发现拨错电话号码，不能一言不发就直接挂断电话，应向对方表示歉意，如"对不起""打搅了"。如果要找的人恰巧不在，幼儿教师应根据具体情况选择恰当的应对方式。

应对方式主要包括以下几种。

1. 直接结束通话

在事情不是很紧急且自己还有其他联系方式的情况下，可以直接用"对不起，打扰了，再见"结束通话。

2. 请求留言

若要找的人不在或者恰巧不能听电话，最好用礼貌的方式请求留言。留言时要说清楚自己的姓名、单位名称、电话号码、期待的回电时间、具体的事情等。在对方记录下这些内容后，千万不要忘记问"对不起，请问您怎么称呼？"，对方告知后要用笔记录下来，以备查找。

3. 请教联系时间或方式

这种方式常在比较紧急的情况下采用，具体的说法有"请问我什么时候再打来比较合适""我有紧急的事情要找王先生，不知道您有没有能联系到他的其他联系方式"。不管对方是否为你提供了其他的联系方式，都应该礼貌地说"再见"。

（五）礼貌结束

需要结束通话时，幼儿教师应注意的礼仪规范包括：一是询问对方是否还有其他的事；二是注意礼貌用语的使用，如"再见"；三是当自己挂断电话时，应双手轻轻放下话筒或轻轻按下通话终止键，切勿用力摔下话筒或突如其来地挂断电话，令对方产生误解。

第四节 网络沟通礼仪

引导案例

最近幼儿园新来了几位小朋友，他们被分配到孟老师负责的小班中。于是，孟老师的工作任务多了起来，他不仅要安排新生的各项事宜，安抚新生的情绪，还要保证原有幼儿的正常学习和生活。即使在下班后，他也要与新生的家长进行交流，让其了解幼儿的具体情况。

就在孟老师非常忙碌的这几天，平常和谐的家长群有要变成"抱怨"群的趋势。大家都在议论孟老师最近很不负责任，回复信息慢，有时说着说着就没影了，甚至第二天才回自己的消息……家长们都觉得孟老师不在乎自己家的孩子。

孟老师看到微信群里家长们的议论后，进行了深刻反思。他发现自己的工作确实很忙，但与家长沟通也是自己的一项工作，是自己忽视了微信沟通的礼仪，导致家长们产生了误解。

之后，孟老师在微信群中向各位家长说明了情况，并真诚地道歉，表示以后会及时回复家长们的微信信息。

随着移动互联网时代的到来，智能手机、平板电脑、个人计算机早已普及，网络沟通已经成为人们主要的沟通方式，也成为幼儿教师与家长及领导、同事等的重要沟通方式。微信、QQ 等都是非常方便的沟通工具，幼儿教师应掌握网络沟通的礼仪，在与他人进行网络沟通时展现其良好的职业素养。

一、微信沟通礼仪

微信是现在日常生活中重要的社交软件之一，也是幼儿教师与他人沟通的重要渠道之一。幼儿教师在使用这种网络社交软件的过程中也要讲究礼仪，因为一句话、一个表情皆可体现出自身的素养。

幼儿教师在工作中使用微信时，应遵守礼貌、规范、温和的基本原则。

（1）礼貌。幼儿教师要注意礼貌原则，体现自身的素养。

（2）规范。发送工作信息时，必须确保内容规范，表达清晰。

（3）温和。通过微信交流，虽不见其人，但每个字、每句话都要传递出使用者的态度。只有让对方感觉舒适，才有助于沟通及工作的顺利开展。

幼儿教师在使用微信时，需要遵循以下礼仪规范。

（一）微信设置礼仪

幼儿教师的微信设置不得过于随意，应符合礼仪规范要求。

1. 设置真人头像

一张微笑的、职业感强的真人头像，可以为幼儿教师的自身形象加分。设置真人头像，不仅亲和力强，还能让对方在跟自己交流的时候，更容易产生真实感和信任感。幼儿教师应尽量避免使用一些虚拟的风景、动物或漫画人物等作为自己的微信头像。

2. 注意个性签名

幼儿教师也是人类灵魂的工程师，所以个性签名要充满正能量，最好写有关自己的有效信息，以便他人了解，不能用类似"好烦啊""真无聊"等话语作为签名，否则会影响幼儿教师的形象，使家长等对自己产生不好的印象。

3. 注意朋友圈分享信息的内容和数量

幼儿教师不宜在自己的微信朋友圈发布广告信息，每天分享的信息也不宜过多，一般不超过5条。

（二）添加好友礼仪

幼儿教师在微信上添加好友时，应注意以下礼仪。

1. 扫码加好友

幼儿教师在加微信好友时，应遵守长幼有序、主客适宜的原则，即位卑者（晚辈、下属、主人、男士、乙方等）去扫位尊者（长辈、领导、客人、女士、甲方等）的微信二维码。无论是谁提出的添加好友，都应该由位卑者去扫位尊者的微信二维码，这样既可表示出位卑者的尊敬或者谦虚，也可体现出位尊者拥有知情权和最后决定权。

2. 做好自我介绍

幼儿教师在使用微信添加好友时，应做简短的自我介绍，一般为"幼儿园名称＋班级＋姓名"。

3. 主动打招呼

幼儿教师在微信上申请加好友被通过后，应主动与对方打招呼，如先简单介绍一下自己，说明关注的理由。

（三）微信交流礼仪

幼儿教师在使用微信进行交流时，应注意以下礼仪。

1. 称谓恰当、礼貌

幼儿教师在使用微信同他人进行沟通交流时，应恰当、礼貌地使用称谓。称谓要表达清楚对方的身份：如果是给同事发工作微信，称谓可以是其姓名；如果是给领导发微信，称谓应为"姓氏＋职位"，如"张园长"；如果是给幼儿家长发微信，称谓应为 "幼儿姓名＋爸爸/妈妈"。只有称谓恰当、礼貌，沟通的效果才会更好。

2. 内容简洁、清楚

发送的微信内容应简洁、清楚，让对方一目了然。避免只发一些没有实际意义的内容，如"在吗"。对方发送文字信息时，自己也尽量发文字信息。对方发送语音信息时，自己才可以回语音信息。

幼儿教师发送微信信息时，内容要简洁、清楚。无论是文字信息还是语音信息，都不要连续发送多条，一般不超过 3 条，否则会引起对方的反感。发语音信息时，最好使用普通话，发音清晰，避免口头语，语音时长适中，不宜太长或太短。

3. 巧用表情符号

幼儿教师与他人进行微信交流时，可以适当使用表情符号，这样能更直观地表达自己的情绪，也能通过表情符号释放出自己的善意，以及愿意与对方沟通互动的心意，还能活跃沟通气氛。但需要注意的是，发表情符号要恰当、适度，不能让对方产生误解。

4. 注意发送时间

幼儿教师要注意发送微信信息的时间，一般不要在半夜或对方的休息时间发送，以免影响对方休息。

5. 及时回复信息

幼儿教师应及时回复他人的信息，特别是幼儿家长的信息。如果当时确实无法回复，要在方便时向对方解释原因，并诚恳地进行道歉。

（四）微信群使用礼仪

目前，微信家长群也逐渐成为每个班级不可缺少的交流平台。幼儿教师会在微信家长群口告知幼儿的在校情况，发布重要通知；家长们有疑问时也会在微信家长群中与幼儿教师沟通情况。因此，幼儿教师必须掌握微信家长群的沟通技巧。

1. 微信家长群的沟通技巧

（1）对于个别幼儿的问题，可以单独与家长沟通；对于涉及面较广的问题，可以在微信家长群中与家长交流。

（2）在微信家长群中晒照片时，要注意公平对待每名幼儿，多表扬，少批评。

（3）在每一条通知后加上类似"不用回复"的话语，会给家长留下好印象。

（4）注意说话方式，传播正能量。

（5）做微信家长群的引导者，对一些不适合发在微信家长群中的内容，要学会婉言提醒。

2. 使用微信家长群的注意事项

幼儿教师在使用微信家长群时，应避免出现以下几种情况。

（1）在微信家长群中点名批评幼儿，公布成绩、排名等信息，这样的行为既会伤害幼儿的自尊心，也会让家长感到不舒服。

（2）每次只发布优等生或表现优异的幼儿照片，导致有些家长永远也看不到自己孩子的照片出现在微信家长群中。

（3）过度依赖微信家长群，将幼儿日常的一举一动都发布到微信家长群中，却忘记了面对面交流才是最好的沟通方式。

（4）在微信家长群中募捐，小到幼儿的用品、玩具，大到奖品、演出的服装道具等。

（5）随意转发网上信息，造成家长不必要的担心。

（6）使用"发号施令"式的说话方式，向家长交代完就放手不管。

（五）微信语音与视频沟通礼仪

微信语音与视频沟通比打字更为便捷，可以让使用者通过对方的语气和表情接收到更加准确的信息。幼儿教师在与幼儿家长进行微信语音与视频沟通时，要当成是在与家长面对面交流，保持自身良好的形象，同时尊重家长，注意语气、语音和语速，准确表达自己的目的。

在微信语音与视频沟通中，幼儿教师应遵循以下礼仪。

（1）幼儿教师要与对方提前打好招呼，确定对方方便接听。如果对方表示不方便，幼儿教师要询问对方什么时候有时间，以便再约。

（2）幼儿教师要注意时间与场合，微信语音与视频沟通的时间不宜过晚，否则会打扰对方休息。另外，幼儿教师要注意不要在嘈杂昏暗的场合与对方进行微信语音与视频沟通，要保证对方可以看清自己的面部，听清自己所说的话。

（3）在微信语音与视频沟通的过程中，幼儿教师要保证着装规范，不可过于随便；姿态端庄，不能过于懒散。

（4）在微信语音与视频沟通的过程中，幼儿教师应保持微笑，使用礼貌用语。

二、QQ 沟通礼仪

与微信一样，QQ 也是幼儿教师与幼儿家长进行沟通交流的重要途径之一。在使用 QQ 时，幼儿教师要注意语句的准确使用，以便信息能够准确传达。

（一）使用 QQ 的礼仪规范

幼儿教师使用 QQ 与人沟通时应该遵守以下礼仪规范。

1. 确认对象

幼儿教师在交流时应先确认交流对象，以免发错信息；标注联系人时应记住对方，切忌记错或写错对方的名字；应留意交流对象的个人资料，可以通过增加备注的方式来记住对方的个人信息。

2. 适时交流

幼儿教师在交流前应向对方打个招呼，询问对方是否有时间交流，不能随意打扰对方的工作及休息。当对方说自己处于忙碌状态时，幼儿教师不应频繁地发送窗口抖动。

3. 遵守约定

幼儿教师与对方约定时间进行线上交流后，务必恪守约定，可以提前调试网络设备，确保准时上线。若出现临时状况不能如期上线，幼儿教师应及时通过电话或短信联系对方，并向其致歉。

4. 准确发送

发送信息前，幼儿教师应检查要发送的信息是否存在用词和语法的错误，要尽可能准确地传递信息，便于对方理解。

5. 善用工具

在交流时，幼儿教师应使用文明礼貌、通俗易懂、简单明了的语言。在文字交流中，幼儿教师可以适当使用表情符号、图片等，既显得形象生动，又能营造出轻松而热情的交流氛围。

6. 说明在先

在发送文件、图片或进行视频交流前，幼儿教师应向对方说明即将发送的内容，并征得对方的同意。

7. 尊重隐私

幼儿教师要尊重对方隐私，在交流过程中不主动询问对方的私人信息，而且在交流后对对方的个人资料予以保密，不可对外传播。

8. 双向交流

在交流过程中，幼儿教师应注意倾听对方的声音，与对方积极地进行互动，切忌自顾自地滔滔不绝。

9. 礼貌结束

交流结束后，幼儿教师应向对方道别后再退出交流，切忌直接退出。

10. 及时回复

在交流过程中，幼儿教师切忌一味地沉默无语，要适时回应对方，及时回复对方的留言或信息。若不能及时回复，应先致歉，再说明原因。

（二）QQ语音与视频沟通礼仪

幼儿教师在进行QQ语音与视频沟通时，应注意相关的礼仪规范，如图5-4所示。

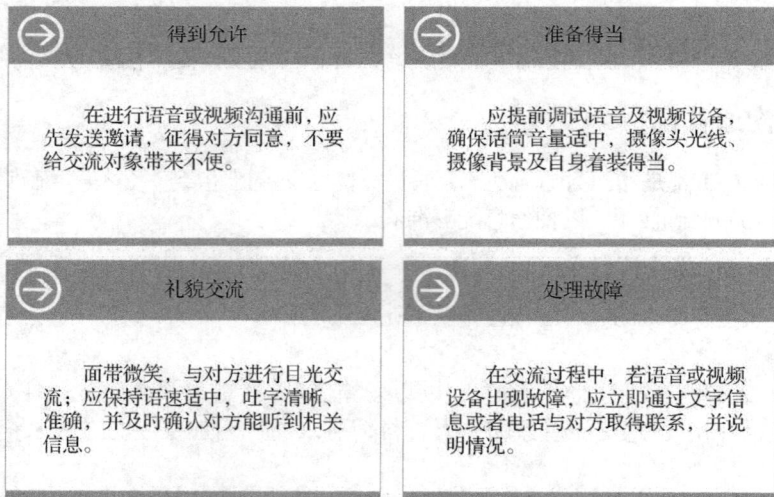

→ 得到允许	→ 准备得当
在进行语音或视频沟通前，应先发送邀请，征得对方同意，不要给交流对象带来不便。	应提前调试语音及视频设备，确保话筒音量适中，摄像头光线、摄像背景及自身着装得当。
→ 礼貌交流	→ 处理故障
面带微笑，与对方进行目光交流；应保持语速适中，吐字清晰、准确，并及时确认对方能听到相关信息。	在交流过程中，若语音或视频设备出现故障，应立即通过文字信息或者电话与对方取得联系，并说明情况。

图5-4 QQ语音与视频沟通的礼仪规范

（三）QQ家长群沟通技巧

由于幼儿教师面对的是为数众多的家长，与家长进行个别交流沟通的时间有限，所以建立QQ家长群不仅可以方便家长与幼儿教师进行联系，还可以方便幼儿家长进行联系，让家园共育工作更得心应手。

在 QQ 家长群中沟通时，幼儿教师可以参考以下技巧。

1. 预先发布信息，获得家长的配合支持

QQ 家长群成为幼儿教师向家长传递各种信息的窗口后，幼儿教师可以在群中发布月度及季度的教育目标，以及希望家长配合的内容，这样家长就能明白自己应如何去做，如何跟幼儿一起去做好课前的知识准备和区域活动中的材料准备，从而更配合、支持班级的各项活动，提升家长参与班级教育的积极性和主动性。

2. 及时展现园内生活，让家长全面了解幼儿

幼儿在幼儿园过得好不好，能不能吃饱饭，天冷了，午睡时被子有没有盖好，与同伴游戏时过得开不开心，带去的材料、用具在教学中有没有用到……这些都是家长关心的问题。为了让家长充分了解幼儿在园内的情况，幼儿教师可以用手机拍下幼儿在园内吃饭、游戏、表演的情景及幼儿的美术作品等，及时上传到群空间，让家长一起分享，自然也能获得许多家长的关注。

3. 适时交流沟通，转变家长教育方法

有些家长对幼儿的要求过于严格，会责骂幼儿；有些家长则溺爱幼儿，甚至会满足幼儿的一切无理要求。对此，幼儿教师可以利用下班的时间跟家长进行 QQ 交流，以改变家长的教育观念和方法。例如，幼儿教师根据幼儿的表现进行思考，寻找原因，找到相关的育儿策略，有针对性地引导家长用正面教育的方法对待幼儿的问题。

4. 汇集资源，共享育儿知识经验

在 QQ 家长群中，幼儿教师可以上传良好的家教经验和育儿知识，也可以鼓励家长在自由、平等、互助、和谐的氛围中积极交流自己养儿育女的心得、成功经验等。

思考与练习

1. 简述幼儿教师启迪语的礼仪。
2. 简述幼儿教师打电话的礼仪规范。
3. 简述幼儿教师使用微信交流的礼仪规范

拓展训练

1. 小玲的性格很内向，不爱说话，从来不主动发言，也不参加游戏活动，但是小玲的家长说，小玲在家活泼开朗，爱说爱笑。如果你是老师，你会怎样鼓励小玲主动发言，参与游戏活动？

2. 幼儿教师进行电话家访时，有一位家长的电话是别人接的。如果你是幼儿教师，你会怎样做？

3. 有一位家长在微信上询问孩子最近有没有按时吃药，但幼儿教师在第二天才看到家长的信息。你认为幼儿教师应该怎样回复家长？

06

第六章
幼儿园一日活动礼仪

学习目标

> ➢ 了解幼儿一日活动内容。
> ➢ 掌握幼儿教师在幼儿一日活动中的礼仪。
> ➢ 掌握幼儿教师在教育活动中应注意的礼仪规范。
> ➢ 培养高度责任感，尊重幼儿，关爱每一位幼儿。
> ➢ 热爱生活，追求健康的生活方式，在仪容、仪表、仪态等方面做好示范。

　　幼儿良好的礼仪修养不是一朝一夕、一节课或一个活动就能形成的。礼仪的培养必须贯穿幼儿园一日生活中的保教活动，这就要求幼儿教师把礼仪教育灵活地渗透到幼儿一日活动的各个环节中，用自身的礼仪形象言传身教，培养出知礼、行礼的幼儿。

微课

入园礼仪

第一节　入园礼仪

引导案例

　　王欢是一名幼儿教师。今天小朋友们入园时，她不像往常那样热情认真，有些心不在焉。家长与她说话时，她只是面无表情地回应；小朋友们与她打招呼时，她也只是机械地点头，脸上没有笑容，情绪有些低落。

　　一位家长告诉王欢，孩子有些咳嗽，药放在书包里了，中午记得给孩子喂药。王欢说："好。"但她忘了记下孩子的姓名，也没有问家长药应该怎么吃，吃多少。小朋友们陆续入园，由于王欢没有指导小朋友们整理好脱下的衣物，大家脱下的外衣都堆在了一起。放学时，很多小朋友穿错了衣服，家长们对王欢今天的表现很不满意。

　　入园是幼儿一日活动的开始，是保证幼儿愉快入园、家长安心工作的首要环节。幼儿教师应遵守入园礼仪，让幼儿开心，让家长放心。

一、入园接待

　　幼儿教师要以热情、亲切的态度接待幼儿、家长，主动向他们问好，把快乐和关爱送给每一位幼儿，使幼儿愉快地入园。

　　幼儿教师在迎接幼儿时，脸上要挂满微笑，给幼儿亲切的感觉。图6-1所示为微笑三部曲。

嘴巴翘起来

微笑
三部曲

笑肌提起来　　　　眉毛扬起来

图6-1　微笑三部曲

幼儿教师应向来园的幼儿与家长施早安礼，如图 6-2 所示。在入园接待中，幼儿教师应始终面带微笑、神态自然、真诚热情，给人亲切、和蔼、可信之感；应主动与家长、幼儿问好、打招呼，并鞠躬致意或蹲下来拥抱幼儿。

幼儿教师每日接待幼儿进入教室后，应指导幼儿将外套叠放整齐，并放在固定的位置；注意观察每一位幼儿的精神面貌，与幼儿亲切交谈；做好个别幼儿的安抚工作，如图 6-3 所示。

图 6-2 早安礼

图 6-3 幼儿教师安抚幼儿

例如，某幼儿园为了给幼儿更好的入园体验，让幼儿更好地学习并掌握礼仪，在早上入园时，会让幼儿选择与老师打招呼的方式，如拥抱、敬礼、鞠躬、握手等，如图 6-4 所示。

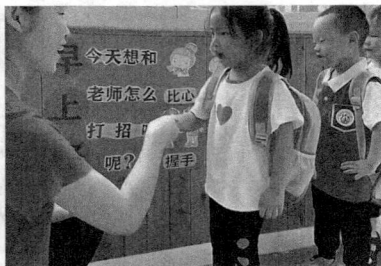

图 6-4 幼儿教师与幼儿行入园礼

二、入园晨检

幼儿教师对幼儿进行晨检时，应该做到"一摸、二看、三问、四查"，如图 6-5 所示。图 6-6 所示为某幼儿园教师在对幼儿进行晨检。

→ 一摸	→ 二看
摸幼儿的前额、下颌和腮部。摸前额检查其是否发热；摸下颌（用手指轻触幼儿下颌骨的下缘至颈部两侧的区域）检查其下颌是否有肿大；摸腮部检查其腮部是否有肿大。	看幼儿的精神状态、气色、咽部有无异常，皮肤有无皮疹及某些传染病的早期症状。
→ 三问	→ 四查
向家长询问幼儿在家中的饮食、睡眠、大小便等方面的情况。	查看幼儿的衣兜内有无不安全的物品。

图 6-5 "一摸、二看、三问、四查"

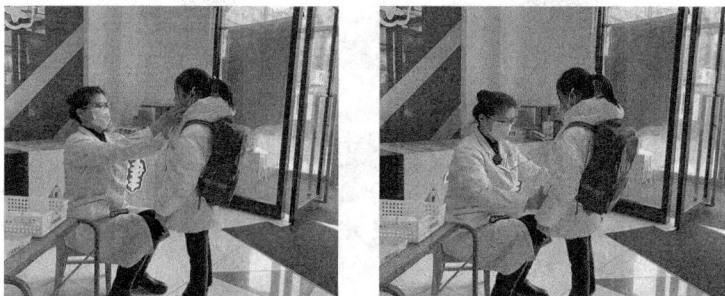

图 6-6 某幼儿园教师对幼儿进行晨检

幼儿教师要与家长做好交接工作，特别是对生病的幼儿要给予特殊照顾，并记录好病因、病症、服药等详细情况。

三、对家长的态度

在接待幼儿入园时，幼儿教师要尊重家长，对家长一视同仁。家庭有贫富，家长无贵贱，幼儿教师要平等地对待每一位幼儿的家长，既不能对地位显赫、家庭富裕的家长趋炎附势、眉开眼笑，也不能对家境一般、无权无势的家长不理不睬、敷衍了事。对于年龄较大的幼儿家长，幼儿教师应关照有加。

四、培养幼儿入园礼仪

幼儿在入园环节中需要学习的入园礼仪可以总结为 4 句口诀，即"早入园，不迟到；见教师，要问好；小朋友，也问到；别父母，勿忘掉。"

晨间接待活动是展示礼仪教育成果的一个重要窗口。每天早上，幼儿教师可以让担任礼仪宝宝的幼儿身穿园服，肩披绶带，端庄挺拔地站在幼儿园门口两侧，微笑着迎接每一位幼儿和家长。灿烂的笑脸和一声声"叔叔好""阿姨好""小朋友好"，不仅能给担任礼仪宝宝的幼儿带来积极的情感体验，而且能给入园的每一位幼儿和家长带来愉悦，营造出和谐、温馨的氛围，如图 6-7 所示。

图 6-7 担任礼仪宝宝的幼儿

入园是幼儿一日生活的一个重要环节，也是语言表达能力训练的有利途径，还是幼儿和幼儿教师进行心灵沟通、情感交流的好机会。我国著名教育家叶圣陶先生认为，简单的一句话、一个动作就是教育。因此，幼儿教师可以站在门口微笑，并蹲下来拥抱每一位入园的幼儿。

人们常说微笑是通行证，是润滑剂。一句问候、一个微笑，甚至一个眼神都能给幼儿亲切感和安全感，让幼儿开心，让家长放心。时间长了，家长和幼儿都能主动地相互问好，幼儿能自觉地向幼儿教师行问候礼，各个幼儿班的幼儿也能愉快地互致问候。

第二节 | 进餐礼仪

苗苗是一个爱挑食的孩子，特别不喜欢吃蔬菜，每次吃饭时都会把自己不喜欢吃的食物挑出去，甚至能一口也不吃。

孔老师发现这个情况后，就在午餐前特意给小朋友们播放关于蔬菜的视频，告诉大家吃蔬菜的好处，并对苗苗说："只有吃蔬菜，苗苗才能健康地成长，才会越来越漂亮。"

孔老师还让小朋友们互相监督，做到不挑食、不剩饭。苗苗看完视频后，尝了尝蔬菜，一边吃一边想每种蔬菜中有哪些营养成分，不知不觉就把蔬菜吃光了。孔老师特意夸奖了苗苗，这让她很开心，之后苗苗慢慢改掉了挑食的坏习惯。

进餐是幼儿一日生活中的重要环节。养成良好的进餐习惯，有利于幼儿的生长发育和身体健康，也是家长最为关心的一件事。

一、培养幼儿进餐礼仪

幼儿进餐礼仪可以总结为 4 句口诀：进餐前，洗净手；打喷嚏，遮住口；轻轻嚼，慢慢咽；不挑食，不剩饭。

微课

幼儿进餐礼仪

（一）餐前礼仪

幼儿教师在幼儿进餐前要教会幼儿掌握以下礼仪，如图 6-8 所示。

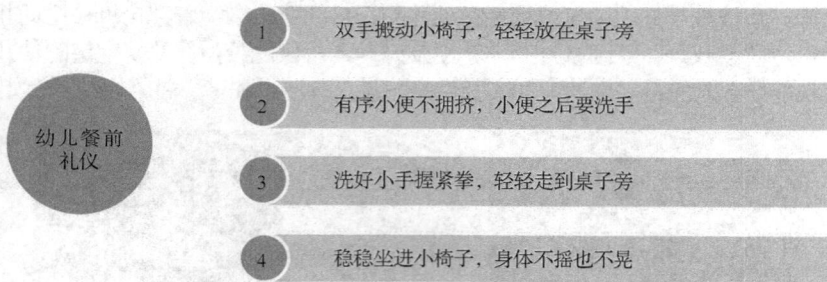

幼儿餐前礼仪

1　双手搬动小椅子，轻轻放在桌子旁

2　有序小便不拥挤，小便之后要洗手

3　洗好小手握紧拳，轻轻走到桌子旁

4　稳稳坐进小椅子，身体不摇也不晃

图 6-8　幼儿餐前礼仪

进餐前，幼儿教师要做到以下几点。

（1）指导幼儿洗手，提醒幼儿正确的洗手顺序和洗手方法。幼儿教师要陪着幼儿洗手，因为幼儿喜欢玩水。如果他们在水池边玩水，就可能会把衣袖弄湿，很容易生病。

（2）创造愉快、安静的进餐气氛，不在餐前、餐中处理问题，以免影响幼儿的情绪。

（3）向幼儿介绍饭菜，激起幼儿的食欲，让幼儿愉快地进餐。

（4）注意照顾个别幼儿，特别是体弱的幼儿和生病的幼儿。

（5）指导幼儿安静进餐。幼儿教师可以依据班级幼儿的年龄特点调整座位，并指导幼儿以正确的姿势就座，在进餐时保持安静。

另外，幼儿教师要注意培养幼儿感恩的情感，即在每次用餐前，教幼儿感谢农民伯伯的辛勤耕种，感谢厨师的精心烹饪，感谢老师的细心照顾等。

（二）用餐礼仪

幼儿教师在幼儿进餐过程中应教会幼儿掌握以下礼仪。

（1）小脚并拢，放在椅子前，身体紧靠饭桌，一手扶着碗，一手拿勺子，然后开始吃饭。

（2）饭菜搭配吃，一口饭一口菜，细嚼慢咽，不发出声音。

（3）吃饭时不说话，用小勺子轻轻舀轻轻刮，自己的饭菜吃光光，碗里桌面地面都干净。

（4）10分钟内安静吃，10分钟后有事小声说，但要牢记边吃边说不文明，还要牢记不吵人，文明进餐人人夸。

（5）节约粮食不剩饭，不挑食来样样吃。

（6）需要添饭菜时，举手请老师帮忙。

（7）饭菜吃完再喝汤，最后吃的是水果。

（8）吃饭时候有垃圾，轻轻放入垃圾盘。

（9）汤水打翻时，要及时避让，不弄脏衣服，快请抹布来帮忙，抹布用好放原处。

（10）自己的事情自己做，人人见了都夸好。

图6-9所示为某幼儿园幼儿有序排队取餐、文明进餐的画面。

图6-9　幼儿有序排队取餐、文明进餐

在幼儿进餐过程中，幼儿教师应做到以下几点，以培养幼儿进餐的良好习惯，如图6-10所示。

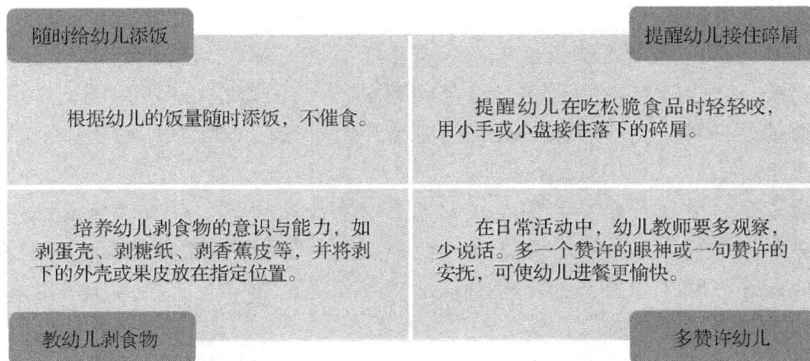

随时给幼儿添饭	提醒幼儿接住碎屑
根据幼儿的饭量随时添饭，不催食。	提醒幼儿在吃松脆食品时轻轻咬，用小手或小盘接住落下的碎屑。
培养幼儿剥食物的意识与能力，如剥蛋壳、剥糖纸、剥香蕉皮等，并将剥下的外壳或果皮放在指定位置。	在日常活动中，幼儿教师要多观察，少说话。多一个赞许的眼神或一句赞许的安抚，可使幼儿进餐更愉快。
教幼儿剥食物	多赞许幼儿

图6-10　培养幼儿进餐良好习惯的方法

（三）餐后礼仪

餐后，幼儿教师应教会幼儿掌握以下礼仪。

（1）用餐结束后，先站起身，再将椅子推入桌下，最后拿起盘子。

（2）手中有盘子，走路要小心，来到指定处，慢慢弯下身，勺子轻轻刮，餐盘垃圾入桶里，再将盘子叠整齐，勺子放一起。

（3）小杯子里放点水，含在嘴里扬起头，咕噜噜吐出来，餐后漱口牢牢记，牙虫不会找上门。

（4）小毛巾，手中拿，擦好嘴巴翻一面，然后认真擦擦脸，用过毛巾叠整齐，良好习惯人人爱。

进餐结束后，幼儿教师应安排一些轻松安静的活动，如室内游戏、散步。餐后是一个轻松自由的时间段，幼儿教师可以与个别幼儿谈谈话等，以了解幼儿、增进师幼感情。

二、稳定幼儿情绪

在幼儿用餐前，幼儿教师要培养幼儿安静进餐的良好习惯，稳定幼儿的情绪，防止幼儿因过度兴奋而影响食欲。

帮助幼儿稳定情绪，让幼儿在良好的情绪下进餐是餐前安静活动的主要目的。餐前尽量避免剧烈运动，可以进行一些安静的活动，使幼儿逐渐恢复平静。例如，欣赏故事《大公鸡和漏嘴巴》，可以使幼儿懂得吃饭时东张西望、注意力不集中，就会造成桌面、地面、身上不干净，进而养成专心吃饭的习惯。

又如，故事《小黄莺吃饭》能使幼儿形象地理解不吃饭就没有力气，飞也飞不动，歌声比蚊子的哼哼声还轻，从而了解食物对人体的作用。

幼儿教师也可以通过一些儿歌告诉幼儿一些用餐时的小礼仪，还可以在餐前让幼儿猜猜今天吃什么菜，向幼儿介绍今天要吃的食物及这些食物对身体的益处，让幼儿带着愉悦、期待的心情来用餐。

第三节　盥洗礼仪

引导案例

阳阳刚进幼儿园时，对很多事情还不习惯，如洗手。阳阳很喜欢吃零食，经常弄得手上都是食物残渣，而他从不主动洗手，所以他摸过的地方总是油腻腻的。老师一直想纠正他这个坏习惯。

这天户外活动时，阳阳在脚边发现了一条虫子，吓了一跳，急忙扑到老师怀里。老师看阳阳这么怕虫子，便说："阳阳知道什么是细菌吗？"阳阳说："不知道，细菌是什么？"老师说："细菌是一种小虫子，虽然我们肉眼看不到，但它就在我们的手上。而且手越脏，细菌就越多。"

阳阳赶紧看了看自己的手："啊？我的手上也有小虫子啊！"老师接着说："对啊，这就是我们勤洗手的原因。洗手能消灭细菌，不然吃食物的时候就会把细菌一起吃到肚子里。"阳阳听老师这么说，皱了皱眉头："那我以前吃了很多细菌。""所以阳阳以后一定要勤洗手，知道吗？"阳阳点了点头。

从那以后，阳阳每次吃食物前后都会自觉地去洗手，阳阳的手总是干干净净的。

盥洗是培养幼儿自我服务能力的有效途径。幼儿教师应让幼儿在掌握盥洗技能的基础上养成良好的盥洗习惯。幼儿盥洗的内容包括洗手、洗脸、如厕等。

在洗手、洗脸方面，幼儿教师应对幼儿进行指导以逐步培养其生活自理的能力：用正确的方法洗手、洗脸；洗手要认真，不玩水，不敷衍；节约用水；养成勤洗手的好习惯；记得清洗前额、眼角、鼻孔、口周、下巴等容易被遗忘的地方。

在如厕方面，幼儿教师应对幼儿进行的指导包括：帮助低龄幼儿养成良好的自主大小便的习惯；细心观察，及时提醒幼儿如厕，防止幼儿大小便时弄脏裤子；对能力较差和大小便弄脏裤子的幼儿应给予热心的关怀和帮助，不要大呼小叫，训斥幼儿，以免加重幼儿的心理负担。

一、培养幼儿盥洗礼仪

（一）洗手

幼儿洗手礼仪的口诀：洗小手，不拥挤；排好队，袖卷起；洗手时，擦香皂；洗完后，水关掉。

幼儿正确的洗手方法如下：挽起袖口（大约10厘米），稍微洗一下手，涂上香皂，然后按照"洗手7步法"（见图6-11）开始洗手，最后用流水冲洗干净双手，关好水龙头，擦干双手。

图6-11 洗手7步法

第1步：掌心相对，手指并拢相互搓擦。
第2步：手心对手背，沿指缝相互搓擦，交换进行。
第3步：掌心相对，沿指缝相互搓擦。
第4步：弯曲手指关节，双手手指相扣，相互搓擦。
第5步：一只手握另一只手大拇指旋转搓擦，交换进行。
第6步：将5个手指尖并拢在另一只手掌心上旋转搓擦，交换进行。
第7步：螺旋式擦洗手腕，交换进行。

幼儿教师可以将"洗手7步法"张贴在幼儿洗手区域的墙壁上，时常提醒幼儿正确的方法，以便幼儿养成正确的习惯。

（二）如厕

幼儿如厕礼仪的口诀：如厕前，先敲门；有人在，要等待；如厕后，要冲水；整好衣，把手洗。

幼儿如厕时应注意以下几点。

（1）敲门时，声音不宜过大。
（2）等待时，不要催促里面正在上厕所的幼儿。
（3）使用完厕所要及时冲刷。

（4）出厕所前，要将衣服整理好。

（5）合理使用卫生纸，注意节约。

二、合理设计与布置盥洗室

幼儿园应注意盥洗室的设计与布置，既要保证幼儿的安全，又要能够激发幼儿对盥洗的兴趣。

（一）色彩搭配

幼儿园盥洗室应色彩明亮，因为明亮的色彩有利于吸引幼儿在如厕后进行手部清洁。盥洗室可以以浅色系为主，如浅绿色、浅黄色，因为浅色系可以平缓幼儿的心情，减少危险事故的发生，对幼儿的身体健康十分有帮助。

幼儿教师要注意保持地面清洁干爽，以防幼儿滑倒；还要指导幼儿有序洗手，以免出现冲撞、推搡等情况。

（二）墙饰搭配

幼儿园盥洗室可以增加墙饰的搭配，以富有童趣的可爱动植物形象或指导幼儿盥洗等图画为主。这样既能激发幼儿对盥洗室的兴趣，又能让幼儿按照正确的盥洗方法进行亲身实践，引导幼儿正确洗手、如厕，如图6-12所示。

图6-12　幼儿园盥洗室墙饰搭配

幼儿教师要教育幼儿节约用水。为了避免幼儿浪费水，幼儿园也可以用一些宣传图片和广告标语来引导幼儿正确盥洗。

幼儿园盥洗室的设计与布置除了要保证幼儿使用方便外，还要保证幼儿使用安全。在选取材料时，幼儿园应选取环保、健康的材料，这样有利于创设安全、健康的环境。

第四节　教育活动礼仪

引导案例

凡凡是一个特别调皮的幼儿，爱说话，爱打闹，上课时总是爱搞小动作，一会儿跟小朋友说话，一会儿玩自己的玩具。户外活动时，他总是又跑又跳，横冲直撞，经常把别的小朋友撞倒，以致告状的小朋友接连不断。

在开展教育活动时，张老师经常会因为凡凡的调皮捣蛋而不得不中止活动。为此，他经常教育凡凡："凡凡，上课要认真听讲，不要玩玩具""凡凡，你怎么又把小朋友撞倒了，不要在教室里乱跑""凡凡，不要推小朋友"……可是每次被教育完的凡凡只能安静一会儿，接着又开始调皮捣蛋。张老师实在太生气了，就当着全班幼儿的面大声训斥凡凡。为此，张老师受到了园长的批评。

幼儿教育的任务是通过具体的教育活动来完成的，因此科学组织教育活动、提高幼儿一日活动质量是促进幼儿全面发展的重要手段和途径。幼儿教师应做好教育活动的常规工作，教育幼儿遵守教育活动规则。

一、培养幼儿教育活动礼仪

幼儿教育活动礼仪可以总结为 4 句口诀：学习时，要坐好；认真听，勤思考；要提问，手举起；回答时，字清晰。

幼儿教师要在教育活动中让幼儿学习以下礼仪。

（1）坐立姿势要正确，幼儿正确坐姿如图 6-13 所示，正确立姿如图 6-14 所示。

图 6-13　幼儿正确坐姿

图 6-14　幼儿正确立姿

（2）认真倾听，不要随便打断老师的说话和同伴的发言。

（3）有事请举手，经允许后再发言，如图 6-15 所示。

图 6-15　幼儿举手姿势

（4）回答问题声音响亮，速度适中。

（5）遵守活动规则，学会商量和尊重别人的意见。

（6）观看同伴的表演时，能够保持安静，遵守秩序。

（7）教育活动结束后，向老师道谢。

二、教育活动环节幼儿教师礼仪

幼儿教师在教育活动中要遵守以下礼仪。

（一）精心准备，激发兴趣

幼儿教师要准备教育活动所需的教具，创设良好的学习环境，引导幼儿运用各种感官积极参与教育活动。

（二）仪表端庄，仪态优雅

幼儿教师要根据教学主题选择合适的服装；坐、立、行、蹲要符合礼仪规范，努力做到仪表端庄、仪态优雅；指导幼儿遵守礼仪规范；培养幼儿诚实勇敢、团结友爱、不怕困难、活泼开朗的品性，以及讲礼貌、守纪律的良好习惯。

（三）情绪饱满，亲切自然

幼儿教师的表情要亲切，动作要轻柔，目光要有神且充满爱；要展现出饱满的情绪，引领幼儿积极参与教育活动；要恰当运用情态语言、手势语言、空间语言等各种体态语，做好教育活动的组织与安排；对于个别捣乱的幼儿，切勿指责，可以使用目光语进行提醒；要借助体态语直观、形象地讲解内容，表达丰富的教学情感，把科学知识和品德教育有机地结合在一起。

（四）语言简练，生动形象

幼儿教师要讲标准普通话，用浅显易懂、直观形象的语言向幼儿讲述知识、说明道理；要认真倾听幼儿的发言，并及时给予肯定；对幼儿的感谢要及时表达，如"谢谢××小朋友"；对幼儿的点滴进步要充满爱心地给予充分赞扬，如"你们表现得真棒"；切勿直呼幼儿的乳名或随意贬低幼儿，如"你怎么这么笨！别人都会，就你不会"。

第五节 睡眠礼仪

引导案例

吴老师今天早上被园长批评了，因为昨天幼儿午睡时，吴老师也睡着了。由于吴老师没有及时检查幼儿的睡眠情况，还忘记了关窗户，有个孩子着凉了。

昨天着凉的孩子由于流鼻涕，午睡时睡不着，便一直和旁边的孩子说话，也打扰了其他孩子的午睡。吴老师严厉地批评了他，还罚他去教室里读书，结果孩子在教室里睡着了。由于教室里的窗户没关，孩子晚上感冒发热了。

家长知道情况后非常生气，就去找园长说明情况。于是园长督促吴老师进行改正，防止类似情况再次发生。

睡眠不但能缓解疲劳，使身体的各个部位得到充分的休息，而且能促进身体分泌有利于促进生长发育和合成代谢的生长激素。幼儿教师要抓住睡眠这一环节，对幼儿进行教育，让幼儿养成良好的生活习惯。同时，幼儿教师要严格遵守睡眠环节的礼仪规范，保证幼儿的睡眠质量。

一、培养幼儿睡眠礼仪

睡眠环节在幼儿一日活动中非常重要，幼儿教师要注意培养幼儿良好的睡眠礼仪。

（一）穿脱衣服

幼儿穿脱衣服的礼仪口诀如图 6-16 所示。

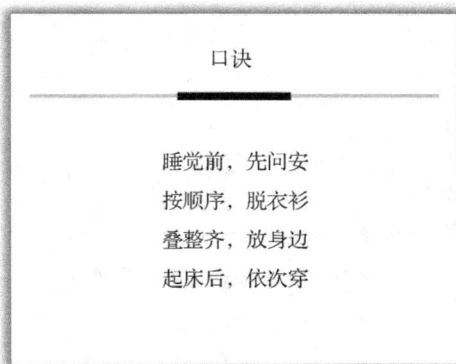

口诀

睡觉前，先问安

按顺序，脱衣衫

叠整齐，放身边

起床后，依次穿

图 6-16　幼儿穿脱衣服的礼仪口诀

在穿脱衣服环节，幼儿教师应注意让幼儿遵守以下礼仪。

（1）乐行午安礼；

（2）学会脱衣服；

（3）学会叠衣服；

（4）学会穿衣服。

（二）睡觉

幼儿睡觉的礼仪口诀如图 6-17 所示。

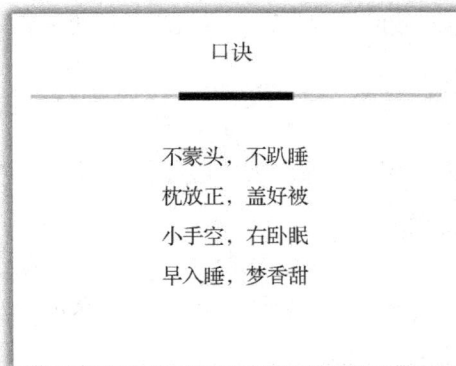

口诀

不蒙头，不趴睡

枕放正，盖好被

小手空，右卧眠

早入睡，梦香甜

图 6-17　幼儿睡觉的礼仪口诀

在幼儿睡觉时，幼儿教师应注意以下几点。

（1）看护幼儿安静入睡；

（2）纠正幼儿不良睡姿；

（3）注意观察，悉心照顾。

（三）起床

幼儿起床的礼仪口诀如图 6-18 所示。

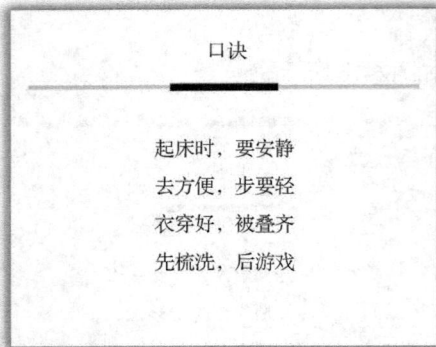

口诀

起床时，要安静

去方便，步要轻

衣穿好，被叠齐

先梳洗，后游戏

图 6-18　幼儿起床的礼仪口诀

在幼儿起床时，幼儿教师应让幼儿做到以下几点。

（1）按时起床，精神愉快；

（2）有序盥洗；

（3）培养良好的生活习惯；

（4）乐行午安礼。

二、幼儿教师睡眠环节礼仪

幼儿教师在幼儿园一日活动的睡眠环节中应遵守以下要求。

（一）精心布置，尽职尽责

在幼儿睡眠环节，幼儿教师应尽职尽责，保证幼儿的睡眠质量。具体来说，幼儿教师应做到以下几点。

（1）保持幼儿睡眠室内空气新鲜。夏天要开窗睡觉，但要避免风直吹幼儿的头部；冬天在幼儿入睡前要开窗通风换气。

（2）保持幼儿床上用品整齐、洁净，厚薄适宜。

（3）教育幼儿不要把玩具和其他东西带到睡眠室。

（4）提醒幼儿进入睡眠室后要保持安静，立即上床睡觉，不在室内随便走动或说话。

（二）认真观察，耐心看护

幼儿教师应为幼儿盖好被子；仔细观察睡眠不安稳的幼儿，发现幼儿身体不适时要及时带其就医；耐心看护入睡较晚的幼儿，以免其影响其他幼儿；不要讥笑尿床的幼儿，而要细心帮助幼儿更换衣物。

（三）悉心指导，亲切关爱

在幼儿睡眠前，幼儿教师要组织幼儿盥洗；指导幼儿正确穿脱衣服，整理床铺；发现幼儿不良睡姿后应及时纠正；创设温馨愉快的氛围，主动与幼儿行午安礼。

第六节 离园礼仪

引导案例

　　快放学了，幼儿园中一班的赵老师对小朋友们说："大家现在有要上厕所的，喝水的，赶紧去，回来后穿好自己的衣服。"话刚说完，教室里就沸腾了起来，二十几个小朋友挤着去上厕所、喝水、拿衣服，还有几个小朋友在角落里玩。赵老师催了好几遍，他们才回到自己的座位。

　　赵老师说："大家坐好，等着家长来接你们。"可是没一会儿就有小朋友坐不住了，与旁边的小朋友玩闹起来，有的甚至离开了自己的座位。赵老师不断提醒小朋友们保持安静，可是没人理会她。

　　到了离园时间，家长来接幼儿时，整个教室更乱了，小朋友们都跑到门口找自己的家长。有的小朋友看到家长来了，直接喊一声"老师再见"，就跑了出去；有的小朋友一直堵在门口，焦急地等着自己的家长；有的小朋友还在追逐打闹……

　　赵老师只能在一旁大声喊："××小朋友，请你回到座位上去！××小朋友不要跑！……"

　　小朋友们终于都被接走了，教室安静了下来，赵老师也松了一口气。

　　赵老师觉得幼儿离园太乱了，没有秩序，于是向园长提了建议。

　　离园是幼儿一日活动的结束环节，是幼儿教师对幼儿进行礼貌教育和开展家长工作的好时机。幼儿教师应做好常规的准备工作，培养幼儿文明的离园礼仪，并亲手把幼儿交给家长，力求让家长满意，保证幼儿愉快离园。

一、幼儿离园时幼儿教师的工作任务

　　在幼儿离园时，幼儿教师应完成以下任务。

（1）组织幼儿整理活动室和个人用品。

（2）打扫室内外卫生并消毒。

（3）认真检查教室的门、窗、水、电是否关闭。

（4）培养幼儿清洁环境、物归原处的习惯。

（5）教导幼儿学会收拾个人用品，检查自己的仪容是否整洁。

（6）教育幼儿主动向家长问好，与教师、同学礼貌道别。

　　幼儿教师应注重培养幼儿的离园礼仪，维护好离园秩序。在幼儿离园时，幼儿教师要注意以下事项。

（1）与幼儿进行总结性谈话，表扬幼儿在一日活动中的突出表现并进行鼓励，使幼儿愉快地离园。

（2）帮助幼儿穿衣，整理仪表，提醒幼儿带好回家物品。

（3）不要批评幼儿；不要随便发小贴画；整理好幼儿衣物；轻轻拥抱幼儿并和幼儿说"再见"。

二、培养幼儿离园礼仪

　　幼儿离园的礼仪口诀如图 6-19 所示。

口诀

离园时，互道别
先教师，后同学
见家长，问声好
抱一抱，更乖巧

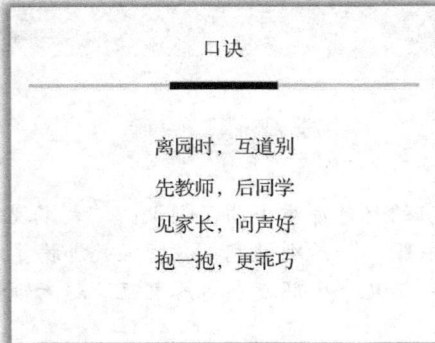

图 6-19　幼儿离园礼仪口诀

三、与家长完成对接

在幼儿离园时，幼儿教师对家长要主动热情、耐心接待；与家长进行简单交谈，介绍幼儿的在园情况，以取得家长的配合，共同教育幼儿。即使家长来晚了，幼儿教师也不能态度冷漠、对家长横加指责，要耐心听取家长的解释并宽容地予以理解。对于没有被按时接走的幼儿，幼儿教师要做好必要的组织工作，使幼儿保持愉快的情绪。幼儿教师需要离园时，一定要亲手将幼儿交给值班教师，做到尽职尽责，保证幼儿的安全。

思考与练习

1. 如何培养幼儿的入园礼仪？
2. 在教育活动中，幼儿教师应注意哪些礼仪规范？
3. 幼儿离园时，幼儿教师应完成哪些任务？

拓展训练

1. 奶奶来送悠悠上幼儿园，但悠悠不让奶奶走，一直不停地哭闹。你如何劝说悠悠？
2. 沫沫每次洗手都玩水，弄得盥洗室到处都是水。你如何改正沫沫的不良习惯？

07

第七章

家园共育礼仪

学习目标

➢ 了解家长会的类型、流程与准备工作。
➢ 掌握家长会主持礼仪
➢ 掌握家长会沟通礼仪。
➢ 掌握接待家长的礼仪。
➢ 掌握登门家访与电话家访的礼仪。
➢ 掌握与家长沟通的技巧。
➢ 学习沟通的艺术，培养自身人际沟通能力。
➢ 学会换位思考，培养多角度、全面考虑问题的能力。

幼儿教育是幼儿园与家庭共同的责任。幼儿园与家庭对于幼儿的发展犹如一车两轮，必须同步进行，才能更好地促进幼儿发展。家长会和家访是幼儿教师与家长沟通的重要途径，在家园共育中具有重要作用。幼儿教师要想与家长顺畅地沟通，就必须养成家园共育的文明礼仪行为。

第一节 家长会礼仪

引导案例

传统的家长会模式常以教师为主导，家长只是作为听众参与其中，这样的家长会很难吸引家长的兴趣。幼儿园的张老师意识到这一点后，一改往常模式，主持召开了"听听家长夸孩子"的主题家长会。

家长会当天，张老师穿着一件淡黄色的连衣裙，梳着整齐的马尾辫，还化了淡妆，给人优雅大方、精力充沛的感觉。

张老师微笑着跟家长说："今天，我们的主要任务是夸赞我们的孩子。我来带个头，班里的朵朵，看到老师蹲着照顾生病的小朋友，便给老师拿来了小椅子，让老师坐；还有亮亮，看到老师头上出汗了，便拿来纸巾，给老师擦一擦……"

见状，家长们一个接一个地说起了自己孩子的优点。

"我家小杰有个好习惯，每次用完东西都会放回原来的地方，不到处乱扔。"

"我家娜娜特别爱干净，勤洗手、勤洗脚，指甲也剪得干干净净，头发也是自己梳。"

"我家阳阳很孝顺，有好吃的东西一定要先给爷爷奶奶吃。"

……

张老师看到被爸妈夸奖的孩子都会抿嘴一笑，眼里闪烁着自豪的光芒。

张老师说："父母是孩子的第一任老师，每个孩子都有值得夸赞的地方，我们只要关注细节，就能给予孩子更多的自信。"

家长会结束后，有些家长主动找张老师询问自家孩子的情况，张老师都热情地与其进行了沟通与交流。这次别出心裁的家长会受到了家长们的一致好评与认可。

家长会是幼儿教师和家长增进认识和理解，沟通幼儿在园内和在家的表现，共同探究正确的教育方法的有效途径。家长会是一项集体活动，涉及家长、幼儿、幼儿教师。要想赢得家长的认同和支持，幼儿教师就需要展现自己良好的礼仪风范。

一、家长会的类型与流程

家长会是一种传统的家园共育方式。家长会的内容一般包括：幼儿教师向家长介绍幼儿园在本学期或某一阶段的教育任务，汇报幼儿园教育工作的进展，与家长共同探讨本园、本班教育中存在的普遍性问题等。

幼儿教师要正确认识家长会，明确召开家长会的目的。幼儿教师通过家长会与家长沟通的目的是实现家园共育，形成教育合力。幼儿教师与家长实现同步教育，能够提高幼儿的素质、发现幼儿的潜力、促进幼儿不断发展。通过召开家长会，幼儿教师还可以锻炼自身表达能力、沟通能力及应变能力，做好与不同家长进行沟通交流的工作。通过与幼儿教师的交流，家长更容易建立与幼儿教师的信任关系，更全面、客观地了解幼儿。

家长会具有效率高、面对面、集体化的特点，按内容形式可以分为如表 7-1 所示的 4 种类型。

表 7-1 家长会的 4 种类型

类型	说明
交流型	家长不仅可以与幼儿教师进行交流，还可以与其他家长交流在幼儿教育中遇到的问题与困惑等
展示型	通过展示幼儿的生活与学习表现，让家长多方面了解幼儿园的办学理念与特色，加强家长对幼儿园、幼儿教师、幼儿的了解，主动配合幼儿园的教育工作
专题型	请专家等针对幼儿教育中出现的某些共性问题举办讲座，并当场回答与探讨家长提出的问题
亲子型	邀请家长同幼儿共同参与活动或表演节目，亲子共乐，增进家长与幼儿的亲密关系

幼儿教师只有了解并熟悉家长会的流程，才能更好地展现自身的礼仪形象。家长会的一般流程如下。

（1）幼儿教师迎接幼儿家长。

（2）幼儿教师做自我介绍，介绍其他教师、本班幼儿家长代表。

（3）幼儿教师简要说明本次家长会的主题及主要内容。

（4）幼儿教师做本学期（某一阶段）本班现况分析，包括幼儿发展现状、幼儿年龄段特点、本班幼儿的特点（具体说出每一名幼儿的典型特征和表现）、教育教学活动现状。

（5）幼儿教师简要说明本学期（某一阶段）的教育活动安排。

（6）幼儿教师简要说明本学期（某一阶段）班级的主要活动及家长配合情况。

（7）围绕某一个主题或家长困惑，幼儿教师讲授育儿知识，或者通过视频、专家讲座等形式组织家长展开交流与讨论。

（8）会后，幼儿教师与个别家长交流幼儿情况。

（9）幼儿教师请家长对幼儿园工作提建议，对与会家长表示感谢。

家长会应有一个中心议题，以有效解决某个问题，不能大事小事不分主次。一味追求面面俱到，到最后可能什么问题也解决不了。

二、家长会的准备工作

家长会是家园联系的重要平台。想让家长发挥应有的作用，幼儿教师应当在从组织筹备到环境布置，从会议招待到互动交流的每一个细微之处都对家长以礼相待，用尊重赢得家长的支持与配合。

在召开家长会之前，幼儿教师应做好以下准备。

（1）提前一周左右开始做通知工作，确保通知到每位家长。

（2）提前两天统计好要来参加家长会的家长名单，以准备相关事宜。

（3）提前准备好家长会上交流的内容，并将内容及时发送到家长手中。

（4）认真布置教室环境，做好教室卫生；黑板上写上欢迎词，营造良好的家长会氛围。

（5）准备 PPT，介绍幼儿园工作及前期开展的一些活动，供家长观看。

另外，幼儿教师要提前做好心理准备，认真思考如何介绍幼儿园、班级、幼儿的学习情况及日常表现，以及需要家长配合解决的问题等；对家长可能提出的问题要有一定的思想准备，以便在家长会上应付自如。

做好会议的前期准备是非常重要的，可以体现出幼儿教师对家长的尊重，使家长会生动、活泼、富有成效。

三、家长会主持礼仪

幼儿教师主持家长会时，应注意以下礼仪。

（一）热情接待，主动问候

家长来园后，幼儿教师应起身相迎，热情接待，主动问候并做简短的交流，然后为其指引座位。幼儿教师要平等对待每一位家长，切忌因家长的工作性质、职位等不同而区别对待。

（二）严格遵守会议时间

幼儿教师应严格遵守事先规定的时间，按时开始按时结束。如果幼儿教师在家长会中拖拖拉拉，延迟了家长会的结束时间，可能会给家长带来种种麻烦和不便，甚至引起家长的反感。

（三）妆容自然，服饰得体

幼儿教师应注意个人仪表、仪容修饰，可以化淡妆，确保妆容自然，看上去精力充沛、情绪饱满。幼儿教师的服饰要整洁得体、搭配合理，切忌穿奇装异服。

（四）仪态端庄，举止文明

在家长会上，幼儿教师要做到仪态端庄、举止文明，不能有接打手机、随地吐痰等行为。幼儿教师要表现得既有涵养又有亲和力，从而赢得家长的好感与信任。

（五）主题明确，注重价值

幼儿教师要明确召开家长会的主题与目的，提高与家长的沟通效率，达到共同教育幼儿、促进幼儿健康成长的目的，赋予家长会深远而重大的意义。切忌把家长会变成任务摊派的会议。利用家长会"号召"家长帮忙完成班级任务，如帮助解决班级运动会、舞蹈比赛等需要的服装道具，就有可能引起家长的不满，甚至让家长质疑幼儿园。

（六）会议结束，礼貌道别

家长会结束后，幼儿教师要礼貌地与家长告别，感谢他们抽出时间来参加家长会，感谢他们对幼儿园工作的支持。这样的方式不仅完美地展示了幼儿教师的礼仪，可以让幼儿从中受到良好的礼仪训练和熏陶，还能让家长感受到班级的温馨，使其更愿意与幼儿教师合作，从而共同形成强大的教育力量。

四、家长会沟通礼仪

幼儿教师在家长会上要遵守与家长的沟通礼仪。家长会沟通礼仪主要体现在以下几个方面。

（一）客观全面，实事求是

在家长会上，幼儿教师对幼儿的评价要客观、全面，既要肯定幼儿的优点与进步，也要真诚地指出其不足之处。幼儿教师应遵循"先报喜后报忧"的原则，注意维护家长与幼儿的自尊心，考虑幼儿的健康成长，切忌把家长会变成批评会。

幼儿教师要从正面赞扬入手，在家长会上表扬、鼓励幼儿的优秀行为，在会后与个别家长交流沟通其孩子们的缺点及不足。幼儿教师应创造同喜同忧、和谐融洽的谈话氛围，争取获得家长的配合，顺利完成既定的教育任务。

（二）平等交谈，友好协商

幼儿教师要明确自己与家长的关系是一种平等的教育伙伴关系，所以要以平等的身份与家长进行交流。在家长会上，幼儿教师要留出充裕的时间让家长各抒己见、畅所欲言，切忌把家长会变成自己的"一言堂"。幼儿教师要尊重家长，在家长面前保持亲切、自然，认真倾听家长提出的意见与建议。

（三）态度端正，注重情感

在与家长沟通的过程中，幼儿教师要态度端正、谦和诚恳，既要严谨认真，又要富于情感；要表达出对幼儿的用心，体现出对家长的诚心，表现出对幼儿教育的信心与决心；要注重情感表达，搭建起与家长沟通的桥梁。

（四）讲究效率，重视反馈

幼儿教师要掌控好家长会的时间，讲究沟通效率。家长会的目的要明确，中心要突出，安排要紧凑，避免安排一些空洞、无意义的内容。在家长发言时，幼儿教师要善于引导，让家长觉得有所收获。幼儿教师应重视家长提出的意见与建议，将收集到的信息及时进行整理与分析，在班级群中公布，或者单独反馈给家长，感谢家长献计献策。

五、接待家长礼仪

在家长会结束后，幼儿教师接待个别家长是常有的事。对这些家长的接待工作，能直接关系到对幼儿的教育，所以不可忽视。接待家长的礼仪如下。

（一）针对不同个性的家长，采取不同措施

每一位家长都有自己的个性：有的家长率直开朗，有的家长沉默寡言；有的家长爱面子，有的家长好较真；有的家长细心谨慎，有的家长不拘小节。个性并不是缺点，幼儿教师要了解这些个性，顺应这些个性。幼儿教师要根据不同家长的不同个性，采取不同的应对措施，包括交谈方式等，以使接待具有个性化，沟通具有针对性。

（二）选择合适的交谈场合

接待个别家长一般不选在办公室。因为在办公室接待家长，一是容易打扰其他幼儿教师的工作，二是容易影响交谈的效果。幼儿园一般设有专门的接待室，幼儿教师与家长可以选择在接待室中交谈。有时，为了调节交谈的气氛，在安静的室外也是一种不错的选择。

（三）与家长进行思想交流

幼儿教师与家长的交谈重点一般是幼儿的表现，在此可以有一些突破，例如，幼儿教师与家长可以聊聊家常、谈谈思想，甚至可以海阔天空，无所不谈。这样有利于增进幼儿教师与家长的互相了解，也有利于相互促进。一般相互了解之后，相互配合也就容易得多。在思想交流上，幼儿教师应积极主动，跳出自我思想禁锢。幼儿教师的思想越包容，就越受家长的欢迎，就越容易获得家长的信任，从而在工作上得到家长的大力配合。

（四）尊重家长的看法

幼儿教师与家长之间是完全平等的。在接待家长时，幼儿教师要学会平等协商，不可武断，也不可自己说了算，更不能责备或训斥家长。说话要留有余地，充分征求家长的意见。在具体问题上持有不同看法时，幼儿教师要尊重家长的看法。即使家长的看法有失客观，也要有耐心倾听。

幼儿教师要有良好的气质和修养，气质多体现在一个人的文化和才气上，而修养更多地表现在交往礼仪中。总之，幼儿教师的一言一行都蕴含着教育的力量。幼儿教师要想让别人尊重自己，首先要提高自身的素质与修养。只有这样，才能做到言传身教、为人师表。

第二节　家访礼仪

引导案例

毛毛平时在幼儿园比较调皮，中午和小朋友踢球时，不小心撞倒了其他班的小朋友，还将球踢进了教师的办公室，砸坏了办公室的玻璃。姜老师非常生气，放学后，没有和毛毛的家长打招呼就直接去了毛毛家里，直截了当地向毛毛的爸爸描述了毛毛今天犯的错，还将毛毛以往不听话的地方一一列举了出来，并批评毛毛的爸爸管教不严。毛毛的爸爸非常尴尬，当着姜老师的面把毛毛打了一顿。

然而，这次家访并没有带来好的结果。毛毛以前只是偶尔犯错，现在几乎每天都会惹点事，好像故意在跟姜老师作对。

定期家访是幼儿教师必不可少的工作。通过家访，幼儿教师可以与家长面对面地就幼儿的教育问题进行较为充分的交流，以得到家长的配合和支持。在家访时，幼儿教师只有掌握一定的方法和技巧，严格遵守家访礼仪，才能收到事半功倍的效果，不然可能会弄巧成拙。

一、家访的特点、内容与程序

家访是幼儿教师走进幼儿家庭，对幼儿、幼儿家长进行的一种访问，也是对幼儿教育工作的重要补充。它是幼儿教师关爱幼儿的一种表现，也是幼儿教师与家长交换意见的一种途径。幼儿教师在家访时应遵循"平等交流、说听结合、从正面入手、表达通俗明了"的原则。

为了使家访达到良好的效果，幼儿教师应了解家访的特点、内容与程序，掌握不同形式家访的礼仪规范。

（一）家访的特点

幼儿教师家访的特点主要体现在以下几个方面。

1. 对象的多样性

每一个幼儿家庭的情况都不一样，家长的性格也各不相同，幼儿教师家访的对象具有多样性的特点。

2. 地点的多样性

由于家访的重点是和家长沟通孩子的情况，家访可以在幼儿家中进行，也可以在电话里进行，所以幼儿教师的沟通方式、沟通用语应有所调整，同时要留意家长的谈话风格。

3. 谈话中心的特殊性

幼儿教师与幼儿家长谈话的中心是幼儿，谈话内容应围绕幼儿而展开，不能偏离幼儿。

（二）家访的内容

幼儿教师进行家访时，必须明确家访的话题，围绕核心话题展开对话，以达到预期的目的，收到良好的效果。

幼儿教师家访的内容主要包括以下几个方面。

1. 对幼儿进行综合性评价

幼儿教师对幼儿的综合评价要简洁。对于发展水平较低的幼儿，幼儿教师要提出其努力的主要方向；对于发展水平较高的幼儿，幼儿教师要提出更高的要求，并鼓励其学会关注周围的同伴，起到榜样的作用。

幼儿教师讲述幼儿在园的具体表现时，应重点讲述幼儿的自理能力、学习品质、游戏中表现出来的创造力、与同伴相处的方式、运动时的状态、面对挑战和失败时的反应等。这些内容往往是家长比较感兴趣的，幼儿教师可以结合实例讲得具体些，也可以选取印象深刻的几个典型事例加以说明。

2. 倾听家长讲述幼儿在家的情况

幼儿教师认真倾听家长讲述幼儿在家的表现时，应重点倾听幼儿在家的自我服务能力、游戏状态、学习的积极性和主动性、与家人和陌生人沟通时的表现等。通过收集这类信息，幼儿教师可以更加全面地了解幼儿。

在话题即将结束时，了解下家长对幼儿园教育特色的建议及对幼儿成长中的要求，能够帮助幼儿教师进一步明确下学期的工作思路。

3. 沟通感情，达成家园共育的目的

幼儿教师与家长沟通时应多注重引导和情感沟通，可以列举一些以往带班过程中的正面的家庭教育事例来启发家长，注意对事不对人，保护家长的自尊心和积极性。这也要求幼儿教师在平时多阅读一些优秀图书。

幼儿教师要努力创新家访的形式和内容，解决家长关注的问题，争取家长的积极配合，达成家园共育的目的，赋予家访真正的意义，避免家访"走形式"。

（三）家访的基本程序

幼儿教师家访的基本程序如图7-1所示。

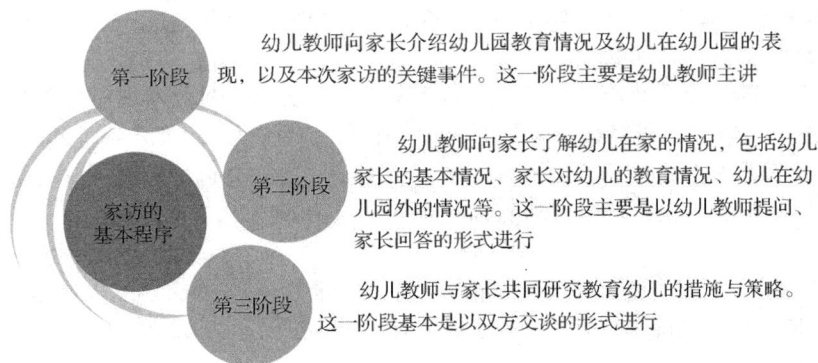

图7-1　幼儿教师家访的基本程序

第一阶段　幼儿教师向家长介绍幼儿园教育情况及幼儿在幼儿园的表现，以及本次家访的关键事件。这一阶段主要是幼儿教师主讲

第二阶段　幼儿教师向家长了解幼儿在家的情况，包括幼儿家长的基本情况、家长对幼儿的教育情况、幼儿在幼儿园外的情况等。这一阶段主要是以幼儿教师提问、家长回答的形式进行

第三阶段　幼儿教师与家长共同研究教育幼儿的措施与策略。这一阶段基本是以双方交谈的形式进行

微课

家访礼仪

二、登门家访礼仪

幼儿教师登门家访时，需要注意以下礼仪。

（一）选好时机，预约家访

幼儿教师登门家访的时间要恰当，最好是家长空闲的时间，如幼儿放学后或双休日（时间太早或太晚都不合适，要避开午休、用餐时间）。对于登门家访，幼儿教师要与家长预约，不告而访是非常失礼的行为。另外，幼儿教师预约家访应采用商量的方式，同时告诉家长家访的目的，让家长有一定的思想准备。

登门家访时，幼儿教师应按约定的时间到达，不宜过早到达或迟到。守时守约也是一种尊重家长的表现。若遇紧急事情不能准时赴约，幼儿教师要设法、及时告知家长并致歉，以免家长久候。

（二）目的明确，及时家访

幼儿教师每次家访的目的都要明确、具体，是因为幼儿存在某方面的缺点而想了解家庭方面的原因，还是因为幼儿具有某方面的特长，希望得到家长的支持，抑或是因为家长忽略了某方面的教育而使幼儿存在某方面的不足，建议家长采取相应的措施等。

在教育活动中，幼儿教师必须及时发现问题，及时与家长联系，及时解决问题。家访必须从关心和教育幼儿出发，并不是向家长"告状"，更不是让家长来惩治幼儿。

（三）服装整洁，举止得体

幼儿教师登门家访时的着装要整洁，服装整洁也是一种尊重家长的表现。到达幼儿家时，幼儿教师应轻声敲门或按门铃，切忌不打招呼擅自闯入。进门后，幼儿教师应礼貌地询问家长是否需要换鞋。幼儿教师要主动和屋内所有人打招呼，落座时要说"谢谢"，坐姿要正确。家长敬茶时，幼儿教师要欠身双手接过并致谢。除非家长主动邀请参观，幼儿教师不要四处走动，但可以要求看看幼儿的房间以示关心。

幼儿教师的家访时间不宜过长。在双方都坐好后，幼儿教师要尽快进入主题，不能东拉西扯浪费时间，达到家访目的后应立即告辞。

（四）用语合理，避免责难

在谈话过程中，幼儿教师要注意以下几点。

（1）家访刚开始时，可以与家长寒暄一下，如夸奖家长的房间布置、养的花草等。无论幼儿家境如何，幼儿教师都要表现得平和、自然。

（2）对幼儿应多表扬，少批评。哪怕本次家访确实是因为幼儿犯了错误要与家长沟通，幼儿教师也要先找出幼儿的一些闪光点进行铺垫。

（3）要向幼儿及家长渗透"孩子无论聪明与否，在教师眼中都是可爱的孩子；父母无论地位高低，在教师面前都是孩子的家长"的理念。

例如，一位幼儿教师初访某幼儿家庭时，见客厅里有两位男士。她凭与孩子容貌的相似程度，向其中一位说道："您好，我是涛涛的幼儿园老师。如果没猜错的话，您是涛涛的父亲吧？"对方点头称是。另一位男士指着孩子的父亲插言道："他还是我们公司的董事长。"幼儿老师微微一笑，答道："关于这一点，我已经从入园登记表里有所了解。不过，我这次来可是找孩子父亲的。"

幼儿教师巧妙的回答，把自己置于与家长平等的地位上，体现了自己面对家长时不卑不亢的态度，这既能明确家长的责任，又能赢得家长的敬意。在对幼儿的教育上，幼儿教师与家长是平等的合作伙伴关系。

（4）最好让幼儿在场。幼儿教师如果需要单独与家长交流，可以预先告诉家长，让家长提前创造幼儿不在场的环境。在家访过程中，强行让幼儿回到自己的房间，是一种对幼儿不尊重的行为。

（5）如果与家长有了分歧，即便家长的态度变得不好，幼儿教师也要始终使用礼貌用语，千万不能与家长斗气，更不能对幼儿发脾气，可另找机会与家长再次沟通。

三、电话家访礼仪

电话家访礼仪，即幼儿教师与家长通过电话进行家访时需要注意的礼仪。

（一）通话前的礼仪

拨打电话前，幼儿教师要注意以下两点。

1. 选择合适的通话时间

幼儿教师给家长拨打电话时，应选择电话接听效率高的时间。休息时间（晚上 10 点之后和早上 8 点之前）尽量不要给家长打电话；在进餐时间尽量不要给家长打电话；节假日一般也不要给家长打电话。确有急事必须在这些时间段打电话时，也要先和家长说一句"抱歉，事情紧急，打扰您了"。

2. 做好通话准备

幼儿教师在拨打电话前，要对本次电话家访所要了解的情况做到心中有数，必要时可以列一个提纲，以免拨通之后出现语言啰唆、词不达意、遗忘要点等情况；同时，可以备好纸笔，以便随时记下通话要点。

（二）通话中的礼仪

在家长接通电话后，幼儿教师要先自报家门，可以这样说："您好，我是××的班主任×老师，请问您是××的爸爸（妈妈）吗？"开口就问"你是××的家长吗"，是一种缺少涵养的表现。

幼儿教师要考虑家长是否方便在电话中长谈，应在征得对方的同意后再进行交流。在通话过程中，幼儿教师要注意以下几点。

（1）环境不能太吵。如果是在课间休息时拨打电话，教室里可能会很吵，尽量找个安静的角落。

（2）不要强制幼儿保持安静，这样会打扰幼儿的正常游戏和休息。

（3）如果有紧急电话打进来，而与家长的谈话几分钟内又不能结束，此时要和家长说"对不起，请您稍候，我先接个电话""我有个紧急电话要接，请您先挂机，我一会儿再打给您"。

（三）通话结束时的礼仪

结束电话交谈，一般应由拨打电话的一方提出，然后双方客气地道别，互道"再见"。幼儿教师不能讲完自己想表达的内容后，就直接挂断电话。

第三节 与家长沟通礼仪

引导案例

快到儿童节了，程老师带着班里的小朋友进行舞蹈排练。妍妍前段时间扭了脚，程老师考虑到她的脚不方便，于是让她坐在旁边观看。

这一天，妍妍妈妈来幼儿园找程老师。来到办公室门前，妍妍妈妈说："程老师，我可以进来和你谈谈吗？"程老师一边微笑着用手示意妍妍妈妈坐下，一边说："欢迎！请坐这儿吧。"

妍妍妈妈问："很忙，是吗？"

程老师一边给妍妍妈妈倒茶，一边说："还可以，您有什么事？"

妍妍妈妈问："咱们班是不是除了妍妍外，其他小朋友都参加了舞蹈排练？"

程老师答道："是的。"

妍妍妈妈责问："那为什么就不让我家妍妍跳舞？她跟我说，每次跳舞时，你都让她坐在旁边看。"

程老师说："那是因为最近她的脚不方便，我非常担心她会再次受伤，所以这几天没让她跳舞。"

妍妍妈妈说："她特别喜欢跳舞，每天回家都嚷着要跳给我们看，她爸爸看她对跳舞这么感兴趣，还特意买了一面大镜子。"

程老师说："妍妍这么喜欢跳舞，真让人高兴。她的脚好了以后，我会安排她和其他小朋友一起排练，说不定她还能当领舞呢！"

妍妍妈妈说："谢谢程老师对孩子的关照！"

程老师说："您客气了。妍妍妈妈，咱们一切都是为了孩子。"

幼儿教师与家长的沟通效果在很大程度上取决于幼儿教师的沟通技能。对于同一件事，不同的幼儿教师采取不同的沟通方法会取得不同的沟通效果。幼儿教师要多思考，多研究，把每一次与家长的沟通都作为一项工作来认真对待。

微课

与家长沟通的常用话术

一、与家长沟通的常用话术

幼儿教师与家长沟通的常用话术如下。

（一）对家长的称呼

幼儿教师对家长的称呼主要包括以下几种。

（1）对于经常见面的家长，可以用"幼儿昵称＋家长与幼儿关系"等称呼，如"涵涵妈妈""君君爸爸""元元奶奶"等。这样的称呼能让对方体会到幼儿教师对自己孩子熟悉的程度。

（2）与家长第一次见面时，可以直接使用"家长"这一称呼。

（3）遇到长辈时，可以使用一般性的礼貌称呼，如"阿姨"。

（4）如果了解家长的职业，也可以按照职业来称呼家长，如"陈医生""张律师"等。但需注意的是，避免按家长的职位来称呼对方，如"黄经理""吴院长"等。

（二）离入园的常用语

幼儿离入园是幼儿教师与家长接触最为频繁的时候，也是幼儿教师与家长沟通的最佳时机。幼儿教师要主动向家长打招呼，态度要亲切，举止要大方，让家长感到幼儿教师对自家孩子的喜爱。

1．一般情况下的礼貌用语

"洋洋妈妈，您早啊！洋洋，你今天的小辫子真好看。"

"乐乐爷爷，您别急，小心台阶，时间来得及，没有迟到。"

"佳佳奶奶来接佳佳啊，下雨路滑，要小心啊！"

"您慢走，小宇再见，星期一见。"

"甜甜妈妈您好，今天您送甜甜啊！"

2．特殊情况下的常用话术

"浩浩妈妈辛苦了，赶过来的吧。浩浩现在好些了，您别着急。"（幼儿生病了）

"轩轩爸爸来了，今天有件事要跟您说说。"（幼儿拿了别人的东西时）

"心仪妈妈，您先在办公室里坐坐，我跟张老师交代一下就过来。"（幼儿打架时）

3．家长会、开放日的常用话术

对初次见面的家长，可以说："您好，请问您是哪位小朋友的家长啊？"

对熟悉的家长，可以说："欢迎欢迎，请您到第 3 排入座，演出 9 点开始。"

需要家长签名时，可以说："小航妈妈，您好！小航正在班里准备呢，请您先在这里签个名吧。"

为家长做礼仪引领时，可以说："您好！您是来开中班家长会的吧？请从左边楼梯上二楼到音乐室。"

（三）一些具体情况的用语

幼儿教师在工作中，通常会因各种各样的事情与家长交流。以下是一些具体情况的用语。

1．当家长提出某种要求或意见时

幼儿教师用语："我们一定认真考虑您的意见，您的要求我们明白，请您放心，我们会向园长转达您的建议，谢谢您！"切忌直接否定家长，如"那怎么可能""你想得太多了""这是不允许的"。

2．当幼儿在幼儿园发生意外事故，需要幼儿教师主动向家长报告时

幼儿教师用语："真对不起，今天……""您别着急，事情的经过是……""麻烦您回家照顾孩子，需要我们做什么，请及时与我们联系"。切忌指责孩子，推诿责任。

3．当幼儿生病需要服药和照顾时

幼儿教师用语："您放心，我们会按时给孩子服药，有需要时会及时与您联系""我们已经按时给孩子吃药了，据观察，孩子病情有所好转"。切忌埋怨、唠叨，如"他的药可真多""他怎么老是吃药啊"。

4．当家长打电话或亲自来园为生病幼儿请假时

幼儿教师用语："谢谢您通知我们，孩子健康第一""您别着急""孩子稍好些，您可以考虑把药带到幼儿园，我们会帮您照顾孩子的"。切忌敷衍了事，如"好的""知道了""没事的"。

5．放学后家长晚接幼儿时

幼儿教师用语："没关系，不着急""请商量好谁接，免得孩子着急""帮助家长是我们应该做的""孩子玩得很好，晚点接也没关系，放心吧"。切忌用责怪的语气，如"你怎么老是这么晚""孩子很不开心""我还得很晚才能下班"。

6．找个别家长谈话时

幼儿教师用语："对不起，耽误您一会儿时间，向您反映一下××近期在幼儿园的情况""在……方面要……，希望您给予配合"。切忌语气生硬，说话直接，如"××太笨了""他太吵闹了""真让人心烦，小朋友们都讨厌他""拿他一点办法都没有"。

7．家长送幼儿来园并上交家庭作业时

幼儿教师用语："谢谢您的配合，我们共同培养孩子按时完成作业的好习惯""孩子的作业完成得很好，能看出这是您认真督促的结果""孩子做得很有创意，想象力很丰富，这一定离不开您的耐心指导""孩子的作业做得很认真，字迹工整，正确率很高，这肯定离不开您的严格要求"。切忌用质问的语气批评甚至质疑家长，如"您太不上心了，这做得是什么啊！""孩子做成这样，您难道不管吗？""实在是太糟糕了，以后要认真对待！""作为家长，这也太敷衍了吧！"

二、与家长沟通的技巧

幼儿教师与家长沟通时，可以使用以下技巧。

（一）对待家长方面

幼儿教师要与家长建立情感沟通，对家长要多信赖、多理解、少指责。每个家庭的情况不同，家长的教育理念也会有所差异。有的家长忙于工作，家教意识淡薄；有的家长溺爱孩子，常对幼儿

微课

与家长沟通的技巧

教师怀有戒心等，这些都可能导致家长不能积极地配合幼儿教师的工作。

这就需要幼儿教师体谅家长，理解家长，学会换位思考，站在家长的立场为幼儿着想。如果能够获得家长的信任与支持，与家长的沟通就会更通畅，很多问题也会迎刃而解。

（二）涉及幼儿方面

幼儿教师在与家长的接触中，应对幼儿多表扬、多鼓励、少批评。只要发现幼儿有进步，有优点，就应及时将其反馈给家长，在表扬和鼓励幼儿的同时要肯定家长在幼儿教育方面做出的努力与成绩。

当然，每个幼儿都有优点，同时也有缺点和不足。幼儿教师在向家长指出幼儿的问题时，要注意方式方法，语气要委婉，不要使用批评式或告状式的口吻。首先，要先扬后抑，即先肯定幼儿的优点，再指出其不足，这样家长更容易接受；其次，要避实就虚，即不要一开始就切入正题，待家长心情趋于平静时再自然地切入正题；最后，要淡化幼儿的缺点和不足。

家长通常担心的不是幼儿所犯的错误，而是幼儿教师对幼儿所犯错误的认识与态度。所以幼儿教师要让家长明白自己与家长沟通幼儿的不足，目的是希望得到家长的支持，以便共同引导幼儿形成良好的行为习惯。

（三）关于自身

幼儿教师对自身要多反思。不同的教师有不同的沟通方法与技巧，幼儿教师要多学习。反思是指幼儿教师对自己的所作所为及由此产生的结果进行审视和分析。很多东西只有经过反思才能内化为自己的知识，最终转化为更好的行为。

在与家长的交往中，幼儿教师要与家长建立平等、友好的关系；要尊重家长，讲礼仪、重形象，用爱心赢得家长的信任，用真诚得到家长的尊重，用赞美得到家长的配合，用事实得到家长的理解。

幼儿教师只有充分展现自身的才华和修养，营造良好的沟通氛围，才能提高沟通效率。与家长沟通时，幼儿教师要注意以下几点。

（1）先安抚情绪，再解决事情。安抚好家长的情绪，让其心平心和，才能让家长听得进去，感觉到被尊重，从而主动配合幼儿教师的工作。

（2）只谈幼儿行为，不谈其品性。幼儿教师在与家长谈论幼儿时，要就事论事，可以说"他抢了别的小朋友的玩具""她没有好好学习舞蹈动作"，不能直接说"他太坏了""她太笨了"等。

（3）不要对家长说教。与家长沟通时，幼儿教师要注意聆听、赞美、引导、澄清，避免说教，最好让家长自己想解决的办法。

（4）与家长意见有分歧时，要控制好个人情绪，保持冷静，面对不同的家长，采用不同的交流策略，恰当地处理分歧。幼儿教师要从幼儿发展的角度出发，不要追究责任归属问题，而要与家长一起寻找解决分歧的办法。

三、培养与家长沟通的能力

幼儿教师要具有与家长沟通的能力，争取得到家长的配合，这样才能有效提升幼儿教育的效果。

（一）了解家长的能力

幼儿教师要想培养与家长沟通的能力，首先应该培养了解家长的能力。幼儿教师应注意观察，从家长平时的问话、语气、行为中分析出其心理特征，了解家长最为关心的问题，如幼儿餐食、知识教学、教师的态度、安全方面的问题等，同时提高将共性问题与个性问题结合起来处理的能力。只有掌握了家长的真正需求，才能使谈话更有针对性，更容易获得家长的支持与认可。

（二）不断学习的能力

有些幼儿教师在与家长的沟通中往往人云亦云，缺乏对主题的把握，对于家长的问题也不能给出专业、深入的解答，以致迟迟得不到家长的认同。要想让家长信服自己，幼儿教师就要不断学习，紧跟时代潮流，丰富自己的专业知识，提升自身的教学技能。

幼儿教育离不开家长的配合，因此幼儿教师要努力培养自身的沟通能力，主动与家长进行沟通，激发家长的参与热情，形成教育合力，促进幼儿发展，提高教育质量。

思考与练习

1. 家长会的准备工作主要有哪些？
2. 简述家长会的沟通礼仪。
3. 简述幼儿教师登门家访的礼仪。

拓展训练

1. 幼儿园要召开家长会，请你自定会议主题，设计一场主题活动。
2. 睿睿在幼儿园与其他小朋友做游戏时，经常攻击其他小朋友。作为幼儿教师，你会如何与睿睿家长交流，共同引导睿睿与其他小朋友友好相处？

08

第八章
幼儿教师工作礼仪

学习目标

> - 掌握工作场所礼仪。
> - 掌握与幼儿相处的礼仪。
> - 了解幼儿园行政人员的职责与礼仪。
> - 树立正确的职业道德意识，提高自身职业素养。
> - 培养与幼儿的情感，为幼儿发展创设有利因素。

幼儿园是幼儿教师的工作场所，幼儿是幼儿教师的工作对象，幼儿教师既要维护好与领导、同事之间的关系，又要对幼儿负责，尊重并关怀幼儿，保证幼儿在园内时被公平对待。幼儿教师要对全体幼儿负责，认识和尊重每位幼儿的品质、能力和需要。幼儿教师还要了解幼儿园行政人员的职责与礼仪，培养大局意识，做好团队建设。

第一节 工作场所礼仪

引导案例

何洋是一名新入职的幼儿教师，虽然没有太多的工作经验，但好学、上进、懂礼貌。她遇到领导、同事时会热情问好，遇到关于幼儿的一些特殊问题时会非常谦虚地向经验丰富的李老师请教。

有一次，李老师家中有急事，需马上回去处理，何洋便主动提出帮她带班。这让李老师非常感动。在之后的工作中，李老师见何洋真诚热情、乐于助人，而且勤奋好学，于是主动将一些教学经验传授给她。

何洋不仅人际关系处理得很好，业务技能也提升得很快，短时间内就受到了园长的关注。只要幼儿园有幼儿教师的培训活动，园长就会先想到何洋。于是，何洋成了幼儿园教师队伍中的重点培养对象。

幼儿教师在工作时面对的不仅是幼儿，还有领导、同事及家长。不论何时何地，面对何人，幼儿教师都不能以自我为中心而忽视维护人际关系，应该展现出自身的职业素养，遵守职业礼仪规范，尊重他人，与他人友好相处，行事时以集体利益为重，建立良好的人际关系。

一、办公室礼仪

办公室是教职工在幼儿园工作和休息的地方，也是教职工集体生活的场所。教职工之间的关系是平等的，应该互敬互爱、互帮互助。图8-1所示为办公室礼仪。

图8-1 办公室礼仪

（一）以礼相待

早晨相遇时，需主动打招呼，互道"早上好"；课间相见时，需点头微笑，互致"你好"；下班道别时，需说声"再见"；得到别人帮助时，需及时说声"谢谢""辛苦了"。

（二）言行高雅

不打听他人私事，不背后议论他人，不散布他人是非，不闲聊谈笑。在办公室里，要保持安静，认真工作，认真学习，认真研究，不说、不做任何与工作无关的事。

（三）清洁整齐

做好办公室的清洁卫生和物品摆放工作。负责卫生值日工作的幼儿教师要提前到达办公室，按要求自觉做好清洁工作。办公用品的摆放要保持美观。第一个进入办公室的幼儿教师应主动打开门窗；最后一个离开办公室的幼儿教师应关好门窗、切断电源等。

（四）热情待客

有客人（领导或家长）来访时，应热情欢迎，微笑起立，让座请茶。接待客人时，如果要离开，或者有急事需要立即处理，应对客人说"对不起，请稍候"；回来或事情处理完毕后，应向客人致歉"不好意思，让您久等了"。

即使被访者不是自己，幼儿教师也要热情接待客人，并主动联系被访者。客人走时，应起立送客人至门口道别，说"欢迎您下次再来""慢走""再见"。

（五）公私分明

在幼儿园工作期间，幼儿教师应区别对待各种情境。在学习、开会期间，幼儿教师要将手机关机或调成静音、震动模式，专心听讲，认真做好笔记，积极交流，适时鼓掌，结束时将座椅移至原位；切忌迟到和早退，切忌打电话或玩手机，切忌坐姿不雅，切忌拍桌摔物，切忌随意进出等。

在办公室内，幼儿教师应注意以下几点。

（1）分清公共区域和个人空间，不得占用公共区域，以免给同事造成麻烦。

（2）保持办公桌整洁、美观，避免陈列过多的私人物品。

（3）使用物品时，要轻拿轻放。

（4）谈话要控制音量，尽量不影响他人办公。

（5）不进行娱乐活动。

（6）禁止抽烟、吃零食、刮胡子、梳妆打扮。

（7）尽量避免在办公室内就餐，迫不得已在办公室内用餐时要快速进行，用餐完毕要立即清除桌面上的剩余食物，打开窗户进行通风。

（8）节约水电，忌损坏办公设备。

二、与同事交往的礼仪

同事之间的关系，不仅能直接影响个人情绪，还能影响工作。和谐、融洽的同事关系会让人身心愉悦，有利于工作的顺利开展。幼儿教师应该本着相互尊重的原则、团结合作的团队精神，处理好与同事的关系，共同配合做好本职工作。

（一）相互尊重

相互尊重是处理好任何一种人际关系的基础，同事关系也不例外。幼儿教师要想处理好同事关系，就要懂得尊重对方。尊重同事应做到以下 4 点。

（1）要以礼相待，互相尊重。对同事不要盛气凌人，指手画脚；要真诚，一视同仁。同事之间要相互支持，相互体谅，相互提供方便，相互关心，互相帮助。

（2）因事需要请同事帮忙时要礼貌为先，事后道谢。

（3）上班时，应互道"你好""早上好"，或微笑、点头致意；下班离开时，要互道"再见""明天见"。

（4）要尊重同事的人格、物品所有权及工作。提出意见的方式可以是"我对这件事有看法，因为……"；提出建议的方式可以是"我想，能不能这样……"。

（二）称呼得体

在办公室里，同事之间一般以名字相称。对于德高望重的同事，幼儿教师要以职衔称呼或冠以"先生""老师"等称谓。在幼儿面前，幼儿教师应从幼儿的角度称呼同事，如"××老师"，忌用生活中的称呼"小×""老×"等，更不能在幼儿面前用绰号、小名等称呼同事。

（三）关心帮助

同事有困难时，幼儿教师应该主动关心同事，对力所能及的事情伸出援助之手。这样可以增进双方的感情，使同事关系更加融洽。

幼儿教师要关心同事的喜怒哀乐：对他们的"喜"要表示祝贺；对他们的"怒"要表示理解；对他们的"哀"要表示出愿意分担；对他们的"乐"要表现出愿意同乐。

（四）保持距离

同事之间要保持一定的交往距离，幼儿教师要尊重同事的隐私，不主动进入同事的个人空间。尊重同事，不询问、不打探同事的隐私，是幼儿教师礼仪的一个重要方面。幼儿教师要加强隐私意识，关心他人安全的同时为自己创造安全的空间，这样才能与同事保持长久的友好关系。

（五）宽容仁厚

幼儿教师在与同事的交往中，要怀有宽容仁厚之心。幼儿教师应客观认识同事身上的不足与缺点，如果不属于原则问题，要表现出宽宏大量，不与同事计较；如果属于原则问题，也要讲究处理问题的方式方法。

（六）愉快合作

幼儿教师在与同事的相处中应懂得愉快合作，要理解、支持同事，多赞美、少嫉妒。"三人行，必有我师焉。"幼儿教师要善于向同事学习，"择其善者而从之，其不善者而改之"。

要做到愉快合作，幼儿教师需要注意以下几点，如图8-2所示。

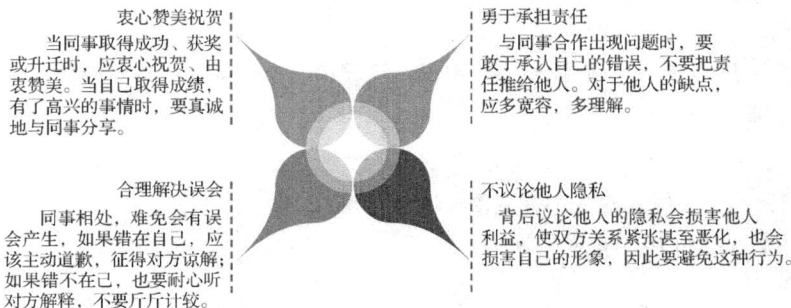

衷心赞美祝贺
当同事取得成功、获奖或升迁时，应衷心祝贺、由衷赞美。当自己取得成绩，有了高兴的事情时，要真诚地与同事分享。

勇于承担责任
与同事合作出现问题时，要敢于承认自己的错误，不要把责任推给他人。对于他人的缺点，应多宽容，多理解。

合理解决误会
同事相处，难免会有误会产生，如果错在自己，应该主动道歉，征得对方谅解；如果错不在己，也要耐心听对方解释，不要斤斤计较。

不议论他人隐私
背后议论他人的隐私会损害他人利益，使双方关系紧张甚至恶化，也会损害自己的形象，因此要避免这种行为。

图8-2　做到愉快合作的注意点

三、与领导相处的礼仪

幼儿教师在工作中与领导相处时，也应该讲礼仪，因为和领导处理好关系对自己的工作非常有帮助。在处理与领导的关系时，需要注意以下几个方面。

（一）维护领导的尊严

幼儿教师应主动配合领导工作，维护领导的尊严。具体说来，要做到以下几点。

（1）无论在什么场合，与领导说话时都要有分寸，不能随便开玩笑。

（2）要尊敬领导。领导身上有很多值得幼儿教师学习的地方。

（3）不顶撞领导，不在背后议论领导，更不能散布对领导的不满言论；对领导工作中出现的失误，要给予宽容与体谅。

（4）不疏远某位领导，也不讨好某位领导。

（二）遵守必要的礼节

无论在什么场合与领导相处，幼儿教师都应遵守必要的礼节。

（1）见到领导应该趋前打招呼。如果距离近，宜微笑点头，或致 15° 鞠躬礼，并用礼貌用语打招呼。如果距离远，可行注视礼或招手致意。碰到领导时，佯装看不见而避开，或自觉矮人半截，或自觉秉性傲岸，都是不妥的行为。

（2）无论在园内还是在园外，只要领导在场，离开时都要跟领导打招呼，如"对不起，我先走一步""再见"等，以示敬意。

（3）领导进入办公室时，要起立迎接，微笑问好，待领导就座后再坐下；主动接受领导检查或布置的任务。领导离开时，应主动开门并说"再见"。

（4）进入领导办公室时应先敲门，得到许可后才能进入。如果遇到领导正与他人交谈，但确有急事需要马上请示，可以说"对不起，打扰了……"；如果领导正在低头批阅文件，切忌探头探脑或乱瞟；开门、关门要轻，避免发出响声。离开领导办公室时，要随手关门。

（5）接待上级领导，进行座次排列时，不仅要注意居中为上、前排为上、面门为上、以远为上，还要注意内外有别、中外有别与主随客便。

（6）迟到、早退与请假时，应亲自向领导报告情况，尽量不要请家人或同事传话。请假时，应自觉履行幼儿园的请假手续。

（三）服从指挥，积极工作

在工作中，幼儿教师要服从领导的指挥，认真完成领导分配的任务，同时要做到以下几点。

（1）对于领导布置的任务，要愉快接受，详细记录，认真办理，及时汇报。

（2）精准理解领导的指令，切忌机械行事。出错时，不要找借口，更不能说"是您叫我这样做的呀"。领导说话时不要插嘴，更不要在挨批的时候插嘴。要学会自我检讨，不能推诿责任。要做到不为失败找借口，只为成功找方法。

（3）遇突发事件时，要及时向领导请示汇报，依照指示妥善处理，不可自作主张。

（四）尊重领导的隐私

幼儿教师不管私底下与领导是多么好的朋友，在工作场合说话与办事时都要掌握好分寸，把对方作为领导对待，维护领导的权威。尊重领导的隐私，要做到以下几点。

（1）不要当着其他同事的面讨论你与领导的关系，或者与领导勾肩搭背。不要在公共区域或办公室里有他人的情况下与领导谈家事，特别是领导的家事。

（2）碰到领导处理私事时，应装作没看见、看不清或看不懂。不要打探领导的隐私，更不要在公共场合或同事之间传播领导的隐私。

（3）与领导一起出差时，不要住同一间客房。领导进入客房后，客房就成了领导暂时的私人空间。如果要找领导谈工作，必须先打电话联系，不要贸然敲门。

四、设备使用礼仪

幼儿园的设备大多是公用的，需要每个人好好维护。不注意设备的使用礼仪，不仅会加快设备的损耗，给幼儿园带来经济损失，还会影响自身形象。幼儿教师应遵守办公桌椅、复印机等设备的使用礼仪，如图 8-3 所示。

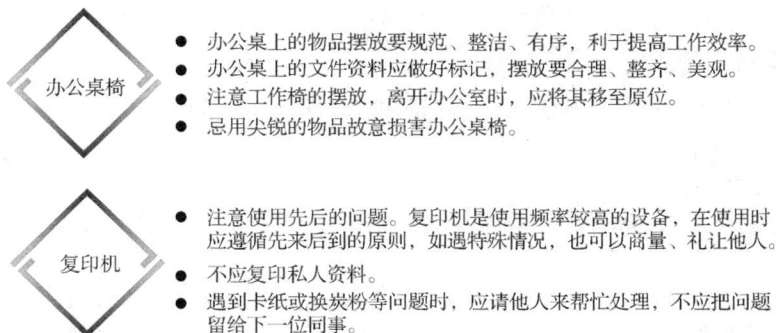

办公桌椅
- 办公桌上的物品摆放要规范、整洁、有序，利于提高工作效率。
- 办公桌上的文件资料应做好标记，摆放要合理、整齐、美观。
- 注意工作椅的摆放，离开办公室时，应将其移至原位。
- 忌用尖锐的物品故意损害办公桌椅。

复印机
- 注意使用先后的问题。复印机是使用频率较高的设备，在使用时应遵循先来后到的原则，如遇特殊情况，也可以商量、礼让他人。
- 不应复印私人资料。
- 遇到卡纸或换炭粉等问题时，应请他人来帮忙处理，不应把问题留给下一位同事。

图 8-3　设备使用礼仪

幼儿教师要遵守幼儿园设备使用的礼仪。随着时代的发展，幼儿园会不断添加、更新设备，如钢琴、电子琴、音响等。幼儿教师除了正确使用外，还要注意爱护与管理。

第二节　与幼儿相处的礼仪

引导案例

幼儿园里，王老师正在给小朋友们讲小熊维尼的故事。她一边观察小朋友们的表情，一边声情并茂地讲故事。大家都沉浸在故事里，目不转睛地看着王老师，只有皮皮皱着眉头东张西望，一脸紧张的样子。

王老师慢慢走到皮皮身边，发现皮皮的裤子湿了一大片。王老师既不想中断讲故事，又想给皮皮换裤子，于是，她说："小朋友们，我们找一个小朋友扮演小熊维尼好不好，就让皮皮来吧。"王老师将自己的衣服给皮皮穿上，垂到皮皮脚踝的衣服完全挡住了皮皮尿湿的地方。大了一圈的皮皮看起来有些滑稽，真的有点像小熊维尼，小朋友们都笑了。这时，王老师说："还不够像，我要带皮皮去装扮一下。"

不一会儿，王老师和皮皮回来了，皮皮的头上多了一个小熊的发卡，大家都没发现皮皮的裤子也换了。王老师既帮皮皮换了裤子，又维护了皮皮的尊严。

幼儿教师的工作重点是对幼儿的保教。幼儿教师既是幼儿生活的照料者，又是幼儿学习的教育者，还是幼儿游戏的陪伴者。幼儿教师应与幼儿平等相处，保护他们幼小的心灵，尊重他们的人格与权利，尊重他们的年龄特点与个性特征。

一、尊重幼儿

《幼儿园工作规程》规定："幼儿园教职工应当贯彻国家教育方针，具有良好品德，热爱教育事业，尊重和爱护幼儿，具有专业知识和技能以及相应的文化和专业素养，为人师表，忠于职责，身心健康。"

某幼儿园蒋老师因班上一个幼儿经常与其他小朋友打闹而对其采取罚站、不允许参加集体活动等措施，还对其他幼儿说谁表现最差就让谁和这个幼儿在一起，使该幼儿的性格不能正常发展。蒋老师的教育方式遭到家长的强烈抗议。蒋老师不让幼儿参加集体活动，是对幼儿的孤立，对其他幼儿说谁表现最差就让谁和这个幼儿在一起，是对幼儿人格的侮辱。

（一）尊重幼儿的内容

幼儿教师应明白尊重幼儿包括的内容，进而更加精准、全面地保护幼儿的尊严。尊重幼儿的内容主要包括以下几个方面。

1. 尊重幼儿的人格

获得尊重是每个人的基本需求。由于身心脆弱并处于快速生长发育中，幼儿被关注和被重视的需求十分强烈。

尊重幼儿的人格，要求幼儿教师把幼儿看成独立的、与自己平等的社会成员，重视他们的活动自由，重视他们的意见表达，重视他们的心理需求。所有幼儿教育工作的开展都应以尊重幼儿的人格为前提。

2. 尊重幼儿的隐私

很多人觉得成人才有隐私。其实，幼儿也有隐私，并且他们对这些隐私非常敏感，这些隐私被暴露后，他们在老师、同伴面前会显得很尴尬，很羞愧。因此，无论是幼儿教师，还是家长，都不应在他人面前提及幼儿的隐私，更不宜嘲笑、挖苦幼儿。

幼儿的隐私可能是关于幼儿的某件事情或某种特性，如尿床、多动症等。即使有些问题很明显，幼儿教师也不应在公开场合提及它们，否则会使幼儿尊严受损或者承受很大的心理压力，甚至会使幼儿产生自卑、攻击性等心理行为问题。

3. 尊重幼儿的权利

幼儿具有享受特殊照料与协助，以及受教育的权利。幼儿教师不得因幼儿的性别、民族、家庭状况、宗教信仰等方面的差异而歧视或排斥幼儿，侵犯幼儿的权利。

《世界人权宣言》规定："教育的目的在于充分发展人的个性并加强对人权和基本自由的尊重。"所有教育内容的选择和教育方法的运用都不应违背这一规定。幼儿教师要熟知幼儿应享有的各项权利的内涵，并在教育过程中时刻注意自己的言行和教育安排，不得侵犯幼儿的权利。同时，幼儿教师应当努力为幼儿创设有益于其全面发展和健康生活的条件与环境，使其各项权利能够得到最大限度的实现。

4. 尊重幼儿的身心发展规律与年龄特点

幼儿期是个体身心快速发展与变化的时期。在与周围环境产生相互作用的过程中，幼儿的心理会朝着复杂、抽象、主动和成体系的方向发展。幼儿在注意、记忆、想象、思维、言语、情感和意志等方面会表现出一些共同的年龄特点。

幼儿教师要尊重并掌握幼儿的身心发展规律与年龄特点，根据幼儿的身心发展规律编排学习内容，并为幼儿选择适合其年龄特点的学习内容。高于或低于幼儿现有能力的学习安排都是不尊重其年龄特点的表现，会极大地削弱幼儿的学习兴趣与效果。

5. 尊重幼儿的兴趣爱好与个性特征

每个幼儿都有自己的兴趣爱好与个性特征。面对同一事物或情境时，幼儿会有与幼儿教师不同的看法和选择，不同幼儿之间的看法和选择也会有所不同。

幼儿教师应当尊重幼儿的兴趣爱好与个性特征，具体来说，应做到以下两个方面。

（1）幼儿教师应当尽可能地为幼儿创设条件，满足其兴趣爱好。

（2）幼儿教师在组织教育活动时要考虑幼儿的个性特征，对于不同的幼儿：采用不同的教育方式和策略。

（二）尊重幼儿的行为礼仪

幼儿教师对幼儿的尊重应体现在各个生活环节和各项教育活动中，体现在幼儿教师的一言一行中。

1. 善于发现幼儿的优点

每个幼儿身上都有优点，幼儿教师要善于发现幼儿的优点，且最好用"放大镜"发现幼儿的优点，用"缩小镜"对待幼儿的缺点。好孩子是夸出来的，绝不是骂出来的。幼儿教师要形成一种习惯，就是不断发现幼儿的优点和进步，并告知幼儿。哪怕是对那些能力较弱的幼儿，幼儿教师也要学会用欣赏的眼光看待他们身上值得赞赏的地方。

例如，某幼儿园要求幼儿教师列出自己最不喜欢的 5 个幼儿，并且强制要求幼儿教师找出他们身上的 10 个优点，结果幼儿教师们普遍反映这些平时自己不怎么喜欢的幼儿其实还是蛮可爱的。这些幼儿教师发现这些幼儿的可爱之处后，在之后的相处中开始给予这些幼儿更多的支持与鼓舞，促使他们正常发展，进而逐渐树立起自信心和自尊心。

幼儿教师不仅要发现幼儿的闪光点，还要引导他们自己发现自己的闪光点，使他们形成自尊自爱的心态，使他们相信自己就是最好的，自己有许多可爱的地方。

2. 多使用纵向评价

幼儿教师对幼儿要多使用纵向评价，少使用横向评价。纵向评价能让幼儿不断地看到自己的进步，进而对自己充满信心，获得更好的发展；横向评价即拿能力弱的幼儿与能力强的幼儿做比较，久而久之会使能力弱的幼儿真的觉得自己什么都不行，无法获得良好的发展。

例如，有些幼儿教师经常说"瞧××画得多好，看看你画了些什么呀""人家得了 5 朵小红花，你才得了 1 朵，真让我失望""小朋友都去玩了，你也去呀，你这孩子怎么什么都不会""看，××参加钢琴比赛得奖了，你呢"。经常听到这样的话会严重打击幼儿的自尊心和自信心，让幼儿觉得自己很笨、很差，进而怀疑自己的价值。

幼儿教师应该让每名幼儿树立这样的理念："任何人都会有不懂或不会的地方，也都会有比别人厉害的本领。例如，你唱歌不行，但你跳舞可以；你画画不行，但你故事讲得好；你故事讲不好，但你会认很多字；你不认识字，但是动作灵敏；你动作不灵敏，但你心地很善良……"

幼儿教师要细心观察幼儿，善于发现他们的长处并及时给予鼓励；至于他们的弱项，只要鼓励他们尽力而为就可以了。

3. 蹲下来同他们讲话

尊重幼儿，就要和幼儿平等相处。蹲下来和幼儿处在同一个高度对话，不仅能从行为上直接体现幼儿教师对幼儿的尊重，还有利于幼儿教师从幼儿的高度审视周围环境，更好地理解幼儿在环境中的表现，将形式上的"一样高"转化为教育意义上的"一样高"，提升教育指导的有效性。

幼儿教师蹲下来同幼儿讲话时要注意以下事项，如图 8-4 所示。

4. 使用引导手势

幼儿教师与幼儿讲话时应使用文明语言，并辅以适宜的手势，帮助幼儿理解讲话内容。幼儿教师向幼儿发出指令或提出要求时，应在语言上使用"请"，在动作上使用相应的引导手势，如"请小朋友们打开手里的盒子""请王明浩小朋友到前边演示""请大家到这边来"等。

在使用引导手势时，幼儿教师要注意以下几点。

（1）在引导时，一般使用单只手，另一只手可自然垂放于体侧，或者五指并拢收于腹前。

（2）做引导手势的四指并拢，大拇指可略微分开，掌心斜向上，从胸前方向扬起，指向目标方位。

（3）根据要指向的方位需要，幼儿教师的身体可小范围转动。要表明某物从一个方位移动到另一个方位时，手在指向第一个方位后，应该再平移转向第二个方位，身体也要随之略微转动。

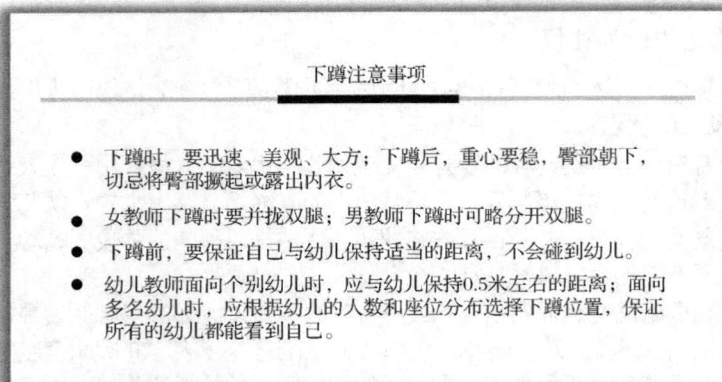

下蹲注意事项

- 下蹲时，要迅速、美观、大方；下蹲后，重心要稳，臀部朝下，切忌将臀部撅起或露出内衣。
- 女教师下蹲时要并拢双腿；男教师下蹲时可略分开双腿。
- 下蹲前，要保证自己与幼儿保持适当的距离，不会碰到幼儿。
- 幼儿教师面向个别幼儿时，应与幼儿保持0.5米左右的距离；面向多名幼儿时，应根据幼儿的人数和座位分布选择下蹲位置，保证所有的幼儿都能看到自己。

图8-4　下蹲注意事项

5. 从细节上体现出对幼儿的尊重

在幼儿教育活动中，幼儿教师要注意通过各种细节表现出对幼儿的尊重。

（1）告诉幼儿"老师小时候也犯过同样的错误"。当幼儿犯了某个错误时，幼儿教师可以跟幼儿说"老师小时候也犯过同样的错误"，这会让幼儿觉得犯错误并没有什么可丢人的，更不会因此觉得失去了做人的尊严。

（2）专门为幼儿布置一个发表园地，让每名幼儿都有展示的机会——展示自己的才能，让别人欣赏自己。

（3）忽略或做错与幼儿有关的事情时，要真诚地向幼儿道歉。

（4）要教幼儿一些"新"事物，给幼儿制造机会。例如，让幼儿当老师，教大家一些他知道而大家不知道的"新"事物，会令他神采飞扬、信心百倍。

（5）注意温暖幼儿的内心。例如，"如果某个幼儿做得好了，你就大声地告诉他的小伙伴和老师；如果某个幼儿做得不好，你就只小声地告诉他自己。"这种温暖的做法不仅体现了对幼儿的尊重，还能激发幼儿对生活与学习的热情。

6. 与幼儿沟通时体现出对幼儿的尊重

在与幼儿沟通的过程中，幼儿教师要表现出对幼儿的尊重，同时要留意沟通的效果。具体来说，幼儿教师要做到以下几点。

（1）熟记幼儿的姓名。与幼儿讲话时，幼儿教师要先呼唤幼儿的姓名，再进行实质性的沟通。不要叫幼儿的乳名，也不要叫幼儿的绰号，更不能给幼儿起绰号，应呼唤其姓名。

例如，午餐时，保育老师给小朋友分汤。分到晨晨时，保育老师说："这个小晨晨，太胖了，像个小皮球，真是个小胖子。"陈老师注意到晨晨端着碗怔了一下，然后默不作声地走开了。在小朋友收拾碗筷时，陈老师发现晨晨没怎么吃饭，脸上还有泪水滚过的痕迹。陈老师轻轻把他揽在怀里，柔声问："晨晨，你不高兴了？"他一下子哭了，大声说："晨晨不是小胖子，不是小皮球。"

（2）语调、语速适宜。幼儿教师说话时的音调要自然，虽然有时可用高低缓急等方式来使语言形象化，但不可矫揉造作；音量不要过大或过小，要在重要的地方加强语气；语速要适中，有时可以运用停顿来吸引幼儿的注意力。

（3）沟通用语恰当。幼儿难以听懂复杂的语句，所以幼儿教师使用的语言要简洁明了，用词要生活化而不流于庸俗，以便被幼儿理解和接受。幼儿教师也要时常提醒自己，不要说得太多，以免让幼儿感到厌倦，无心听讲。

俗话说，"良言一句三冬暖，恶语伤人六月寒"。幼儿教师切忌使用有可能伤害幼儿尊严的语言。"真没见过像你这样的孩子，这点小事也做不好""你真是不可救药""我对你完全失望了""你画的什么啊，难看死了，简直就是四不像""五音不全，你还想当歌唱家""你不许哭，马上给我去做"等，都是带有污蔑、强迫、责备、失望、讽刺的语言。

（4）讲话态度友善。幼儿教师说话时的态度要友善，要用语言表达出对幼儿的支持与鼓励，如"我很喜欢听你的描述""你说得很具体""你的声音真好听"等。这样能够激发幼儿强烈的表达欲，从而促进幼儿的语言发展。幼儿教师切忌嘲笑幼儿的缺陷，如智力发育迟缓、肢体动作不协调、口吃、胆小等。

例如，缺乏经验的张老师对小琳说了一句："每天吃那么多，长肉不长脑。"之后，全班的幼儿都大声地这么说小琳。小琳哭着找张老师诉说，张老师不屑一顾地说："你本来就是这样，还怕别人说？"自此，小琳特别排斥去幼儿园。

与幼儿沟通时，除了态度友善，为幼儿树立一个良好的榜样外，幼儿教师还要注意对幼儿进行正确引导。

（5）注意目光接触。目光接触本身就是一种沟通方式，幼儿教师要保持与幼儿的目光接触，而且不要让目光只停留在个别幼儿的身上，要让每个幼儿都感觉到老师在注意他。

（6）懂得认真倾听。幼儿教师耐心、细心地倾听幼儿说话，一方面能够理解幼儿想表达的意思，另一方面是对幼儿的尊重与重视。这样能让幼儿更乐意与幼儿教师沟通，也会对幼儿教师发出的信息做出积极的回应。

二、对幼儿负责

《幼儿园工作规程》规定，幼儿园的任务是贯彻国家的教育方针，按照保育和教育相结合的原则，实施德、智、体、美等方面全面发展的教育，促进幼儿和谐发展。幼儿教师要对每一名幼儿负责，做好幼儿的保育和教育工作。

（一）对幼儿负责的内容

幼儿教师对幼儿的责任体现在保育和教育两个方面。对幼儿负责，就是要高质量地完成保育工作和教育工作，并始终从让幼儿受益的角度出发，思考教育过程中的各种教育安排与选择。

图8-5所示为对幼儿教师保育工作和教育工作的要求。

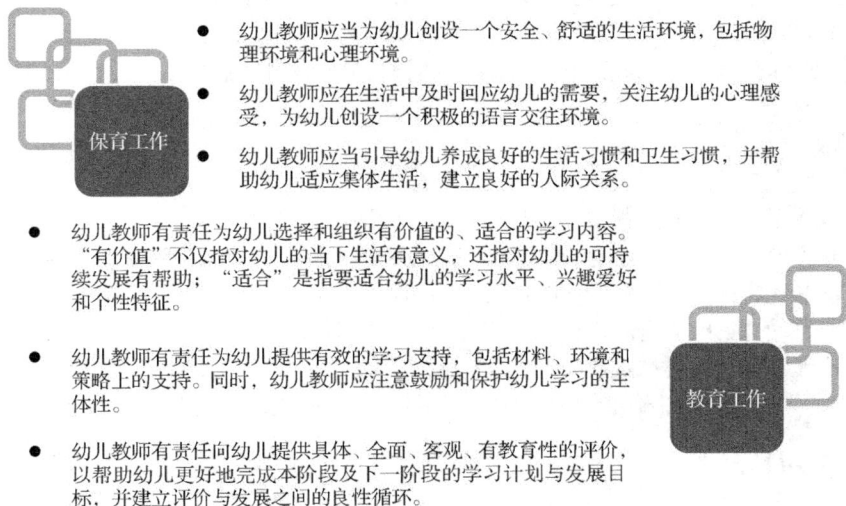

- 幼儿教师应当为幼儿创设一个安全、舒适的生活环境，包括物理环境和心理环境。
- 幼儿教师应在生活中及时回应幼儿的需要，关注幼儿的心理感受，为幼儿创设一个积极的语言交往环境。
- 幼儿教师应当引导幼儿养成良好的生活习惯和卫生习惯，并帮助幼儿适应集体生活，建立良好的人际关系。

保育工作

- 幼儿教师有责任为幼儿选择和组织有价值的、适合的学习内容。"有价值"不仅指对幼儿的当下生活有意义，还指对幼儿的可持续发展有帮助；"适合"是指要适合幼儿的学习水平、兴趣爱好和个性特征。
- 幼儿教师有责任为幼儿提供有效的学习支持，包括材料、环境和策略上的支持。同时，幼儿教师应注意鼓励和保护幼儿学习的主体性。
- 幼儿教师有责任向幼儿提供具体、全面、客观、有教育性的评价，以帮助幼儿更好地完成本阶段及下一阶段的学习计划与发展目标，并建立评价与发展之间的良性循环。

教育工作

图8-5 对幼儿教师保育工作和教育工作的要求

幼儿教师有责任在幼儿转换学习环境时提供帮助，即幼儿教师有责任做好早期教育与幼儿教育、幼儿教育与小学教育的衔接工作。

（二）对幼儿负责的行为礼仪

幼儿教师对幼儿负责的程度，表现在对每一次教育活动的选择、设计与组织上。负责任的幼儿教师总是能够从幼儿的需要出发来安排幼儿的生活和学习内容，而不只是从个人意志或制度规定出发来选择幼儿的生活和学习内容。

1. 从幼儿出发

对幼儿负责，最根本的就是要以幼儿为本。幼儿教师要从幼儿的需要出发，以维护幼儿的利益为原则，并将此原则贯彻在幼儿教育的每一个环节，落实到自己的思维习惯中。在教育活动实施前、实施中和实施后，幼儿教师都要问自己一个问题："孩子们呢？"每一次提问都有不同的含义。

（1）对幼儿负责的幼儿教师会在教育活动实施前问自己："孩子们呢？"例如，孩子们是否居于主体地位？能否获得有效的发展？这样的教育安排是否适合孩子们？

（2）对幼儿负责的幼儿教师会在教育活动实施中问自己："孩子们呢？"例如，孩子们的注意力怎么样？是否有兴趣？能否真正地理解学习内容？

（3）对幼儿负责的幼儿教师会在教育活动实施后问自己："孩子们呢？"例如，孩子们实际获得了哪些发展？有了哪些新的学习需求？

通过这样的提问与反思，幼儿教师能够时刻关注幼儿，不断地根据幼儿的需求来设计和调整自己的教育安排，最终通过自己的行动对幼儿的发展负起责任来。

2. 相信幼儿

对幼儿负责，还要求幼儿教师相信幼儿的潜能和能力，为幼儿提供足够的活动机会，允许幼儿自主探索与尝试，支持幼儿主动学习。在幼儿教育活动中，相信幼儿表现为使用"能行"这类的鼓励性语言。

（1）"能行"说给自己。在幼儿园的就餐和盥洗环节，以及游戏和其他教育活动中，一些幼儿教师常常因为担心幼儿不能完成任务而直接干涉幼儿的自由，如限制幼儿的参与机会、过度强调纪律等。这些做法事实上都是对幼儿不负责任的表现。幼儿教师应说服自己，相信幼儿"能行"，从幼儿发展的角度出发，尽可能放手让幼儿独立操作或尝试体验，大胆地给幼儿主动学习和活动的机会。

（2）"能行"说给幼儿。在学习过程中，幼儿会有畏难的表现，如不敢探索或尝试。这种情况下，幼儿教师应鼓励幼儿"你（们）能行"，并为幼儿的探索和尝试提供支持与帮助。例如，幼儿在游戏中遇到困难时，幼儿教师应引导幼儿展开讨论，鼓励幼儿大胆发表意见，自己寻找解决问题的方法。

幼儿教师鼓励幼儿的方式如下。

① 将任务完全交给幼儿，表示对他们独立完成任务充满信心。

② 在幼儿探索和尝试的过程中，用眼神向幼儿传达肯定的信息。

③ 在幼儿完成一个步骤或小有成就时，向幼儿竖起大拇指，或做出鼓掌的手势。

④ 站在幼儿完成任务后可能到达的位置，向幼儿伸出双手，做出准备拥抱的姿态。

⑤ 故意不看幼儿失败的窘态，让幼儿感受到老师并不在意失败。

⑥ 故意不理会幼儿在尝试过程中的求助行为，让幼儿再次自主探索和尝试。当然，幼儿教师要对幼儿的求助行为进行判断，确定幼儿没有安全威胁，并且有能力再做出进一步的自主探索和尝试。

三、公正对待幼儿

常有幼儿教师询问："班上总有一些孩子跟其他孩子不一样，应该怎么对待这些孩子呢？是一视同仁，还是特殊照顾？"要弄清这个问题，幼儿教师需要理解公正的含义。

（一）公正对待幼儿的内容

幼儿教师应当公正地对待每一名幼儿。公正有两个层面的含义，如图 8-6 所示。

图 8-6　公正的含义

幼儿教师公正地对待幼儿体现在给予每个幼儿平等的机会，为每个幼儿提供适宜的教育，并使每个幼儿都在其原有的基础上获得同等程度的发展。也就是说，幼儿教师的公正要体现在机会平等、过程平等和结果平等 3 个方面。

具体来讲，幼儿教师需要做到以下几点。

（1）幼儿教师在教育初期要公正地对待每一名幼儿，不因幼儿的家庭状况、性别、容貌或其他特征而拒绝为幼儿提供教育。

（2）幼儿教师在教育过程中要为每一名幼儿提供参与教育活动的机会，不因幼儿的不佳表现而故意忽视幼儿或拒绝幼儿参与活动。例如，在一段教学时间里的多次教育活动中，幼儿教师的提问要关照到每一名幼儿，使每一名幼儿都有回答问题或上台展示的机会。

（3）幼儿教师在教育过程中要结合每名幼儿的发展状况与个性特征，为他们安排适宜的活动内容与活动方式，保证他们获得适宜的教育。例如，在组织区角游戏时，幼儿教师要综合考虑每名幼儿的兴趣爱好和以往参与区角游戏的情况，以及近段时间的发展目标，为幼儿提供活动建议，鼓励幼儿到他们喜欢又能够促进他们发展的区角中开展活动。

面向幼儿开展集体教育活动时，幼儿教师要保持一定的开放性与弹性，照顾到幼儿的个别差异，满足不同幼儿多样化的学习和发展需求。在某些情况下，个别幼儿的需要与大多数幼儿的需要之间会发生矛盾，幼儿教师要对此进行协调与平衡。幼儿教师既不能因个别幼儿的需要而忽视大多数幼儿的需要，也不能因大多数幼儿的需要而漠视个别幼儿的需要。

（4）幼儿教师在评价幼儿的发展时，要多使用纵向评价，以分析每一名幼儿的发展与进步。如果使用横向评价，幼儿教师应该是通过比较确认每一名幼儿是否都在原来的基础上获得了同等程度的发展。幼儿教师评价幼儿的目的应该是基于评价结果制订适宜幼儿发展现状的新的教育计划，从而使幼儿获得更好的发展。

（二）公正对待幼儿的行为礼仪

幼儿教师是否对幼儿公正，主要表现在 3 个行为指标上。

（1）在一个普通的生活或教育情境中，幼儿是否得到了平等对待，幼儿教师有无歧视、排斥或漠视个别幼儿。

（2）在个别幼儿的需求和大多数幼儿的需求不一致的情况下，幼儿教师能否关照到个别幼儿的需求，并同时保障大多数幼儿的利益不受损。

（3）在机会有限，需要在幼儿之间进行选拔或分配的情况下，幼儿教师能否确定一个合适的选拔或分配标准，并坚持执行，以保证每一名幼儿都得到平等的机会。

在幼儿园教育活动中，幼儿教师的公正通常表现在教育习惯中，集中体现在幼儿教师对答题机会的分配上。

幼儿教师要公正地对待每一名幼儿，将"一个都不能少"贯彻在组织幼儿生活和教育活动的整个过程中。例如，在分组或分区域进行教育活动时，幼儿教师要考虑是不是所有的幼儿都获得了同等的活动机会；在安排座位时，幼儿教师要考虑是不是所有的幼儿都坐在了离教学活动中心一样远的位置上；在进行示范或教具展示时，幼儿教师要考虑是不是所有的幼儿都能看清楚等。

在幼儿教育过程中，由于机会有限，幼儿教师需要在幼儿之间分配活动机会的情况时常发生，如表演节目时分配角色，参加比赛时选拔选手等。其中，幼儿教师最常面对的是在每次教育活动中分配答题机会。幼儿教师要公正地对待每名幼儿，确保"每名幼儿都有机会"。要想做到合理分配答题机会，幼儿教师需要掌握提问的艺术。图 8-7 所示为幼儿教师提问的艺术。

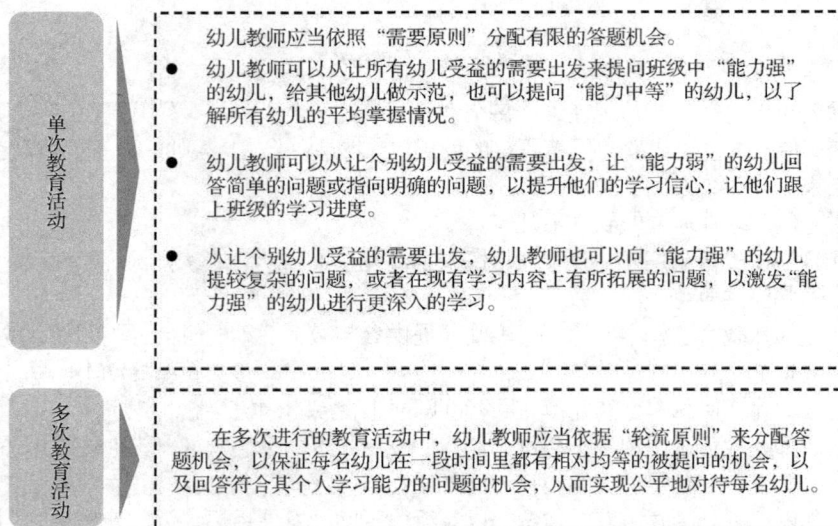

图 8-7 教师提问的艺术

四、关怀幼儿

在幼儿教育中，关怀幼儿是幼儿教师的必备素质，是幼儿教育事业的内在规定。幼儿教育的实质就是一个关注幼儿的需要，对幼儿的需要予以积极回应的过程，是一项主动服务幼儿发展的事业。这项事业质量的好坏取决于幼儿教师是否关爱幼儿，并使用理性的方法和策略来关爱幼儿，让幼儿感受到幼儿教师的关怀，从中获得一种安全、温暖、积极的心理感受。

（一）关怀幼儿的内容

关怀幼儿即关心、爱护幼儿，是指在公正对待幼儿的基础上对幼儿多一点关心，以及在其犯错误的情形下，对其多一点包容和爱护。与公正原则强调平等相比，关怀是一种无偿的给予。

幼儿园应该是一个充满爱的地方。幼儿园里的每个人都应该发自内心地关爱周围的人，关爱一切生命；幼儿园里的每个角落都应该充满关爱的气息。在营造关怀幼儿的氛围时，幼儿教师应该起主导作用。只有富有爱心的幼儿教师，才能培养出富有爱心的幼儿。

爱是幼儿教育的底色。没有了爱与关怀，幼儿教育就会失去教育的基础，迷失教育的方向。由于身心发展不成熟，幼儿在表达自身意愿和需求方面尚不熟练；幼儿在承受压力和挫折方面尚显稚嫩，并且常常会犯错，这就需要幼儿教师细致、耐心地观察幼儿的心理活动，准确地发现和回应幼儿的需要。

为了避免对幼儿造成伤害，幼儿教师在与幼儿交往前要充分了解幼儿；在与幼儿交往中要使用巧妙的策略，尤其要注意细节对幼儿的影响。另外，幼儿教师要对幼儿始终保持一颗包容的心，理解和原谅幼儿的错误，并基于幼儿的错误设计教育活动，进而促进幼儿的发展。

综合来讲，幼儿教师对幼儿的关怀主要表现在对幼儿的细心与用心，对幼儿的包容与谅解，对幼儿教育活动的思考与设计，以及对幼儿生活学习中细节的关照上。

全身心地关注幼儿时，幼儿教师就会自然地产生主动帮助和教育幼儿的愿望，就会在行动中自然地表现出对幼儿的关爱。幼儿教师对幼儿的关爱会渗透到其教育行为的每一个细节中，而不是一种固定的行为方式。

（二）关怀幼儿的行为礼仪

幼儿教师要善于表达对幼儿的关怀。只有让幼儿真切地感受到暖融融的爱意时，幼儿才会获得爱的力量，才会感到满意、幸福，才会更加开心、自信。

1. 用行动表达爱与关怀

爱不只是幼儿园里的一个标语或口号，幼儿教师要懂得让爱发生在幼儿的身上或身边，这样幼儿才能真实地感受到爱及其力量。在与幼儿的相处中，幼儿教师可以通过一些爱的活动仪式让幼儿感受到来自幼儿教师和其他幼儿的爱，同时也给予幼儿表达对幼儿教师和其他幼儿的爱的机会。

例如，某幼儿园的袁老师为了使自己在点名的过程中和幼儿拉近距离、培养情感，以游戏的方式进行点名。

在幼儿入园后，她让幼儿围坐成一个大圆圈，然后用清晰、温柔的声音对幼儿说："宋宁宁，你在哪里？蒋园园，你在哪里？"这种刻意寻找的语气特别能使幼儿感到老师在关注他们，所以他们也要好好地表现自己，并大声地回答："袁老师，我在这里。"这时，袁老师就冲着他们微微一笑，点点头，伸出手去摸他们的头，并根据班里幼儿的性格、能力、爱好、特点，提出各种问题，如"今天早饭吃的什么""谁送你来幼儿园的""你喜欢哪些动物""你在家帮妈妈做了哪些家务"。

这种点名方式让整个点名过程充满浓浓的师生情，着实能让幼儿感受到幼儿教师对他们的喜爱，从而为幼儿愉快地度过在园的一日生活奠定良好的心理基础。

幼儿教师要注意，除了爱幼儿，还要热爱一切生命，如爱每一个人，爱护一切动植物等，因为幼儿教师对幼儿起着示范与表率的作用。在幼儿面前，不要无情地消灭人类以外的生命体。对于会伤害人类的生命体，幼儿教师可以采取驱赶的方式，但不应采取消灭的方式。只有这样，才能培养出有爱心的幼儿。

2. 耐心倾听幼儿讲话

幼儿教师关怀幼儿，也体现在能够耐心倾听幼儿的讲话与心声上。在此基础上，一个关怀幼儿的幼儿教师还能够运用自己的倾听鼓励幼儿大胆地表达与表现自我。

（1）幼儿教师要专心致志地倾听幼儿的讲话，与幼儿保持目光接触，仔细听清幼儿所讲的话，让幼儿感受到幼儿教师愿意听自己讲话，不要走神或表现出不耐烦的样子。

（2）幼儿教师要全身心投入，用欣赏的目光或点头等动作积极回应幼儿，做到"共情地听"，鼓励幼儿畅所欲言，说出自己心里的话。

（3）幼儿教师要将幼儿的讲话内容与幼儿讲话时的表情、目光和动作结合起来，并联系幼儿的日常表现，分析、理解、把握幼儿的真实想法和需求。

（4）幼儿教师要在"听"的基础上，用自己的回应策略鼓励幼儿完整连贯地表达自己的想法，以提高幼儿的表达能力。也就是说，幼儿教师要在"听懂"幼儿的基础上，积极回应幼儿的需要。

3. 合理运用奖罚制度

幼儿教师关怀幼儿还表现在对奖惩艺术的运用上。幼儿犯错时受到惩罚，进步时得到表扬，这是幼儿教师运用奖惩制度的基本之道，也是幼儿教师对幼儿负责任和公正对待幼儿的表现。在此基础上，幼儿教师在什么时机、用什么方式、按照什么程序来对幼儿进行奖惩，以及奖惩到什么程度，能否将奖惩的教育意义最大化，让幼儿从中感受到幼儿教师的关怀，就需要幼儿教师运用奖惩艺术。

幼儿教师在奖励幼儿时应注意以下几点。

（1）多方面奖励。幼儿教师不仅要奖励幼儿良好的行为结果，还要奖励幼儿良好的行为动机、态度、认识、行为方式，以及进步等。

（2）奖励应适度。当奖则奖，但不要滥用奖励。适度的奖励能够增强幼儿的行为动机，帮助幼儿习得正确的行为，而过度的奖励会削弱幼儿的行为动机，降低效用。

（3）以精神奖励为主。幼儿教师要尽可能地使用精神奖励，降低物质奖励的使用频率。过多的物质奖励容易导致幼儿动机异化，造成幼儿只为获得物质奖励而行动。

（4）奖励要有针对性。面对不同幼儿时，奖励的方式和程度应有所选择。对于性格羞怯且能力较弱的幼儿，要公开表扬；对于能力强且好表现的幼儿，应私下表扬。

幼儿教师在惩罚幼儿时应注意以下几点。

（1）根据需要惩罚。幼儿教师要从教育的需要出发惩罚幼儿，不能为了"解个人的心头之气"惩罚幼儿。每一次对幼儿的惩罚都应该是一次有设计的教育安排，是为了帮助幼儿认识错误、改正错误。

（2）惩罚应适度。惩罚的方式和程度应当恰当，幼儿教师要保证在法律允许和幼儿能够接受的范围内，在尊重幼儿、对幼儿负责任和公正对待幼儿的前提下惩罚幼儿。

（3）惩罚应因人而异。例如，对于自信心不足的幼儿，应当少用惩罚；对于习惯内部归因的幼儿，应当少用惩罚。

（4）惩罚要注意场合。惩罚最好在私下单独进行，以保护幼儿的自尊心；也可以公开进行，如进行集体惩罚，以便幼儿从中形成正确的认知。

事实上，奖励与惩罚只是中性的教育手段。奖励并不绝对是一种积极的教育手段，也可能导致负面的教育效果，如奖励不当可能会导致骄傲、自负等心理，甚至会造成不公正等。奖励与惩罚的教育性能否实现，取决于幼儿教师在运用奖励与惩罚时是否符合教育科学和幼儿发展规律。

第三节　幼儿园行政人员职责与礼仪

引导案例

孙甜甜是幼儿园的一名保育员，工作认真负责。班里有位叫晗晗的回族幼儿，晗晗的母亲也特意向幼儿园老师说明过该情况，并请幼儿园老师尽量照顾晗晗的生活习惯。孙甜甜细心地记录下晗晗的饮食禁忌，每次都会为晗晗准备好适合的食物。

不仅如此，她每天完成自己的工作后，还会抽时间学习。她说："我喜欢幼儿教育工作，我要努力学习，拿到幼儿教师资格证，我相信，我一定能成为一名真正的幼儿教师。"

从《幼儿园工作规程》中对幼儿园教职工的相关规定中可以看出：幼儿园教职工不仅要尊重、爱护幼儿，而且要真正站在幼儿的视角开展保教工作，以理解幼儿独有思维的方式看待幼儿的行为和发展；上岗的幼儿园教职工必须具有相关的专业知识和技能，以及一定程度的文化和专业水平。这些规定充分体现出幼儿园行政人员必须具备相关的职责与礼仪。

一、园长的职责与礼仪

幼儿园园长负责幼儿园的全面工作。园长既是教育者、领导者、管理者，又是服务者、学习者和开拓创新者。首先，园长要有先进的教育理念、强大的领导力和出众的管理能力；其次，园长作为服务者，要为幼儿的身心发展、家长教育观念的转变、幼儿教师的职业成长提供足够的支持与帮助；再次，园长作为学习者要有终身学习的理念，能够接受继续教育，懂得学无止境、与时俱进；最后，园长要有开拓创新者应有的勇气、创新精神和对社会发展进程的敏锐洞察力和把握力。

（一）园长的工作职责

幼儿园园长的工作职责如下。

（1）贯彻执行国家的有关法律、法规、方针、政策和地方的相关规定。

（2）主持幼儿园的保教工作，领导和组织安全保卫、卫生保健工作，贯彻有关的法规和规章，确保幼儿在园的安全、卫生和健康。

（3）负责建立并组织执行幼儿园的各项规章制度，依法进行内部管理。

（4）领导和组织教育工作，贯彻执行国家幼儿园课程标准，促进幼儿身心和谐发展。

（5）负责按照有关规定聘任、调配教职工，指导、检查和评估幼儿教师及其他工作人员的工作，并给予奖惩。

（6）负责教职工的思想政治工作、职业道德教育，组织文化、业务学习，并为他们的政治、文化和业务进修创造必要条件。

（7）维护教职工的正当权益，关心并逐步改善教职工的生活和工作条件。

（8）发挥教职工代表大会在幼儿园民主管理中的作用，调动和发挥教职工的主动性、积极性和创造性。

（9）领导和组织行政工作，包括对幼儿教师和其他工作人员的聘任、调配、考核（检查和评估）、任免和奖惩，以及园舍、设备和经费管理等。

（10）保持与家长和社区的密切联系。向家长和社区宣传正确的教育思想和科学育儿知识，争取家长和社区对幼儿园工作的支持。

（二）园长的职业素养

优秀的园长必须具备优良的思想品质、高效的管理能力、专业的引领能力、良好的身体素质等。

1. 优良的思想品质

园长必须具备的优良的思想品质主要体现在以下几个方面。

（1）坚持实事求是，一切从实际出发，按客观规律办事，能自觉地执行国家的教育方针政策，主动贯彻《幼儿园工作规程》，能正确处理幼儿家长、幼儿园、幼教职工之间的利益关系。

（2）热爱幼儿教育事业，热爱幼儿，尊重、依靠、团结教职工。园长要全心全意地为幼儿、为幼儿家长服务；密切联系幼教职工，发扬民主精神，解放思想，勇于创新，开创新局面。

（3）具有大公无私的高尚情操，公正廉洁，严于律己，以身作则。园长遇事应先考虑幼儿、幼儿园和幼教职工的利益，不能假公济私，不能以权谋私，要时刻自省，严于律己。

（4）要敬业守职，努力进取，真诚待人，宽容大度。园长要在坚持原则的前提下，认真听取各种意见，无论是赞扬还是批评，都应以虚怀若谷的态度，有则改之，无则加勉，坦率诚恳。

2. 高效的管理能力

好幼儿教师不一定能当好园长，但好园长一定是好幼儿教师，园长要具有高效的管理能力。

（1）能够全面妥善管理人员、财物、时间、信息、档案资料等。园长要善于对检查结果、学习、培训知识进行分析总结，对成功的经验应加以肯定与推广，不断提高工作效率。

（2）有一定的组织沟通协调能力。园长应具备较强的人际交往能力，能够洞察对方心理，具有倾听、说服、谈判、情绪管理等能力，能够调动幼教职工的积极性，善于依靠和动员家长、社区等各方面的力量参与和支持幼儿园建设。

（3）具有勇于探索的创新能力。园长应思路开阔，具有丰富的想象力，能够变集体智慧为独到的新见解，采取有效的新行动，不断开拓创新。

（4）要有综合分析、统筹全局的思维能力。园长要有对幼儿园全局活动进行分析、综合、概括和判断的能力，能够透过现象看清本质，能够运用科学的逻辑思维方法，进行有效的归纳与总结，找出解决问题的方法。

（5）要有尊重人才、知人善任、优化结构、提高效能的组织能力。园长要善于发现和使用人才，用人之所长，避人之所短，重视幼教职工的培养与训练，建立高效、合理的幼儿园师资团队。

3. 专业的引领能力

保育与教育是幼儿园的中心工作，园长是保教的领航员和掌舵人，要具有专业的引领能力。

（1）勤于学习、观察和思考，了解教育改革与发展的趋势，把握本园保教的方向和重点。

（2）深入一线，善于发现经验和人才，并对人才予以重视和培养，敏于发现问题，善于解决问题。

（3）重视园本教研与科研，激励幼儿教师积极参与研究和解决实际问题。园长要亲自抓好园本实验项目以凝聚全园的研究力量，发挥整体效应，推进幼儿园的整体发展、幼儿教师的专业发展、园本课程和办园特色的建设。

4. 良好的身体素质

园长必须有健康的身体，这是园长开展工作的基础与前提。良好的身体素质包括两个方面，一方面是指身心，要求身体健康、心理健康、积极向上，心理承受能力强；另一方面是指脑力，要求思维敏捷，逻辑清晰，能清晰、高效地处理繁重而复杂的工作。

（三）园长的工作礼仪

园长的工作礼仪包括日常工作礼仪和日常语言礼仪两个方面。

1. 日常工作礼仪

园长的日常工作礼仪要求如下。

（1）自觉打扫卫生，保持办公室整洁、美观。书橱、桌面的物品摆放整齐。每天最后一个离开办公室时要注意关门、关窗、关电器。

（2）主动学习和掌握与本职工作有关的知识与信息，了解并精通专业知识。

（3）认真观察幼教职工的工作状况，予以指导。

（4）要有超前意识，主动地发现问题、解决问题。

（5）不得随意离开工作岗位，有事外出或园内巡视时，要带上手机并告知相关人员。

（6）不得在工作时间与同事开玩笑、大声讲话或唠家常。

（7）爱护幼儿园的公共设施，如各种活动器具、教学用具、办公室门窗等。

（8）注意公共卫生，不吃零食，不乱扔果皮纸屑，不吸烟，不随地吐痰等，做好幼教职工的表率。

2. 日常语言礼仪

园长与他人沟通时应说普通话，语气平和、态度亲切、音量适中、条理清晰、表达流畅，多使用积极、正面的鼓励话语。

（1）接待幼儿教师礼仪

园长接待幼儿教师时，应本着相互尊重、坦诚相待的原则，站在对方的立场全面考虑问题。了解幼儿教师的心理，帮助幼儿教师分析事情的原因和可能产生的结果，并给予幼儿教师有针对性、建设性的意见。

（2）指导幼教职工工作礼仪

园长要熟悉全园各岗位的工作流程与规范，以便在工作巡视中及时发现问题、解决问题。针对不同岗位的流程与规范进行不同的指导，并依据相关的绩效考核方案对全体员工的工作质量进行考核与评估。

（3）与幼教职工沟通礼仪

园长要不定期地与幼教职工进行沟通，以便及时了解他们的思想动态和现阶段的工作状况，用积极向上的阳光心态引领他们，关心他们的生活，增强团队的凝聚力。

（4）处理各种园务矛盾礼仪

园长处理各种园务矛盾时要头脑冷静，保持理智，遵循对事不对人的原则，不能感情用事；要充分调查园务矛盾的原因，善于同矛盾的双方进行沟通与交流，寻找双方的平衡点，帮助双方达成共识。

（5）处理家长与幼儿园的矛盾礼仪

园长处理家长与幼儿园的矛盾时，应首先安抚家长激动的情绪，了解矛盾的原因，向家长做好解释工作，提出具体的解决方案，与家长达成共识，并最大限度地争取家长的理解和谅解。

处理家长与幼儿园的矛盾，重要的是安抚家长的情绪，但也不能为了取悦家长而一味地迎合家长的意愿，做出有损幼儿教师尊严的决定。如果家长的要求过于苛刻，园长应委婉地拒绝。解决方案满足不了家长的要求时，园长要立即组织幼儿园的管理人员召开紧急会议，商议出更好的解决方案，并尽快给予家长答复。

二、保育员的职责与礼仪

保育员是除了幼儿教师外，与幼儿接触最多的幼教职工。保育员是指在托幼机构等保教机构中，辅助幼儿教师进行幼儿养育、保健工作，并协助幼儿教师对幼儿进行教育的人员。

（一）保育员的工作职责

保育员的主要工作职责，具体如下。

（1）负责本班教室、设备、环境的清洁卫生和消毒工作。

（2）在幼儿教师指导下，科学照料和管理幼儿生活，并配合本班幼儿教师组织教育活动。

（3）在卫生保健人员和本班幼儿教师的指导下，严格执行幼儿园安全、卫生保健制度。

（4）妥善保管幼儿衣物和本班的设备、用具。

（5）熟悉幼儿保育的基础知识，并通过接受再教育和训练保持知识的更新。

（6）认识和尊重每个幼儿的品质、能力和潜能。

（7）创造和保持安全健康的环境以培养幼儿的社会、情感、认知和身体发展，并维护他们的尊严和尊重他们的贡献。

（8）支持每个幼儿在一个融合环境中游戏和学习的权利，满足所有幼儿的需要。

具体来说，保育员的日常工作职责如下。

1. 晨间清洁卫生

（1）按时到幼儿园进行教室的开窗通风。

（2）检查幼儿的用具，如水杯等，并进行清洁消毒，准备好幼儿的饮用水。

（3）清洁教室地面、桌面、幼儿衣柜、玩具柜等。

（4）为幼儿准备好洗手用品，检查幼儿擦手的毛巾是否齐全。

（5）打扫厕所。先用清水冲洗一遍厕所。再用消毒液刷一遍厕所，最后用清水冲洗厕所。

2. 晨间接待

（1）配合幼儿教师做好家长接待工作。

（2）穿戴整齐，仪表整洁、大方，热情接待。与幼儿家长做简短交谈，了解幼儿在家的情况。

（3）对患病的幼儿或情绪不好的幼儿要特别关照。

3. 户外保育护理

（1）组织户外活动时，注意幼儿的安全。

（2）提醒幼儿遵守活动秩序，不要拥挤和推搡。

（3）集中精力关注幼儿，不得随意离开幼儿，或聚在一起聊天。

（4）负责做好活动后的整理工作和安全防护工作。

4. 幼儿盥洗

（1）指导进食前或如厕后的幼儿认真盥洗；帮助较小的幼儿盥洗时，动作要轻柔，态度要和蔼可亲。

（2）组织幼儿盥洗时要维持好秩序。

（3）培养幼儿良好的盥洗习惯。

5. 幼儿餐食

（1）相互配合，各尽其责，准备好幼儿的餐食。

（2）组织幼儿遵守良好的用餐秩序与礼仪。

（3）确保幼儿用餐安全，及时为幼儿添饭加汤，保证幼儿吃好、吃饱。

（二）保育员的工作礼仪

保育员的工作礼仪如下。

1. 爱岗敬业，热爱幼儿

忠于幼儿教育事业，勤恳敬业，甘为人梯，乐于奉献，对工作高度负责，认真完成本职工作，不断提高对幼儿生活的管理、护理、教育等能力；热爱儿童，对幼儿充满爱心，耐心教育，平等对待，使幼儿感受到集体的温暖，促进幼儿身心健康发展。

2. 为人师表，遵纪守法

衣着整洁朴素，不戴首饰，不化浓妆，言谈举止文雅大方，同时必须以身作则，严于律己，自觉遵守国家的法律法规和幼儿园的各项规章制度，自觉维护幼儿园的声誉。

3. 积极进取，开拓创新

深入学习教育学、心理学、《教育法》等方面的知识，做到理论结合实践；熟练掌握现代教育技术，能用直观、形象的方法展示保育的内容；有创新精神，不断探索，在教学中实现自我更新、自我完善。

4. 尊重家长，热情服务

既要加强与家长的交流，又要认真听取家长的意见，还要给予家长必要的科学育儿方面的指导，与家长建立诚挚、平等的关系。

5. 文明礼貌，团结协作

热爱幼儿园，以园为家；服从调配，相互协调，自觉参与幼儿园的有关活动；团结同事，谦虚谨慎，关爱幼儿，关心幼儿园的各项活动，积极配合幼儿教师的保育工作。

三、其他行政人员的职责与礼仪

下面主要介绍幼儿园的医务人员、后厨人员、安保人员、网络管理员及资料员的职责与礼仪。

（一）医务人员的职责与礼仪

医务人员的职责与礼仪如下。

（1）协助园长组织实施有关卫生保健方面的法规、规章和制度，并监督执行。

（2）根据幼儿不同的年龄特点，建立科学、合理的一日生活制度，培养幼儿良好的卫生习贯。

（3）为幼儿提供合理的营养膳食，科学制定食谱，保证膳食平衡。

（4）建立健康检查制度，开展幼儿定期健康检查工作，建立健康档案；坚持晨检及全日健康观察，做好常见病的预防，发现问题后能及时处理。

（5）制订符合幼儿生理特点的体格锻炼计划，根据幼儿年龄特点开展游戏及体育活动，并保证幼儿户外活动安全，增进幼儿身心健康。

（6）严格执行卫生消毒制度，做好室内外环境及个人卫生；加强饮食卫生管理，保证食品安全。

（7）协助落实疾病防控和计划免疫工作，在幼儿入学时应当查验其预防接种证；对于未按规定接种的幼儿要告知其监护人，督促监护人带幼儿到当地规定的接种单位补种。

（8）加强日常保育护理工作，对体弱幼儿进行专案管理；配合妇幼保健机构定期开展幼儿眼、耳、口腔保健，开展幼儿心理卫生保健。

（9）建立卫生安全管理制度，落实各项卫生安全防护工作，预防伤害事故的发生。

（10）向其他幼教职工和家长进行卫生保健宣传和指导。

（11）妥善管理医疗器械、消毒用具和药品等。

（二）后厨人员的职责与礼仪

后厨是幼儿园的重地，后厨人员是幼儿园行政人员的重要组成部分。后厨人员的职责与礼仪如下。

（1）全面执行本园对食堂工作的有关制度和纪律，按部就班地工作，以保证全园师生的膳食供应。

（2）按规定和需要执行食品采购计划。

（3）厉行节约，精打细算，精心调制，合理安排，降低成本，杜绝浪费，以提高全园师生的伙食水平。

（4）执行有关仪器卫生法规，把好仪器卫生关。

（5）贯彻并执行本园对食品卫生的特殊要求。

（6）管理好食堂设备、设施、用具等财产，定期参加全面卫生大扫除。

（7）参加本园组织的公共活动。

（三）安保人员的职责与礼仪

安保人员的职责与礼仪如下。

（1）严格恪守作息时间，按时交接班。

（2）值班时精神饱满，衣着整齐，礼貌待人，不得擅自离岗，不做与工作无关的事。

（3）值班时密切关注本园治安环境情况，对有可能影响本园安全或有可能危害本园的情况要积极、果断地处理，做到防患于未然。

（4）白班按要求做好门卫传达工作，清理门口一切闲杂人员；夜班按要求巡视全园，防范一切可疑人员。

（5）每日执行幼儿的接、送验卡任务，在入离园期间提高警惕，注意周边环境，防止意外事件。

（6）严格执行有关接待制度和人员、财物进出园制度：非本园工作人员未经许可，不得入园；非本园车辆不得入园停放；本园车辆不得驶入幼儿活动区；非私有财物未经允许不得放行出园。

（7）做好所处环境的清洁、保洁工作。

（8）爱护工作机械、物品，按章使用，交接保管。

（9）积极参与本园组织的其他活动，完成园办临时安排的工作。

（10）认真参加身体和技能锻炼，不断提高专业技能水平和应变能力。

（四）网络管理员及资料员的职责与礼仪

网络管理员及资料员的职责与礼仪如下。

（1）负责管理和保证幼儿园网络服务器、台式计算机等基础设施的运行；负责幼儿园信息系统的培训、技术支持等工作。

（2）负责网络维护、系统维护、计算机维护，以及幼儿园网站的建立。

（3）兼顾幼儿园资料保管工作，严格执行文件资料管理规定和借阅制度，并对文件资料的流向、转发范围、完整性和保密性负责。

（4）及时收集、整理、归档和保管原始档案和电子档案。

（5）负责办公用品的申购、领用、保管和发放工作。

（6）完成园长交给的其他任务。

思考与练习

1. 幼儿教师与同事交往时，应注意哪些礼仪？
2. 幼儿教师应怎样尊重幼儿？
3. 简述幼儿园园长应具备的职业素养。

拓展训练

1. 小冰是一个发育迟缓的小朋友，跟不上班级的学习进度。你如果是小冰的老师，应当怎么做？

2. 吃午饭时，两个小朋友拿着装满水的杯子不停地碰杯，水洒了一地。作为幼儿教师，你会怎么做？

09

第九章

幼儿教师活动礼仪

学习目标

> 了解幼儿的区域活动和户外活动。
> 掌握幼儿教师区域活动礼仪。
> 掌握幼儿教师的社交活动礼仪。
> 掌握不同场合下的座次礼仪。
> 恪守职业道德，注重细节，培养良好的礼仪习惯。
> 树立规则意识，引导幼儿遵守规则、遵守秩序。
> 规范自己的言谈举止，与他人沟通时展现出良好的修养与素质。

　　幼儿教师在幼儿教育活动中应亲切自然、感情真挚，使用准确规范、生动形象、富有童趣的教学用语，注重与幼儿的对话与情感交流。幼儿教师应注重培养幼儿良好的学习习惯和生活习惯。在参加各种社交活动时，幼儿教师应注重细节，遵守各种礼仪规范，塑造良好的自身形象，展现优秀的品质和良好的修养素质。

第一节　区域活动礼仪

引导案例

　　幼儿园徐老师正在和小朋友们玩"妈妈寻蛋宝宝"的游戏。她想通过游戏的方式让幼儿认识鸡蛋和鸭蛋，教会幼儿剥蛋的方法，让幼儿品尝蛋的味道，并且了解蛋的组成及营养成分等。

　　徐老师在科学探索活动区角提前藏好了煮熟的鸡蛋和鸭蛋，还准备了一些图片。徐老师穿着运动装，分别模仿着小鸡和小鸭的样子，对小朋友们说："我的宝宝不见了，你们能帮我找到我的宝宝吗？"小朋友都非常积极地开始寻找……

　　徐老师通过游戏的方式吸引幼儿的注意力，然后通过实物教幼儿认识鸡蛋和鸭蛋的外部特征，引导幼儿通过比较认识鸡蛋和鸭蛋，最后教幼儿正确的剥蛋壳的方法，以及蛋黄和蛋白的营养成分等。

　　徐老师在设计的"妈妈寻蛋宝宝"游戏中穿插故事、提问等环节，合理运用目光、手势、启发性语言充分激发幼儿的好奇心和学习兴趣，培养幼儿主动探索、认真专注等学习品质。通过徐老师的生动扮演和形象讲解，幼儿获得了大量的生活知识与经验。

　　区域活动又称区域游戏，是指利用活动室、睡眠室、走廊及室外场地来设置各种区角，依据教育目标、幼儿的兴趣和发展需要及主题活动发展进程，在各区角投放一定的材料，为幼儿创设分区活动场所，让幼儿根据自己的兴趣和意愿选择活动内容和活动方式的小组化、个体化的教育活动。

一、认识区域活动

　　区域活动的内容和材料应随主题活动、幼儿发展和探索兴趣的变化进行定期或不定期的调整。

（一）区域活动的特点

　　区域活动具有以下特点。

（1）开放性：方便幼儿与幼儿之间，幼儿与幼儿教师之间进行合作、互动、参与、支持与观摩。

（2）可操作性：便于场地布置、材料提供和组织安排。

（3）灵活性：易于根据需求，重新布置场地、改变活动材料。

（4）个性化：能满足幼儿个性发展需要，提供多方面、丰富的活动材料。

（二）区域活动的种类

根据不同的标准，区域活动可以分为不同的种类。

（1）根据活动领域，分为科学活动、数学活动、语言活动、音乐活动、美术活动、生活活动、角色扮演活动等。

（2）根据活动方式，分为操作活动、探索活动、益智活动、建构活动、阅读活动、表演活动等。

（3）根据空间结构，分为室内活动和室外活动。

（4）根据功能，分为学习性活动和游戏性活动。学习性活动有表演活动、探索活动等，游戏性活动有玩沙活动、玩水活动、种植活动等。

（三）区域活动的内容设计

在设计区域活动的内容时，幼儿教师应注意以下两个方面。

1. 以促进幼儿全面发展为基础

区域活动的内容设计应以促进幼儿全面发展为基础，根据幼儿发展目标和本阶段课程实施目标，在了解幼儿兴趣、需要和能力发展水平的基础上，贴近幼儿实际生活，确立各类活动的具体目标，投放相关材料。

2. 与主题活动发展目标相联系

在实施主题活动时，将一些探索性强的学习内容有机地融入区域活动，让幼儿在开放的活动区里进行自主探索和操作，产生新想法。区域活动作为主题活动的延伸和补充，能起到丰富和发展主题的作用。此外，区域活动的内容应当随着主题活动的变化而不断进行调整。

二、幼儿教师区域活动礼仪

区域活动是促进幼儿发展的良好途径，幼儿教师良好的区域活动礼仪既能体现个人的自信、气质与涵养，也会对幼儿产生一种亲和效应，使幼儿愿意参加幼儿教师组织的活动，把幼儿教师当作可以信赖的朋友。区域活动还能对幼儿的道德品质、行为习惯等产生潜移默化的影响。

幼儿教师在区域活动中应保持乐观开朗、亲切活泼、富有朝气的状态。每次开展区域活动时，幼儿教师应提前准备好教具或材料，整理好仪容仪表，将手机关闭或设置成静音状态后放在安全的地方，并调整好心态。

开展区域活动时，幼儿教师除了仪容仪态需要合乎幼儿教师礼仪规范外，还要注意以下几个方面。

（一）着装礼仪

根据幼儿教师着装的"TPOR"原则，具有舒适性、感染力和亲切感是对幼儿教师服装的基本要求。幼儿教师的着装礼仪如下。

1. 舒适性

幼儿教师在工作中会有较多的下蹲、弯腰等动作，在活动时间还要带幼儿做操、做游戏等，所以舒适性就显得特别重要。

2. 感染力

幼儿教师的穿着应充满活力，并让幼儿从视觉上感受到这种力量。多彩的环境更有利于幼儿成长，幼儿教师要用服装的色彩来表现环境氛围，即在区域活动中，要准备与活动氛围和角色特点一致的服饰，以突出活动的趣味性和角色的象征性，激发幼儿的学习、表演和运动兴趣。

幼儿教师可以根据角色设计造型，佩戴具象的头饰，如兔子的长耳朵、乌龟的硬壳、大公鸡的头冠等，配置活动角色需要的道具和物件，如篮子、围裙、雨伞等。

3. 亲切感

幼儿教师的服装要富有亲切感，尤其是一些少数民族地区的幼儿教师，穿上富有民族特色的服装，会让幼儿和家长倍感亲切。

（二）目光礼仪

眼睛是心灵的窗户。幼儿教师可以用充满关怀、理解的目光支持、鼓励幼儿参加区域活动，促进幼儿全面发展。

目光分为环视、注视和平视。幼儿教师的目光礼仪如下。

1. 环视

在区域活动中，幼儿教师应养成环视幼儿的习惯。区域活动开始前，幼儿教师要面带微笑环视幼儿，采用多种方式进行活动前的导入和过渡。在区域活动过程中，幼儿教师要多次环视幼儿，了解活动的进展情况，及时帮助活动完成速度较慢的幼儿，以保证区域活动顺利开展。区域活动结束时，幼儿教师要表扬活动完成好的幼儿，或提出建议和不足，或对幼儿作品进行简单评价。

2. 注视

注视可分为亲密注视、一般注视和严肃注视 3 类。

（1）亲密注视，即看着对方的双眼和胸部之间的区域。

（2）一般注视，即看着对方的双眼与嘴角之间的三角形区域。

（3）严肃注视，即看着对方的双眼与前额之间的三角形区域。

幼儿教师应根据不同的场合运用不同的注视类型。例如，要用严肃的语气给幼儿讲故事时，就不能对幼儿实行亲密注视，否则会降低严肃感。

首先，注视有利于沟通师幼感情。罗森塔尔效应已证明幼儿会用实际行动回馈幼儿教师的期望。幼儿教师关注每一位幼儿，可以激发全体幼儿参与活动的兴趣。其次，注视有利于进行活动反馈。幼儿教师可以从幼儿的目光中判断出幼儿对活动是否感兴趣及幼儿活动的效果等。最后，注视有利于兼顾每一位幼儿，使每一位幼儿的注意力保持集中，从而保证区域活动有序进行。

3. 平视

平视也称正视，指视线呈水平状态，代表平等、坦诚和尊重，适用于与幼儿的日常交往。

（三）语言礼仪

苏霍姆林斯基说过，教育的艺术首先包括说话的艺术，同人心互相交流的艺术。幼儿教师应该学会使用语言礼仪，感染幼儿，与幼儿进行心灵交流，促进幼儿健康成长。

幼儿教师的语言礼仪如图 9-1 所示。

生动形象、幽默风趣

音质优美　　　　　　符合幼儿的思维方式

语音规范　　　　　　逻辑清晰，具有连贯性

幼儿教师的
语言礼仪

图 9-1　幼儿教师的语言礼仪

1. 语音规范

幼儿教师的普通话水平必须达到二级甲等。在区域活动中，幼儿教师要能够进行正确的变音、连读、停顿，去掉地方口音，不要使用网络上流行的语言。

2. 音质优美

由于幼儿教师职业的特殊性，女教师甜美的嗓音对幼儿有一种天然的吸引力，加上亲切和蔼的态度，更能够使幼儿产生安全感，易于和幼儿沟通交流。男教师要注意嗓音的柔和、亲切，在进行角色扮演和讲述时增加对幼儿的吸引力。

3. 生动形象、幽默风趣

生动形象可以吸引幼儿的注意力，激发幼儿的兴趣。幽默风趣可以化解尴尬，消除幼儿的紧张情绪，融洽师幼之间的感情。

4. 符合幼儿的思维方式

3～6岁幼儿的思维方式主要是直觉思维，幼儿教师应尽可能用描述性的语言让幼儿对事物产生联想和想象，激发幼儿的学习兴趣。

5. 逻辑清晰，具有连贯性

幼儿教师要对活动环节非常熟悉，在每个环节之间使用的语言应自然有趣、条理清晰、层次分明。

（四）手势礼仪

幼儿教师的手势是一种无声语言。手势与神态、情感相结合，可以表达出某种感情。例如，讲到大灰狼的时候，可以使用张牙舞爪的手势。

幼儿教师的手势礼仪如下。

（1）手势应该自然大方，避免因习惯性的小动作破坏手势的整体美感。

（2）身材高大者应适当减小手势幅度，身材娇小者宜放大手势幅度。

（3）手势应该成为幼儿教师的个人行为特色，在某一段时间内，手势变化不要过于频繁，以免幼儿无所适从。

（4）不做手势时，双手可自然垂放于身体两侧。

（5）手势幅度和力度应适中、自然规范，以免给人一种夸张和不稳重的感觉。

（6）手势应利于幼儿教师与幼儿的积极互动。

第二节　户外活动礼仪

引导案例

春天来了，万物复苏，程老师带着小朋友们到公园赏春景。小朋友们带着自己的绘画工具，怀着好奇的心理一边观察春天的景色，一边把自己喜欢的景色画下来。

小朋友们有的画了刚刚长出新芽的小树，有的画了花坛中含苞待放的花朵，有的画了在天空中飞行的小鸟。大家的画布都是五颜六色的，只有亮亮的画布一片空白。

程老师看到亮亮拿着画笔，瞟来瞟去，不知道在想什么，便问道："亮亮，你还没想好画什么吗？"

亮亮说："老师，我不知道画什么。"

程老师蹲下来对亮亮说："亮亮，低下头看看，你看到了什么？"

亮亮低着头看了一会儿说："地上是小草啊。"

程老师接着问："亮亮，你还记不记得去年冬天老师带你们出来做游戏时，这片地是什么样子的？"

"这片地上什么都没有，只有土。老师，我明白了，这就是春天的颜色！"亮亮开心地说，接着就拿起画笔在画布上画了起来。

不一会儿，空白的画布上出现了一片绿油油的草地，上面还有几只小虫子。程老师看到亮亮画的画后，竖起了大拇指，这让亮亮非常开心。

幼儿的户外活动种类很多，主要包括早操、散步、体育游戏、体育教学等。幼儿教师应利用日光、新鲜空气等自然因素锻炼幼儿的身体，增强其适应环境的能力和对疾病的抵抗能力，提高幼儿参加体育活动的兴趣。此外，幼儿教师还要培养幼儿户外活动礼仪，更好地发挥户外活动的作用。

一、户外活动环节幼儿教师的工作任务

在户外活动环节，幼儿教师的工作任务主要包括以下几点。

（1）根据不同年龄段幼儿的特点选择合适的活动内容。

（2）根据幼儿活动需要，准备足够的活动材料，布置安全的活动空间。

（3）做好活动前的准备及检查工作；精神饱满地组织活动，随时观察幼儿活动情况，如根据图 9-2 中的信息观察和指导幼儿做早操。

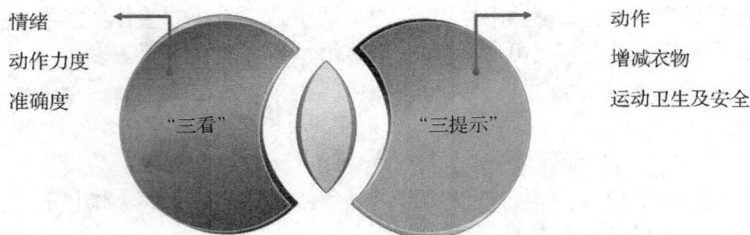

情绪			动作
动作力度	"三看"	"三提示"	增减衣物
准确度			运动卫生及安全

图 9-2 "三看"和"三提示"

（4）带领幼儿积极参加户外活动，培养幼儿勇敢、自信的意志品质和活泼开朗的性格。

二、幼儿户外活动礼仪

幼儿户外活动礼仪可以总结为 4 句口诀：在户外，做游戏；与教师，不远离；集合时，收玩具；守规则，讲秩序。

在开展户外活动前，幼儿教师应该做好准备工作，如布置活动场地、准备活动材料、检查幼儿服饰、激发幼儿活动兴趣。幼儿也要准备好活动必需品。

在户外活动中，幼儿教师应做到以下几点。

（1）情绪饱满，讲清楚活动要求。

（2）注意观察，发现问题并及时解决。

（3）动静交替，随时调整活动量。

（4）做活动的观察者、参与者。

在户外活动中，幼儿教师应指导幼儿做到以下几点。

（1）保持精神愉快。

（2）遵守活动规则，讲秩序，学会谦让。

（3）在规定范围内活动。

（4）感觉热时脱衣服，身体不适时主动告诉老师。

活动结束后，幼儿教师应指导幼儿进行场地清理，用温度适宜的干净毛巾给幼儿擦脸，给幼儿增加衣物，督促幼儿洗手、饮水等。

三、幼儿教师户外活动礼仪

在户外活动中，幼儿教师应遵守以下礼仪。

（一）服饰整洁，舒适自然

在户外活动中，幼儿教师的服饰和打扮应符合活动要求。女教师的衣服长短要适中，以休闲运动装为宜，不穿高跟鞋和裙子，不披头散发。

（二）精心准备，激发兴趣

幼儿教师应定期组织幼儿参加户外活动，保证幼儿活动的时间、空间，创设适宜的游戏环境，激发幼儿参与游戏的兴趣。

（三）仔细观察，悉心照顾

幼儿教师应关注幼儿的活动，让幼儿在自己的视野范围内活动，悉心照顾幼儿，并注意以下几点，如图9-3所示。

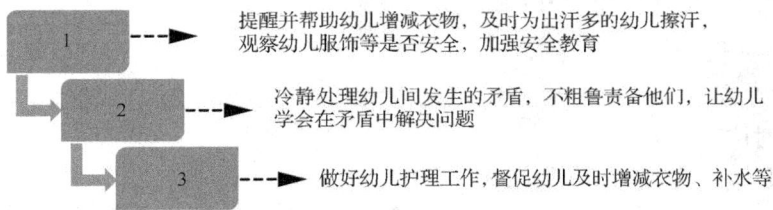

1 → 提醒并帮助幼儿增减衣物，及时为出汗多的幼儿擦汗，观察幼儿服饰等是否安全，加强安全教育

2 → 冷静处理幼儿间发生的矛盾，不粗鲁责备他们，让幼儿学会在矛盾中解决问题

3 → 做好幼儿护理工作，督促幼儿及时增减衣物、补水等

图9-3　观察和照顾幼儿的要点

（四）情绪饱满，科学组织

在户外活动中，幼儿教师是参与者而不是旁观者。幼儿教师要保持情绪饱满，做幼儿的表率；明确对幼儿的要求；控制好幼儿的运动量，注意"动静交替"；逐渐增加幼儿的活动量和活动强度，防止因突然运动或剧烈运动造成幼儿身体拉伤、扭伤或身体不适等。

幼儿教师要特别注意以下两点。

1. 调节活动

根据幼儿的年龄特征和个体差异，幼儿教师要注意自由活动与集体活动的搭配，设置好活动密度和强度，不能让幼儿长时间连续从事高强度的运动。例如，在追跑、躲闪跑、连续立定跳远、攀登、下蹲走、仰卧起坐、传接球等高强度练习时，幼儿教师要适当降低练习密度，增加休息的次数。

2. 注意幼儿状况

幼儿出现面色绯红或苍白、大量出汗、呼吸急促、节律紊乱、精神疲乏、食欲降低、很难入睡或睡眠不安等情况时，表明其活动量过大，幼儿教师要采用减少练习次数、增加休息的方法来减小运动量，防止幼儿运动过度。

第三节　社交活动礼仪

引导案例

　　邓潇是一位刚入职的幼儿教师。为了更快地融入工作环境，她邀请同事们到家里玩。邀请同事之前，邓潇并没有列出要邀请的人员名单，只是看见谁就和谁说一声，也没有提前做计划。

　　邓潇因为没有统计好要来的人数，也没有询问大家想吃什么，所以买菜时便犯了愁。同事们陆陆续续到达后，邓潇还在厨房里忙活，也没有为大家准备茶水、水果。有一个同事问水在哪里时，她才想起来去泡茶。

　　邓潇和小新是好朋友，在饭桌上她一直给小新夹菜，和小新交谈，甚至忘了身边还有别的同事。饭后，除了小新，大家都说有事，起身告辞了。

　　有教养、懂礼貌的人更容易赢得朋友和尊重。在现代生活中，人们每时每刻都离不开人际交往。幼儿教师要讲究社交活动礼仪，妥善地处理人际关系，把尊重、重视、真诚和友好传达给他人，这样能使人际交往变得更有价值。

一、接待、拜访礼仪

幼儿教师经常会遇到接待访客和拜访他人的情况，因此需要掌握接待、拜访礼仪。

（一）接待礼仪

对于幼儿教师来说，接待分为接待临时访客和接待重要访客或团队两种情况。

1. 接待临时访客的礼仪

幼儿教师接待临时访客时，需要注意以下礼仪。

（1）礼貌问候。对于临时访客，幼儿教师要先礼貌问候，再确认访客的姓名、工作单位及拜访对象、拜访事宜和拜访目的。

（2）以礼相待。对于临时访客，在任何情况下都应以礼相待，如图9-4所示。

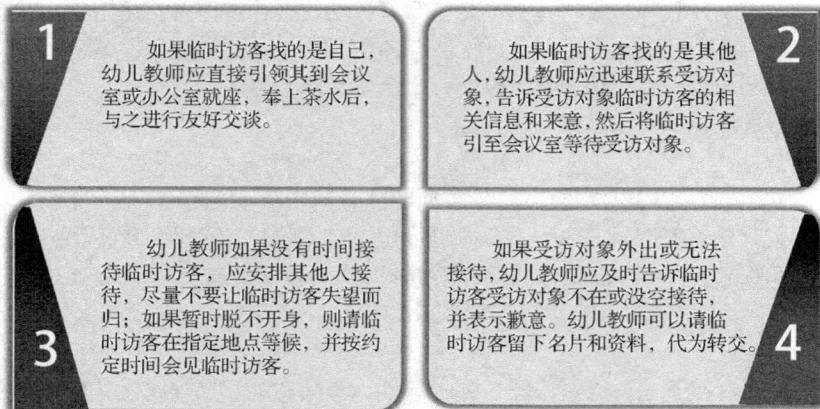

1	如果临时访客找的是自己，幼儿教师应直接引领其到会议室或办公室就座，奉上茶水后，与之进行友好交谈。	2	如果临时访客找的是其他人，幼儿教师应迅速联系受访对象，告诉受访对象临时访客的相关信息和来意，然后将临时访客引至会议室等待受访对象。
3	幼儿教师如果没有时间接待临时访客，应安排其他人接待，尽量不要让临时访客失望而归；如果暂时脱不开身，则请临时访客在指定地点等候，并按约定时间会见临时访客。	4	如果受访对象外出或无法接待，幼儿教师应及时告诉临时访客受访对象不在或没空接待，并表示歉意。幼儿教师可以请临时访客留下名片和资料，代为转交。

图9-4　以礼相待

（3）礼貌送客。送客时应主动为访客开门，待访客走出后再出来，走到合适的地方与访客道别，并等访客消失在自己视线外时再转身离开，这样方显尊重。

礼貌送客的一般规则如下。

① 对熟悉的访客，宜送至办公区或工作区外。

② 对本地的访客，一般要送到幼儿园的大门口。

③ 对远道而来的访客，应主动为其提供必要交通便利。

2. 迎接重要访客或团队的礼仪

幼儿教师在接待重要访客或团队时，通常应根据对方的身份地位、来访性质及其与当地的关系等因素，安排相应的迎接活动。

（1）确定迎接规格

迎接规格一般应遵循对等或对应的原则，即主要的迎接人员应与对方的身份相当或相应。

（2）迎接的准备

① 了解对方抵达的准确时间，以便做好接站准备。

② 根据对方人数安排好接站车辆。

③ 如果对方是来访多日，要妥善安排食宿。

（3）安排好迎接的环节

① 做好自我介绍，礼貌问候对方。

② 奉茶倒水，热情接待。

③ 注意与对方的交谈礼仪。

④ 引领对方参观园舍，并做简单的介绍，注意引领礼仪。

（4）接待对方的注意事项

接待对方时，幼儿教师应注意以下两点。

① 遵守常规。接待多方客人时，要遵守平等的原则，以相同的态度对待多方客人，不可区别对待、厚此薄彼；注意依照惯例，遵守约定俗成的接待习惯；讲究接待规格对等的原则，切勿怠慢客人。

② 注重细节。以尊重为本，应先了解客人，如提前了解并掌握客人的特点、兴趣、爱好等。选择陪同人员时，除了考虑接待能力，还应考虑地缘、学识、爱好、亲密程度、师生关系等因素，让客人愉快地度过每一天。安排接待场所时，应注意位置、温度、湿度、光线、摆设、颜色等因素，为客人提供舒适而温馨的接待场所。

（二）拜访礼仪

拜访是社交活动的重要组成部分。拜访作为公关活动的重要环节，是一种加强彼此联系和了解的有利方式。幼儿教师拜访亲友，可以增进友谊和感情，扩大交流，开阔视野；拜访幼儿家庭，可以了解幼儿生长环境，加强与家长的联络，争取有利的教育资源。

1. 提前约定

拜访时要提前约定拜访的时间。拜访应以不妨碍对方为原则，所以需要事先沟通，说明拜访的目的，并约定拜访的时间和地点。拜访应注意避开一些特殊时段，如对方刚上班时、快下班时、异常繁忙时、参加重要会议时、休息时或用餐时。

2. 做好拜访准备

幼儿教师应该提前做好拜访准备。

（1）阅读拜访对象的个人资料和机构资料，以及其他可能用到的资料。

（2）检查携带物品是否齐备，如名片、笔和记录本等。

（3）明确谈话主题、思路和话语。

3. 守时践约

一旦约定拜访的时间，就要准时前往，不可失约，也不能迟到，以免对方着急；也不要过早到达，以免让对方措手不及，打乱其原有安排。确实因特殊原因而不能如约前往时，要及时向对方说明情况，并另行约定时间，事后真诚地向对方表达歉意。

4. 注意仪容仪表修饰

拜访前要整理仪容仪表修饰，如整理头发、刮净胡须、熨烫服装、洗刷鞋子，以显示出对对方的尊重和对会面的重视。衣冠不整、拖沓地去拜访他人是极为无礼的表现。

5. 注意入室礼仪

入室时应注意以下礼仪。

（1）到达拜访对象的住所或接待地后，要再次整理仪容仪表修饰，之后用手指关节轻声叩门。

（2）在拜访对象开门后，礼貌地介绍自己的身份，获得准许后方可进入。

（3）入室后不可东张西望，应先与拜访对象打招呼、握手，再向其他人点头致意。

（4）未经拜访对象同意，不可随意走动，更不能乱翻室内的东西。

（5）如有专人接待，应客随主便，尊重拜访对象的安排。

6. 控制好拜访时间

拜访不太熟的朋友或进行公务性拜访时，拜访时间不宜过长，宜控制在 0.5～1 小时，晚上拜访的时间更要控制，以免影响对方休息。如果对方要求延长时间，可以适当延长，但不可延长太久。宁愿在对方兴趣最浓的时候告辞，也不要拖到双方无话可说时再走，这样才能保证再次交往的可能性。若遇对方的其他朋友来访，应主动同对方一同迎接新访客，热情问候后尽快离开，以免妨碍对方接待他人。

拜访结束后，应该有礼貌地与对方致意道别，然后迅速离开。

7. 拜访异性朋友时，要避免误会与尴尬

拜访异性朋友时，尽量避免单独前往，以免产生误会与尴尬。拜访时间最好选择在白天或节假日，并且要控制逗留时间。见到对方的家人时，要自然大方、主动热情地问候或道别。

二、出行、参观礼仪

人们在日常工作或生活中会经常出行或外出旅游参观。这就要求幼儿教师掌握相关的礼仪。

（一）出行礼仪

无论是徒步行走、驾车，还是乘车，幼儿教师都应该自觉地遵守出行礼仪，维护交通秩序，体现个人的良好素质。

1. 徒步行走

（1）遵守交通规则

交通规则是指国家为了确保交通的顺畅与安全，专门规定的以供全体社会成员共同遵守的有关交通的章程制度。遵守交通规则是每一位公民义不容辞的义务，幼儿教师自然也不能例外。在徒步行走时，幼儿教师必须严格遵守交通规则。

① 靠右行走。为了确保交通顺畅，我国法律规定，行人或车辆，在道路上一律靠右行走或行驶。因此，在徒步行走时，特别是在正规的道路上行走时，幼儿教师要切记靠右行走。

② 走人行道。在徒步行走时，要选择人行道。若是没有明显的人行道，也要尽量靠路边行走，不要在机动车道上行走，更不要在交通干道的中央行走，或者有意与车辆抢道。需要横穿道路时，要走指定的过街人行道，或专用的过街天桥、地下通道等。千万不要随便横穿道路，或跨越专用隔离护栏。

③ 自觉遵守规定。行人或车辆通过路口时，均应遵从红绿灯的指示，遵守"红灯停，绿灯行"的规则。不论是否有人监督，都应自觉遵守规定。对于交通警察或其他交通管理人员的正常管理，不仅要自觉服从，还应予以积极配合。对于他们善意的批评教育，应欣然接受。

（2）明确行走方位

与他人同行时，幼儿教师应明确行走方位，如图 9-5 所示。

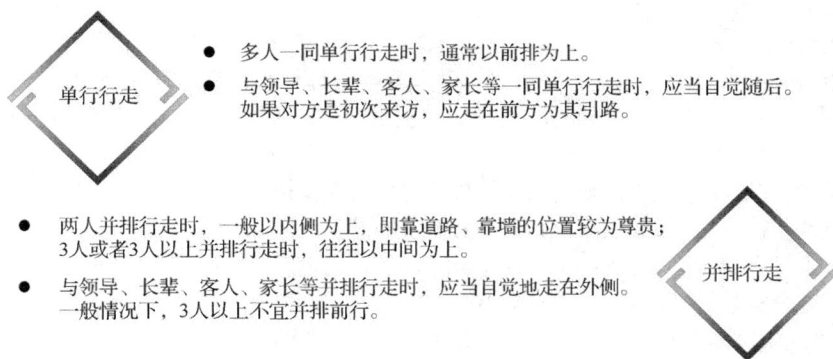

单行行走
- 多人一同单行行走时，通常以前排为上。
- 与领导、长辈、客人、家长等一同单行行走时，应当自觉随后。如果对方是初次来访，应走在前方为其引路。

并排行走
- 两人并排行走时，一般以内侧为上，即靠道路、靠墙的位置较为尊贵；3人或者3人以上并排行走时，往往以中间为上。
- 与领导、长辈、客人、家长等并排行走时，应当自觉地走在外侧。一般情况下，3人以上不宜并排前行。

图 9-5 明确行走方位

（3）礼让他人

在行走时要礼让他人，幼儿教师需要注意以下几点。

① 主动谦让。通过狭窄之处时，可请他人先行通过。需要让路时，应当立即采取行动。不小心碰撞、踩踏别人后，应立即向对方道歉。得到他人的礼让、帮助后，应当真诚道谢。

② 关照弱者。对于老幼病残孕，不仅要予以礼让，在必要时还应主动对其加以照顾。对于问路者，应热情帮助。

③ 依次而行。若有急事，可先轻声地对前面的人道一声"对不起，借过一下"，再侧身通过，并向对方道谢。切忌争抢道路，横冲直撞。

④ 不阻塞交通。在道路较窄之处，应当快速通过，不要逗留，也不要与同行者并行。

（4）谨言慎行

幼儿教师还必须谨言慎行。

① 勿边走边吃。在行走时进食，不仅不雅观，而且极不卫生，甚至还会妨碍他人。

② 勿手舞足蹈。在人多之处手舞足蹈，不仅显得自己缺乏教养，还容易冒犯他人，进而引起事端。

③ 忌过度亲昵。与异性外出时，不要在大庭广众之下表现得过分亲热，显得轻浮浅薄。

④ 忌少见多怪。徒步行走时，不要在街头巷尾围观、起哄，也不要对陌生人过分好奇，对其指指点点或加以议论，或者长时间地尾随其后。

2. 驾车

在现代生活中，驾车出行已经成为提高生活质量与生活效率的基本方式。幼儿教师驾车外出时应安全驾驶，服从管理，礼让他人。

（1）安全驾驶

根据《道路交通安全法》规定，每一名机动车驾驶者均须持由公安机关交通管理部门发给的机动车驾驶证。技术不合格、未领取驾驶证者，不可驾车上路。树立安全意识，力求有备无患，幼儿教师驾车时要注意以下事项。

① 启动发动机前，要认真、仔细地对驾驶车辆进行例行检查。

② 在驾驶前，切忌喝酒；没有休息好时，不能开车；吃了某些容易令人瞌睡的药品后，不能开

车；情绪欠佳时，不能开车；开车时不能玩手机。

③ "宁停三分，不抢一秒。"遇到红灯、黄灯、道路堵塞、道路管制时，当停则停。

④ 遇到其他驾驶者不遵守交通法规时，不必争强好胜，当让则让。

⑤ 有必要夜间行车时，应正确使用车灯等。切勿疲劳驾驶，或用大灯乱晃其他车辆和行人。

⑥ 注意异常天气。遇到雨雪、大雾等异常天气时，应尽量减少驾车外出。确有必要时，要及时了解道路管制情况，并谨慎驾驶。

（2）服从管理

根据《道路交通安全法》规定，每一名机动车驾驶者都必须自觉遵守如下规定。

① 驾驶者应当按照驾驶证载明的准驾车型驾驶机动车；驾驶机动车时，应当随身携带机动车驾驶证。

② 驾驶者驾驶机动车上路行驶前，应当对机动车的安全技术性能进行认真检查；不得驾驶安全设施不全或机件不符合技术标准等具有安全隐患的机动车。

③ 饮酒、服用国家管制的精神药品或者麻醉药品，或者患有妨碍安全驾驶机动车的疾病，或者过度疲劳影响安全驾驶的驾驶者，不得驾驶机动车。

④ 驾驶者应遵守道路交通安全法律、法规的规定，按照操作规范安全驾驶、文明驾驶。

⑤ 驾驶者应定期接受公安机关交通管理部门依法对机动车驾驶证的审验。

驾车时，为了自己与他人的安全，为了交通的畅行无阻，幼儿教师应以小我服从大我，严格遵守交通法规，自觉接受管理，自觉服从管理，依照国家的有关法规与标准认真接受车辆审验。

（3）礼让他人

行车之礼，让人第一。在任何条件下，驾车的幼儿教师都应以自己的实际行动对行人或其他车辆多加礼让，以实际行动体现良好的个人修养。

① 礼让行人与非机动车。对行人，尤其是老人、幼儿、孕妇、残障人士，要予以照顾，该避让就避让，该减速就减速，该停车就停车。遇到雨雪天时，要防止自己的车辆把污泥浊水溅到行人身上。对自行车、三轮车等非机动车，要避免并行，宜错开行驶。

② 礼让其他机动车。驾驶者应当具有人人平等的意识。大车不宜欺负小车，新车不宜欺负旧车，高档车不宜欺负低档车。同样的道理，老司机不可欺负新司机，大车司机不可欺负小车司机，本地司机不可欺负外地司机。

遵守交通法规，不强行超车，不挤占车道。遇到不文明驾车的驾驶者时，不妨主动避让，让出车道，令其先行。一旦自己的车辆与他人的车辆发生碰撞，不要与对方争吵，更不要制造交通拥堵，应与对方协商处理办法，或听从交通警察的处理意见。

遇到国内外贵宾所乘坐的车辆时，不论当时是否实行交通管制，都要对其予以礼让。

3. 乘车

乘车时，幼儿教师应重视上下车的顺序、上下车的姿势、乘车时的表现等礼仪。

（1）上下车的顺序

上下车时必须注意礼让他人。

① 乘坐公共汽车或地铁时。在上下车时，一般的惯例是"先下后上"。上车时，必须按照规定，"前门上，后门下"或"中间上，两边下"，切不可反其道而行之。上车人数较多时，一般讲究先来后到，排队依次上车。

② 乘坐私家车。一般情况下，幼儿教师与他人一起外出乘坐私家车时，为表示尊重，应做到"后上先下"，即后上私家车，先下私家车。如果私家车上的座位所限，可不必墨守成规，应以方便为宜。当右座已有他人时，应从车后绕行上车，不宜从就座者身边强行通过，或从车前绕行。

（2）上下车的姿势

幼儿教师上车时的仪态要优雅，姿势应为"背入式"，即将身体背向座位，坐定后将双脚同时缩进车内。穿长裙的幼儿教师，应在关上车门前将裙子收好。图 9-6 所示为穿裙装上车的具体步骤。

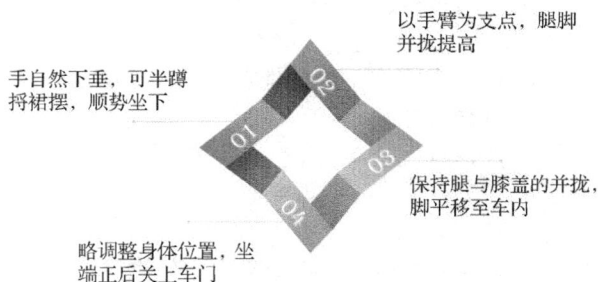

以手臂为支点，腿脚
并拢提高

手自然下垂，可半蹲
捋裙摆，顺势坐下

保持腿与膝盖的并拢，
脚平移至车内

略调整身体位置，坐
端正后关上车门

图 9-6　穿裙装上车的具体步骤

下车时将身体尽量移近车门，将身体重心移至另一只脚，再将整个身体移至车外，最后踏出另一只脚。穿短裙的幼儿教师，应将两只脚同时踏出车外，再将身体移出，双脚不可一前一后。图 9-7 所示为穿短裙下车的具体步骤。

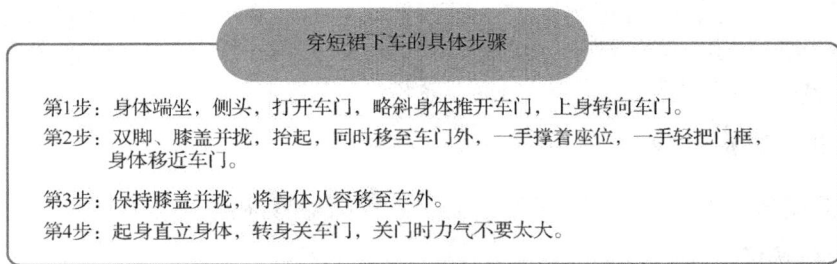

穿短裙下车的具体步骤

第1步：身体端坐，侧头，打开车门，略斜身体推开车门，上身转向车门。
第2步：双脚、膝盖并拢，抬起，同时移至车门外，一手撑着座位，一手轻把门框、身体移近车门。
第3步：保持膝盖并拢，将身体从容移至车外。
第4步：起身直立身体，转身关车门，关门时力气不要太大。

图 9-7　穿短裙下车的具体步骤

（3）乘车时的表现

在乘坐汽车的过程中，幼儿教师应对自己在车上的表现加以注意，做到律己敬人。

① 严于律己。不争抢座位；不在通道上乱放东西，也不乱伸自己的腿脚，以防阻挡他人通行；不吃喝东西；与他人保持身体距离；下雨、下雪时使用的雨衣、雨伞等应在上车后立即收好。

② 安全至上。上下汽车时，一定要等汽车停稳；在上下汽车的过程中，要尽可能地与身前身后之人保持一定的距离，不要推挤对方；在汽车行驶期间，不要与驾驶者攀谈，以免分散其注意力；不要向窗外乱扔东西；不要将头、手等身体部位伸到窗外。

③ 尊敬他人，主动让座。与他人一同外出乘坐汽车时，应主动请对方在上座就座；就座时，应主动为需要帮助的人提供帮助；发现无座位的老幼病残孕时，应主动将自己的座位让给对方，体现互助友爱的精神。

（二）参观礼仪

参观礼仪主要包括旅游参观礼仪和展览参观礼仪。

1. 旅游参观礼仪

幼儿教师在旅游参观时，应注意以下礼仪。

（1）认真阅读参观须知，自觉遵守参观地点的规章制度。

（2）爱护环境，讲究卫生，不随地吐痰，不乱扔果皮纸屑、杂物等，不污染环境。

（3）保护名胜古迹，不在柱、墙、碑等建筑物或树木上乱写、乱画、乱刻。对文物古迹要自觉保护，对公共建筑、设施及花草树木等要自觉爱护。

（4）文明参观。在室内参观时不大声喧哗，以免影响他人。对讲解员、服务员要以礼相待，对他们提供的服务要表示衷心的感谢。

（5）礼让他人。遇狭窄地段，或过桥、穿洞时，要相互谦让。遇行动不太方便的人时，要主动让行，提供帮助。

（6）拍照时应在设置的保护区域之外，不违规翻越、攀爬保护设施。不要争抢场地，不遮挡别人的镜头。如需别人避让，应有礼貌地请求。

（7）文明用餐，节约粮食，不浪费，保持就餐环境的清洁卫生。

（8）爱护参观地点的动物，不随意喂食动物。

2. 展览参观礼仪

博物馆、展览馆和美术馆等是高雅的场所，幼儿教师在参观时要讲究以下礼仪。

（1）对博物馆、展览馆和美术馆的特殊规定要自觉遵守。

（2）遵守参观秩序。要排队并按秩序参观，保持安静，不大声喧哗。

（3）注意个人的仪容仪表。仪容应修饰得体，衣着应整洁大方。不随意进食，不随意丢弃垃圾。爱护展区环境，避免造成污损。

（4）对讲解员的解说要认真、耐心地倾听。遇到不懂的问题或感兴趣的内容，可以在讲解员解说完毕后再请教。对展品不妄加评论。如果参观者很欣赏某件展品，在不妨碍他人的情况下可以多欣赏一会儿；如果他人停住欣赏某件展品，而参观者不得不从其面前穿过时，要轻声地说一声"对不起"。

（5）爱护展品，不用手触摸展品，更不能碰坏展品和其他设施。

三、庆典、宴请礼仪

庆典与宴请是幼儿教师经常参加的活动，幼儿教师应清楚其礼仪规范。

（一）庆典礼仪

庆典是关于各种庆祝仪式的统称，通常是指社会组织为了扩大知名度和提高美誉度，获得更大的经济效益和社会效益，围绕重要节日或重大事件等举行的庆祝仪式。幼儿教师可能承担为幼儿园组织一次庆祝仪式的任务或参与仪式工作，也可能应邀出席其他单位的庆祝仪式。讲究庆典礼仪是现代交际的一项重要内容，也是成功组织庆典的关键。

1. 认识庆典活动

成功的庆典有利于提高幼儿园的知名度和美誉度，打造幼儿园的良好形象；有利于激发幼儿教师、幼儿及家长对幼儿园的热爱，培育幼儿教师的价值观念，增强幼儿园的凝聚力；有利于宣传幼儿园的信息，使幼儿园赢得更多的成功机会和合作伙伴；有利于沟通情感、传达意愿、增进友情。

无论是节日庆典、周年庆典、获得某项荣誉的庆典、取得重大业绩的庆典，还是取得显著发展的庆典，在庆典举行时，幼儿教师都必须恪守热烈、隆重和适度的礼仪原则。

（1）庆典的准备工作

庆典具有涉及面广、仪式时间短、范围广的特点。因此庆典组织方应该做好整体的筹划和设计，力争体现出庆典应具有的热烈、欢快、隆重的特色。

庆典的准备工作主要包括 3 点，如图 9-8 所示。

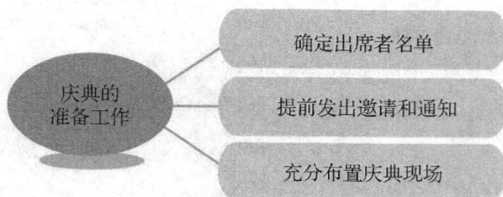

图 9-8　庆典的准备工作

确定出席者名单

提前发出邀请和通知

充分布置庆典现场

① 确定出席者名单。确定庆典的出席者名单时，应当始终以庆典的宗旨为指导思想。一般来说，庆典的出席者通常包括上级领导、知名人士、大众传媒代表、协作单位、社区关系单位、家长代表及幼教职工。

② 提前发出邀请和通知。出席者名单一经确定，庆典的组织方就要尽早发出邀请和通知。重要宾客的请柬应提前一周送到受邀者手中。请柬中要写明庆典事由、方式、时间、地点。若邀请嘉宾讲话，应预先商议、确定。

庆典前3天可通过电话核实；活动前一天要再找重要宾客核实一次对方能否参加庆典。

③ 充分布置庆典现场。庆典多在现场举行，其场地可以是正门之外的广场，也可以是正门之内的大厅。为显示隆重与敬客，可在来宾尤其是贵宾站立之处铺设红色地毯，并在场地四周悬挂横幅、标语、气球、彩带等。

对于音响、照明设备，以及庆典举行之时使用的其他用具、设备，必须事先请专业人士认真检查、调试，以防其在使用时出现差错。

来宾的签到簿、幼儿园的宣传材料、待客的饮料、座位的设置等，亦须提前备好。

（2）庆典的程序

庆典能否成功举行，与其具体的程序不无关系。在拟定庆典的程序时，有两条原则必须坚持。

① 时间宜短不宜长。庆典的时长一般以1个小时为宜。这既是为了确保其发挥应有的效果，也是为了尊重全体出席者，尤其是为了尊重来宾。

② 程序宜少不宜多。程序过多不仅会延长时间，还会分散出席者的注意力，给人凌乱之感。

依照常规，一次庆典大致上应包括以下程序。

- 宣布庆典正式开始，全体起立，奏国歌，唱幼儿园园歌。
- 幼儿园主要负责人致辞，其内容是对来宾表示感谢，介绍此次庆典的缘由等，其重点应是介绍庆典的可"庆"之处。
- 邀请嘉宾讲话。一般而言，出席此次庆典的主管单位、协作单位及社区关系单位，均应有代表讲话或致贺词。对外来的贺电、贺信等，不必一一宣读，但对其署名单位或个人应当公布。在进行公布时，可以依照其"先来后到"的顺序，或者按照其具体名称的汉字笔画的多少。
- 安排汇报演出。如果准备安排个环节，要慎选演出内容，不要选择有悖于庆典主旨的演出内容。
- 邀请来宾进行参观、观摩、研讨或参与活动等。

以上程序中，前3项必不可少，后两项可以酌情安排。

2. 接待来宾的礼仪

庆典一般都比较盛大，工作任务繁重，需要各部门有关人员密切配合，共同完成。应根据具体的需要，成立筹备组，下设若干专项小组负责公关、礼宾、财务、会务等各方面的工作。其中，负责礼宾工作的接待小组一般不可缺少。要做到有条不紊、忙而不乱，就要提前确定庆典的程序，并按照庆典规格确定司仪人员，再按照有关活动内容将具体任务落实到人。

庆典的接待小组，原则上应由年轻、精干、形象较好、口语表达能力和应变能力较强的青年教师组成。

幼儿教师进行接待工作时，需要注意以下几个问题。

（1）迎宾

迎宾是接待工作的第一个环节。负责迎宾的幼儿教师一般要站在幼儿园门口两侧；身着幼儿园的制服或统一着装，披戴绶带，化淡妆，头发盘起或扎起；站姿应优美而典雅；面带微笑，给人亭亭玉立的感觉。来宾到来时，应笑容可掬地致45°鞠躬礼，并亲切地问候"您好！欢迎光临"。为了渲染气氛，还应播放迎宾乐曲。

（2）引导

负责接待的幼儿教师在确认来宾的身份后，应热情地以手势引导——"您好，这边请"。有职务的尽量称呼其职务。幼儿园应派一位领导参与接待来宾的工作，对来宾表示欢迎，对重要的来宾要亲自接待。

（3）签到

负责接待的幼儿教师应将每位来宾引领到签字台。签字台上应备有钢笔、毛笔、砚台及精致的签到本，以便来宾题词留念。请来宾签到时应注意礼貌，对来宾的合作表示感谢。随后，将准备的胸花插在来宾的西服胸袋或西服领上的插花眼上。庆典还未开始时，应请来宾到休息室或现场就座。

（4）次序礼仪

越是重要的庆典，越要遵从次序礼仪。次序，虽然形式上只是一个先后问题，但在内容上既关系到接待者的礼仪素质，也关系到能否准确地给予来宾适当的礼遇问题。因此，庆典上的次序不可忽视。

接待过程中的次序礼仪主要有以下几点。

① 招呼来宾的次序礼仪。一般情况下，谁先到，就先接待谁。如果有两位以上的来宾同时到达，应先招呼职务高的来宾；如果两位来宾的职务一样，可以同时向他们打招呼——"欢迎两位领导光临"，也可以错开打招呼，然后先给后打招呼的来宾让座并敬茶，以平衡两者的心理。

② 座次的礼仪。庆典的会场布置一般有两种情况：一是只为重要来宾安排席位，其他来宾及与会者站立参加；二是全部与会者站立参加。

庆典中的座次安排应体现出来宾的身份、地位、年龄的差别，明确地位高低、职务上下、关系亲疏等。遵循国际惯例，座次安排应为：前排高于后排，中间高于两侧，右侧高于左侧。

在介绍来宾时，一般只介绍主要领导和重要嘉宾，且应分别按地位高低依次介绍。宣读贺电、贺信时，要先宣读上级领导及主要来宾的贺信、贺电，对其他单位的贺电可不排先后顺序。

③ 引导的礼仪。引领来宾时应走在来宾的左前方2～3步处，送客时应走在来宾的后面。陪同领导参观时，幼儿园领导应走在来宾最高领导的左边。随行人员走在后面、侧面。

④ 倒茶水的次序礼仪。遵循"先尊后卑"的原则，先给第一排中间的最高领导人倒茶，再依次往两边同时倒茶，之后为后排的来宾倒茶。

3. 参加庆典的礼仪

参加庆典时，不论是主办单位的人员还是参加庆典单位的人员，都应注意自己的举止表现。主办单位的出席人员众多，无论是领导还是一般的工作人员，在他人眼中都代表着主办单位的形象。而参加庆典单位的人员在参加庆典时，应用自己最佳的临场表现来表达对主办单位的敬意与对庆典本身的重视，以展示自我形象和所代表的单位形象。因此，无论是哪一方的参与者，在整个仪式中都应注意以下细节。

（1）服饰要规范

有统一制服的幼儿园，应要求以制服作为庆典着装；无统一制服的幼儿园，或个别应邀出席庆典的幼儿教师必须穿礼仪性服装。

（2）遵守时间，行为要自律

不得姗姗来迟、无故缺席或中途退场；应积极参与，不要交头接耳或表现出与己无关的模样，言谈举止要得体。

（3）表情庄重，全神贯注，聚精会神

对于庆典中安排的升国旗、奏国歌、唱幼儿园园歌的程序，要依礼行事：起立，脱帽，立正，面向国旗行注目礼，并且认真、严肃地和大家一起唱国歌、幼儿园园歌等。

（4）做好介绍和自我介绍工作

当主持人介绍领导和嘉宾时，全体成员应注目示敬，忌东张西望、毫不在意。若周边有不认识的与会者，可礼貌地进行自我介绍。若为他人进行介绍，必须在了解被介绍者的姓名和基本情况且双方有意愿认识的情况下进行介绍。当被介绍时要有表示，或起立致敬，或欠身微笑，或含笑点头，忌表情冷漠、不加理睬，也不要笑个不停，对介绍置若罔闻。

（5）发言应精练而生动

发言忌夸夸其谈，时间过长。上下场时要沉着冷静，讲究礼貌。在发言开始时，应使用尊称；提及感谢对象时，应目视对方；表示感谢时，应郑重地躬身施礼；对于大家的鼓掌，应以自己的掌声来回礼；发言结束时，应礼貌致谢，如"谢谢大家"；发言时还应少做手势，更不要使用含义不明的手势。

（6）来宾应注意签名问题

庆典中的签名有两种情况：一种是报到时在签到本或纪念册上签名；另一种是在活动期间应邀签名。签名要字迹工整，忌抢先在最佳位置挥舞大字，也忌漫不经心。

（二）宴请礼仪

宴会是一种比较重要的交往活动。一般情况下，举办宴会和参加宴会都是以交际为目的的行为。因此，无论是请客还是被请，无论举办宴会或参加宴会，都应该讲究和遵循宴请礼仪。

1. 赴宴前的礼仪

不同地方的宴会有不同的礼仪规范。越正式、越高级的宴会，礼仪规范越严格。要做到宴会合乎规范，宾主同乐，就必须对各种宴会、餐饮聚会的礼仪有一定的了解。

（1）应邀礼仪

接到邀请后，宜尽早答复对方。无论能否出席，都应迅速答复对方，以便主人做下一步的安排。接受邀请后，不要随意改动行程。遇到特殊情况而不能出席时，尤其是主宾，应尽早向主人解释并道歉，甚至亲自登门表示歉意。接受邀请前，要核实宴请的主人，宴会举办的时间和地点，可否携配偶同去，以及主人对服装的要求。要参加的活动偏多时应避免走错地方。

（2）修饰礼仪

出席宴会前应梳洗打扮一番，使自己看起来精神饱满、容光焕发。女士要适当化妆，男士要梳理头发并剃须。衣着要整洁、大方、美观；仪容、仪表应符合邀请场合的要求。例如，国外宴请非常讲究服饰，往往会根据宴会的正式程度，在请柬上注明着装要求；在我国，虽然没有具体要求，但应邀者也应身着一套合乎时宜的服装，精神饱满地赴宴，这将给宴会增添隆重、热烈的气氛。

（3）备礼礼仪

要按宴会的性质、当地的习惯及主客双方的关系准备赠送的花篮或花束。参加家庭宴会时，可给女主人准备一束鲜花。赠花时，要注意对方的禁忌。也可准备一些礼品，在宴会开始前送给主人。礼品的价值不一定很高，但要有意义。

2. 参加宴会的礼仪

宴会中的每一个环节都有需要注意的地方，虽然有些烦琐，但不至于难以练就。学好参加宴会的礼仪，可让幼儿教师在觥筹交错中尽显绅士或淑女风范。

（1）按时出席宴会

出席宴会活动时，抵达时间的早晚、逗留时间的长短，能在一定程度上反映出出席者对主人的尊重程度。抵达时间过早或过晚、逗留时间过短或过长，既是对主人的失礼，也有损自己的形象。按时出席宴会、适当逗留是最基本的礼貌。

一般来说，要根据当地习惯出席宴会，身份高者可略晚些到达，一般客人宜略早些到达，这样便可以和主人及其他客人应酬。有特殊原因不能及时到达时，应及时通知主人并致歉。一般情况下，宴会开始时间后延10～15分钟是被允许的，但后延过久就会冲淡客人的兴致，影响宴会的气氛。

（2）向主人表示谢意

抵达宴会地点后，应先到衣帽间脱下大衣和帽子，然后前往主人迎宾处，主动向主人问好，并对在场的其他客人微笑点头。如果是节庆活动，应表示祝贺，同时双手送上给主人的礼物。

（3）礼貌入座显风范

入座时应听从主人的安排，不可乱坐。

① 进入宴会厅前，应先了解自己的座位位置。入座时要注意桌上的座位卡上是否写着自己的名字，不要坐错座位。

② 如果邻座是年长者或女士，应主动协助他们入座。

③ 切记要用手把椅子向后拉。如果用脚把椅子推开，会显得很粗鲁。

④ 坐姿端正，双腿靠拢，两脚平放在地上，不宜将大腿交叠。双手不可放在邻座的椅背上。开宴之前，可以与邻座交谈，不要摆弄碗筷、左顾右盼。

（4）文明进餐

致祝酒词完毕，经主人招呼后，即可开始进餐。进餐时要注意以下几点。

① 应以愉快的表情就餐，心事重重或漫不经心是对主人和其他客人的不礼貌。即使菜品不合口味，也要吃上一些。

② 文明进餐，席间不要吸烟。喝酒要有节制，不要失态。

③ 席间不可随便宽衣，当众解开纽扣、脱下衣服是失礼的行为。

④ 一般不可随便离席。出现咳嗽、吐痰、被刺卡住、需要将口中的食物吐出来等情况时，应暂时离席，否则是不礼貌的。

⑤ 离席时动作要轻，不要惊扰他人，更不要把座椅、餐具等物品碰倒。

（5）与他人礼貌交谈

无论是主人，还是陪客或客人，都应与同桌的人交谈，特别是左右邻座，不要只同熟人或只同一两人说话。邻座若不相识，可先自我介绍。

进餐时要注意讲话分寸，要谈一些大家都感兴趣的事情，不可夸夸其谈。最好不谈工作、政治和健康问题。在与女性谈话时，不要询问其年龄、婚姻状况等问题，也不要议论女性的胖瘦、身材等问题。与较陌生的男性谈话时，不要直接询问对方的经历、收入、家庭财产、服饰价格等问题。

（6）告辞致谢

主人宣布宴会结束后，客人才能离席。客人应向主人道谢、告别，感谢主人的热情款待，如"谢谢您的款待""您真是太好客了""菜肴丰盛极了"，并要与其他认识的客人道别。客人如果有事要提前离席，应向主人及同桌的客人致歉。出席私人宴会活动后，往往要致以便函或名片以示感谢。

四、媒体交往礼仪

在信息网络化时代，舆论公开，意识多元，大众传媒异常发达，并且在现实生活中几乎无处不在，发挥着十分重要的作用。幼儿教师应礼貌地与媒体交往，有礼有节地大方应对媒体。每一位幼儿教师都代表着所在幼儿园的形象，其言谈举止直接影响着媒体、社会公众对所在幼儿园的评价。

幼儿教师既要了解政策，遵守纪律，注意分寸，又要沉着机智、规范地接待媒体，充分展现幼儿园的良好形象，并形成良好的品牌效应。错误地应对媒体，可能会给幼儿教师本人及所在的幼儿园带来严重的负面影响。

（一）接待媒体礼仪

如有需要，幼儿园可以主动联络媒体，在不违背国家法律与幼儿园纪律的前提下，与媒体保持经常性的联系。与媒体保持经常性的联系，便于幼儿园借助媒体传播信息，扩大幼儿园的知名度，在一定程度上得到媒体的理解与支持。

有重要活动需要接待前来进行采访的媒体记者时，幼儿教师应注意以下礼仪。

（1）在幼儿园大门口迎候，并予以热情的欢迎，主动鞠躬问好或握手问好。必要时，按礼仪规范向教职工介绍媒体记者。

（2）走在媒体记者的前外侧，主动用语言和手势礼貌地引导媒体记者。进入接待室后，应礼让请坐，沏茶奉茶，热情交谈。

（3）照顾好媒体记者，以实际行动支持其工作。在力所能及的范围内，诚心实意地为前来进行采访的媒体记者提供方便，在人员、设备、时间、场地诸方面给予必要的支持，并向媒体记者提供正确无误、时效性强的信息。

（4）活动结束，媒体记者告辞时，应送其至园门外，与其再握手道别，并表示对其采访的感谢，欢迎再来。

（二）危机公关礼仪

面对公关危机时，幼儿园要加强舆情监测，迅速上报相关部门，得到指示后及时回应媒体；要充分利用"黄金4小时"，坚持速报事实，慎报原因，不说谎话，积极处理，以占据主动，避免舆情过分地发酵。

教职工应时刻注意自己的一言一行、一举一动，力求谨言慎行，不出差错。任何草率应付、不拘言行都有可能引发新的负面舆情。

面对媒体记者时，幼儿教师首先要泰然自若，尊重他们，礼貌接待；其次要谨慎表态。任何人都不能阻挠媒体记者进行采访，但被采访者拥有沉默权，也可以婉拒采访。

面对媒体记者时，幼儿教师必须遵守纪律与保密规定，不可擅自向外界泄露幼儿园内部秘密，不可信口开河、口无遮拦。回答媒体记者提问时，幼儿教师勿打断对方，或以举止、表情、语气等对媒体记者表达不满。即使媒体记者的问题带有偏见或挑衅意味，幼儿教师也不可因此而激动或发怒。幼儿园可以指定某一位领导或幼儿教师担任幼教机构的"新闻发言人"，由其出面应对媒体，统一回答对方感兴趣的问题。

正式接受媒体采访时，为了防止媒体误解或曲解幼儿园所传递的信息，幼儿园可以根据需要向媒体提供一份经过斟酌的、具有一定新闻价值的新闻稿，以供其发稿时核对与借鉴。

第四节　座次礼仪

引导案例

某次宴会结束后，幼儿教师程磊对同事张军说："咱们两家离得很近，如果你一会儿没有别的事，咱们一起走吧，我送你们。"张军表示很感谢，对程磊说："谢谢，正好我今天没开车出来。"

上车时，张军和他的女朋友一起坐到了后排，张军的女朋友小声地对张军说："你去坐副驾驶座。"张军觉得莫名其妙，但还是听话地坐到了前面。

到家后，张军问女朋友为什么要这样，女朋友说："咱们都坐在后排是很失礼的，如果不信，你可以上网查查乘车座次礼仪。"

原来，按照乘车座次礼仪，张军必须坐在副驾驶的位置上，不宜与女朋友坐在后排。

座次与空间有关，距离的远近在一定程度上也代表关系的远近或地位的高低。因此，在人际交往活动中，不论是会谈、宴席还是乘车，都要讲究座次礼仪，既可展现个人的修养和素质，也可表现出对他人的尊重和关心。

一、会谈座次礼仪

幼儿教师在参加一些较正式的会谈时，需特别注意座次礼仪。会谈座次礼仪的两项基本原则，如图9-9所示。

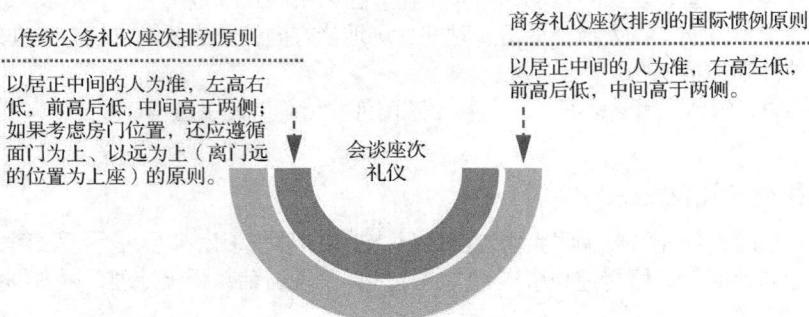

传统公务礼仪座次排列原则
以居正中间的人为准，左高右低，前高后低，中间高于两侧；如果考虑房门位置，还应遵循面门为上、以远为上（离门远的位置为上座）的原则。

商务礼仪座次排列的国际惯例原则
以居正中间的人为准，右高左低，前高后低，中间高于两侧。

会谈座次礼仪

图9-9　会谈座次礼仪的两项基本原则

会谈的形式多种多样，不同形式座次的礼仪规范不同。

（一）主席台式

人数为单数时，1号领导居中，2号领导在1号领导的左手位置，3号领导在1号领导的右手位置，依次排列；人数为偶数时，1号、2号领导同时居中，2号领导在1号领导的左手位置，3号领导在1号领导的右手位置，依次排列。

（二）相对式

基本要求以远为上，离门远的为地位高者；一进门的右手座位为上座，通常安排客方，如图9-10所示。

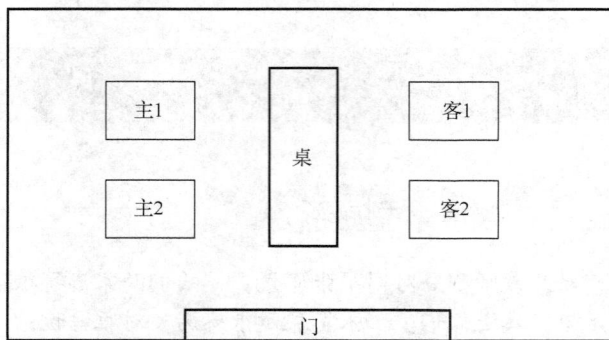

图9-10　相对式

（三）并列式

宾主并列而坐，如果双方都面对正门，具体要求是以右为上，即客人坐在主人的右边，其他随员各坐两旁。以右为上是一种国际惯例，如图9-11所示。

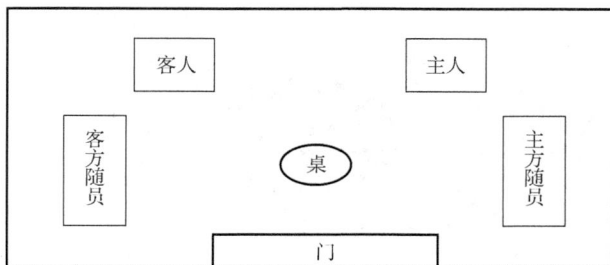

图 9-11　并列式

（四）自由式

如果客人较多，座次无法排列时，通常是客人愿意坐哪儿就坐哪儿。大家都是亲朋好友，没有必要排列座次。

会议使用的是椭圆形桌时，如果横放，则面对正门的一方为上，应属于客方；背对正门的一方为下，属于主方。如果竖放（顺着门的方向），应以进门方向为准，右侧为上，属于客方；左侧为下，属于主方。主谈人员应在自己一方居中而坐，其他人员按照右高左低的原则，自近而远分坐。国际惯例会议座次与传统公务礼仪会议座次相反。如果双方各带翻译，翻译应就座于主谈人员右侧。

二、宴席座次礼仪

宴席活动主要包括中式宴席和西式宴席两种。不同形式宴席的座次礼仪有不同的要求。

（一）中式宴席座次礼仪

中式宴席的两种常见座次如图 9-12 所示。在这两种座次中，第一主位和第二主位的位置是相同的。由于面对正门居中者为上，所以正对房门中间的位置是第一主位，背对房门的位置是第二主位。在第一种常见的座次中，第一主位的右侧位置是第一主宾位，左侧位置是第二主宾位；第二主位的右侧位置是第三主宾位，左侧位置是第四主宾位。在第二种常见的座次中，第一主位的右侧位置是第一主宾位，左侧位置是第三主宾位；第二主位的右侧位置是第二主宾位，左侧位置是第四主宾位。第二种座次主要是强调一对一的照顾。

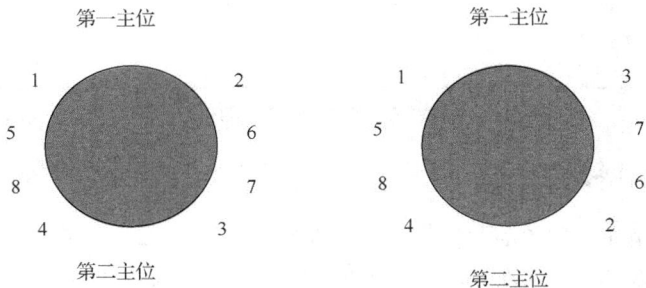

图 9-12　中式宴席的常见座次

宾主双方的赴宴者有时候不必交叉入座，可以按照主左宾右的方式入座，如图 9-13 所示，即客人一方可以全部坐在主人的右侧，主人一方的陪同人员坐在主人的左侧。这样的安排可以让宾主双方认识起来非常方便。

主人

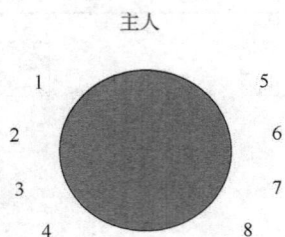

图 9-13　主左宾右的座次安排

（二）西式宴席座次礼仪

西式宴席多采用长方形桌，座次安排依照国际惯例，以主人为基准，右高左低，近高远低。正规西式宴请一般要求男女人数相等，穿插而坐。因此，只要接受了主人的邀请，就要按时赴约，如确实有事不能赴约，要尽量提前告知主人。西式宴请经常采用图 9-14 和图 9-15 所示的两种方法安排座次，其中男主人和女主人也可以是第一主人和第二主人。

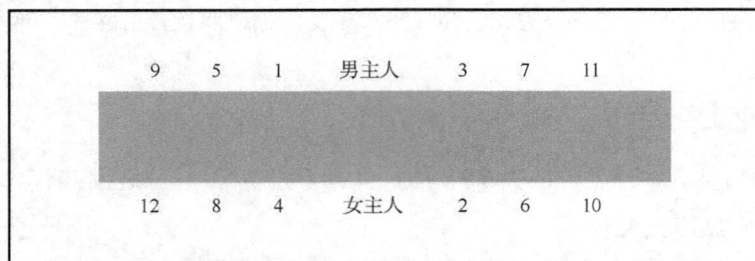

图 9-14　第一种西式宴席座次

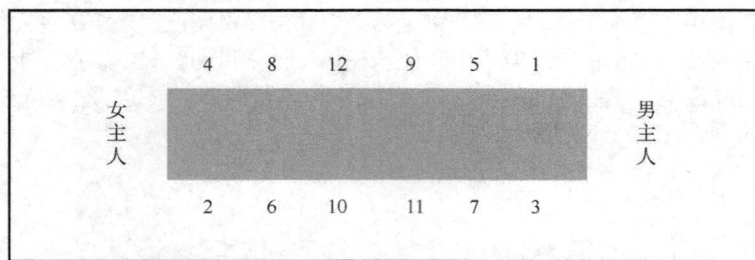

图 9-15　第二种西式宴席座次

三、乘车座次礼仪

驾驶汽车的幼儿教师一般扮演两种角色：一种是主人，即汽车的拥有者；另一种是专职司机。驾驶者不同时，汽车座次礼仪的差异如图 9-16 所示。

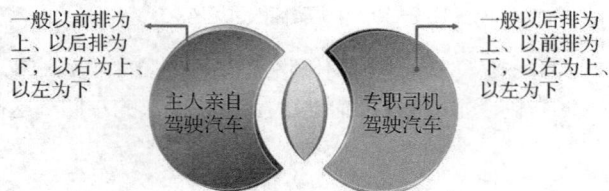

图 9-16　乘车座次礼仪

乘坐主人驾驶的汽车时，最重要的是不能让副驾驶座空着，要有一个人坐在那里，以示相伴；由丈夫驾驶夫妻共有的汽车时，妻子一般应坐在副驾驶座上；主人驾车送亲友夫妇回家时，应根据驾驶者的性别确定由夫妇中的男士或女士坐在副驾驶座上与主人相伴。

汽车座次安排主要包括以下几种情况。

（1）双排五座汽车

专职司机驾车时，其座次自高而低依次为：后排右座、后排左座、后排中座、前排右座。主人驾车时，其座次自高而低依次为：前排右座、后排右座、后排左座、后排中座。

（2）三排七座汽车

专职司机驾车时，其座次自高而低依次为：后排右座、后排左座、后排中座、中排右座、中排左座、前排右座。主人驾车时，其座次自高而低依次为：前排右座、后排右座、后排左座、后排中座、中排右座、中排左座。

（3）多排座汽车

多排座汽车指四排及四排以上座次的大中型汽车。不论由何人驾驶，其座次均以前排为上，后排为下；以右为上，以左为下。

思考与练习

1. 幼儿教师区域活动礼仪有哪些？
2. 幼儿教师拜访礼仪有哪些？
3. 幼儿教师庆典礼仪有哪些？

拓展训练

1. 很多小朋友午饭后出现了呕吐的情况，经检查是食物中毒。原因是幼儿园食堂新换了一名厨师，做菜没有做熟。这时，有媒体来幼儿园对此次事件进行采访，你会如何应对？

2. 作为一名幼儿教师，你要举办一场生日宴会。赴宴的有自己的家人和朋友，还有领导和同事，你应如何安排座位？

10

第十章
幼儿礼仪教育与幼儿行为素质培养

学习目标

> ➤ 了解幼儿礼仪教育的原则与内容。
> ➤ 掌握幼儿礼仪教育的方法。
> ➤ 了解当下幼儿礼仪教育存在的问题。
> ➤ 掌握幼儿行为素质培养的方法。
> ➤ 提升自身行为素质，做好幼儿的榜样示范。
> ➤ 培养实践意识，理论联系实际，提升自身的教育技能。

"做人先学礼"，幼儿礼仪教育是人生的第一课。研究表明，3～6 岁幼儿不仅是个体认知发展的关键时期，也是良好行为习惯和品质形成、发展的黄金时期。幼儿的发展会直接影响整个社会的发展。正所谓"春种一粒粟，秋收万颗子"。对于幼儿来说，进入幼儿园是迈向社会的第一步。幼儿教师有责任、有义务引导幼儿通过学习礼仪、传承礼仪成为懂礼仪、施礼仪的新生代。

第一节　幼儿礼仪教育

引导案例

林林今年三岁多，已经入园一个多月了。现在的林林每天来园时，不仅会和见到的老师认真地打招呼，向见到的老师鞠躬，还会和妈妈礼貌道别。林林刚来幼儿园时可不这样，总是低着头，不和其他人说话，来园时总是躲在妈妈身后……

这所幼儿园特别重视礼仪教育，园长每天都会站在幼儿园门口迎接来园的小朋友，和家长、小朋友打招呼，给小朋友行礼；幼儿教师也都并排站在旁边，向小朋友鞠躬、问好。园长说："这个年龄段的幼儿，刚开始建立社交规范，教他们打招呼，示范大于指令。让他们在实践中学，在实践中用，才能收到更好的效果。"

3～6 岁是幼儿智力潜能开发的关键时期，也是幼儿身心健康成长的黄金时期，更是幼儿文明礼仪与良好学习生活习惯的奠基时期。幼儿园与幼儿教师应重视幼儿礼仪教育。幼儿教师只有了解幼儿礼仪教育的原则，清楚幼儿礼仪教育的内容，运用恰当的方法对幼儿进行礼仪教育，才能取得良好的效果。

一、幼儿礼仪教育的原则

幼儿教师在教育幼儿学习礼仪的过程中要关注幼儿的年龄特点，遵循"5D 原则"，即"小一点、实一点、久一点、活一点"，让幼儿了解礼仪的重要性，真正爱上学礼仪。

（一）小一点

幼儿礼仪教育的内容不应该是很大的，而应该与幼儿的生活结合起来，落实到幼儿生活的每一个细节和具体内容中。幼儿园不同班级的礼仪教育内容如下。

1. 小班礼仪教育内容

小班礼仪的教育内容以幼儿园礼仪为主，以幼儿一日生活活动为主线，主要包括入园、排队、盥洗、进餐、睡眠、起床、阅读、倾听、户外活动、离园；基本的仪容仪态；家庭的出入、开关门、敲门、就餐、尊敬长辈；结合社会活动的节日礼仪，如五一劳动节、六一儿童节、十一国庆节等。

2. 中班礼仪教育内容

中班礼仪的教育内容在小班礼仪的教育内容的基础上提高了要求，增加了对交往礼仪的学习，主要包括：分享（物质层面）、递接物品；基本礼仪，如行走、蹲姿、自我介绍、值日等；公共场所礼仪，如升旗、游园、乘车；传统节日礼仪，如重阳节、中秋节、春节等。

3. 大班礼仪教育内容

大班幼儿随着年龄的增长，视野不断开阔，自控能力不断增强。为了更好地衔接小学生活，大班礼仪的教育内容在中班礼仪的教育内容的基础上增加了学习礼仪、欣赏与阅读礼仪、分享礼仪（精神分享），基本礼仪中的电话礼仪、介绍他人、着装、与他人沟通、拜访做客礼仪，公共场所礼仪中的在外用餐、购物、乘车、参观、安全（突发事件）礼仪，以及结合社会活动扩展的教师节、重阳节、中秋节、元宵节、清明节、端午节等节日礼仪。

（二）近一点

习惯的养成是一个从生疏到熟练，再由熟练到自主化的过程。因此，幼儿教师要为幼儿提供各种实践机会，把礼仪的习得与幼儿的生活密切联系起来，及时抓住机会，适时启发、引导，培养幼儿的礼仪行为；通过反复的演练，让幼儿获得情感体验，促进价值内化，形成良好的礼仪习惯，提高礼仪水平。

（三）实一点

幼儿教师教授的幼儿礼仪教育内容要落地，不能太过宽泛、遥远。幼儿学会的礼仪要有实践的机会，幼儿教师要让幼儿在实践中进一步感受礼仪的作用，获得由礼仪带来的感受，这样幼儿才会从心底爱上学习礼仪，运用礼仪进行交往。幼儿教师还可以创造实践的机会提高幼儿的礼仪素养。

（四）久一点

礼仪教育不是一朝一夕可以完成的，而是一个长久的过程。礼仪教育要注意幼儿园、家庭、社会教育的协同性。幼儿教师要通过各种途径了解幼儿在家的情况，有的放矢地开展对家长的指导工作，及时让家长了解幼儿礼仪教育的目标、内容和方法，以取得教育措施上的一致，形成合力，提高幼儿礼仪教育的实效。另外，幼儿教师要注意培养幼儿内在情感和外显行为的一致性，这样才能让礼仪行为更持久。

（五）活一点

幼儿礼仪教育的实施应本着灵活的原则：一是内容要活，应将礼仪教育融入幼儿的生活和学习；二是方法要活，要考虑到幼儿的思维是形象直观的，应通过多种生动有趣的活动激发幼儿对礼仪教育的情感认同，利用游戏、情景练习等激发幼儿学习的兴趣，提高幼儿礼仪教育的效果。

二、幼儿礼仪教育的内容

幼儿在家里要与家人相处，在幼儿园里要与幼儿教师、小伙伴们相处。在与他人相处的过程中，幼儿必须遵守礼仪。对幼儿进行良好的礼仪教育，才能为其之后步入社会、获得良好发展打下基础。

幼儿礼仪教育内容主要包括以下几个方面。

（一）个人礼仪

幼儿个人礼仪一般包括仪表仪容、形体姿态、用餐如厕等方面。仪表仪容主要是指梳洗打扮，如洗脸、刷牙、漱口等；穿衣着装，如穿裤子、戴帽子、系鞋带等。形体姿态主要是指坐、立、走、躺、睡等；用餐如厕主要包括吃、喝、拉等。

微课

幼儿礼仪教育的内容

（二）亲子礼仪

幼儿亲子礼仪主要是指幼儿在家庭生活中与家庭成员（爷爷奶奶、外公外婆、爸爸妈妈、兄弟姐妹等）相处时应注意的礼仪规范，包括请求、应答、敲门、就餐、干力所能及的家务、感恩、体贴关爱、招呼告别等内容。

（三）师幼礼仪

幼儿师幼礼仪主要是指幼儿在幼儿园生活中与幼儿教师交往时应注意的礼仪规范，包括入园问好、认真听讲、举手发言、听从教导、请求帮助、感恩老师、离园告别等内容。

（四）同伴礼仪

幼儿同伴礼仪主要是指幼儿在与小伙伴们交往时应注意的礼仪规范，包括团结友爱、互相帮助、遵守秩序、宽容待人、感谢帮助、真诚道歉、和睦相处等内容。

（五）社交礼仪

幼儿社交礼仪主要是指幼儿在与他人（含亲朋好友与陌生人）交往时应注意的礼仪规范，包括在家待客、出门做客、探望病人、接收礼物、接听电话、谈话聊天、感谢道别等内容。

（六）公共礼仪

幼儿公共礼仪主要是指幼儿在公共场所应注意的礼仪规范，包括行注目礼、乘坐公共汽车（买票、前门上车、后门下车、让座、讲卫生）、遵守交通规则、文明购物、在图书馆里文明阅读、在公园里文明游玩、文明参观动物园、在影剧院里保持安静、保护小区卫生等内容。

幼儿教师了解幼儿礼仪教育的基本内容后，就可以开展有针对性的教育，遇物则诲，相机而教，培养出知书达礼的幼儿。要让幼儿成为一个讲文明、懂礼貌的人，拥有一个健全的人格和自信的人生，幼儿礼仪教育尤为重要。

三、幼儿礼仪教育的方法

开展文明礼仪教育是时代的要求，也是全面实施素质教育的需要。使用正确的方法实施幼儿礼仪教育，有利于促进影响幼儿一生的品质培养，为幼儿的后续学习、生活和未来走向社会奠定良好的基础。

幼儿礼仪教育的方法有很多种，幼儿教师要根据具体情况选择适当的方法对幼儿实施礼仪教育。俗话说"没有规矩，不成方圆"，幼儿礼仪必须通过学习、培养和训练，才能成为幼儿的行为习惯。

幼儿礼仪教育的方法主要有以下几种。

（一）行为训练法

行为训练法对于年龄较小的幼儿来说尤为重要，他们的品格是从实践中体验和训练出来的。教育家洛克说过，给孩子规则，不如给孩子训练，没有训练就没有习惯。

习惯是一种动力定型，是条件反射长期积累和强化的结果，这是由人的生理机制所决定的。反

复训练是帮助幼儿形成良好习惯的基本方法。

例如，很多幼儿搬动椅子时喜欢拖着椅子走或高举椅子。这些行为既不安全也不文明，某幼儿教师针对这一情况设计了"小椅子笑了"的游戏活动，通过讲故事—正确示范—让幼儿模仿练习—反复提醒的形式，让幼儿了解正确搬动椅子的方法，促进了轻拿轻放物品的良好行为的养成。

又如，幼儿教师通过入园晨检时的提醒和接待、离园接待、角色游戏等形式不断强化幼儿的问好行为，可以让幼儿形成良好的问候礼仪。

人的行为是通过学习得来的，不良的行为可以通过行为训练来纠正。行为训练法通过外力因素的作用提高幼儿的适应能力、调动幼儿的内在积极性，从而使幼儿养成良好的行为。

（二）语言教育法

对于幼儿教育来说，"知"是先导，"行"是关键，只有知行合一才能收到良好的效果。语言教育法能够使幼儿知行合一。例如，给儿歌配上适当的体态动作，能够让幼儿从中获得相应的情感体验，产生情感共鸣，成为幼儿礼仪教育中常见的形式之一。

幼儿教师还可以采用讲故事、情景表演、参观体验等多种方式对幼儿进行语言教育。需要注意的是，幼儿教师的语言必须具有形象性、趣味性、知识性、鼓动性与针对性，以激发幼儿的兴趣，唤起幼儿情感上的共鸣。

例如，童谣语言明快、生动，朗朗上口，易于背诵，对幼儿来说非常有吸引力。

小班的洗手歌："小朋友，来洗手，卷起袖，淋湿手。抹上香皂搓呀搓，伸进水里冲一冲，再用毛巾擦一擦，我的小手真干净。"

中班的迎送客歌："有来客，说请坐，端茶倒水摆糖果。客人走，说再见，挥手目送到外面。"

大班的过马路歌："小朋友，你别跑，站稳脚步把灯瞧。红灯停，绿灯行，黄灯请你准备好，过路应走斑马线，交通规则要记牢。"

对于年龄较小的幼儿，幼儿礼仪教育应以鼓励表扬为主，使幼儿感到自豪，内心充满幸福感，并努力地朝着正确的方向发展。

（三）游戏融入法

幼儿在游戏时往往会将积极性、参与性、主动性发挥到极致。因此，幼儿教师可以设计一些包括社会道德观念的礼仪规范类游戏，让幼儿参与并在游戏中受到教育和启发。这种设计往往能够起到事半功倍的效果。

例如，某幼儿教师设计的体育游戏"跟不倒翁做朋友"，通过让幼儿把不倒翁当作伙伴、邀请不倒翁做游戏、请不倒翁到家里做客、与不倒翁一起吃饭等环节，要求幼儿在游戏过程中做到礼貌、谦让，旨在提升他们的礼仪交往能力，同时培养他们活泼、外向的性格。

又如，某幼儿教师在培养幼儿谦让精神时，让幼儿对"孔融让梨"的故事进行了角色演绎。该幼儿教师首先提出孔融遇到的问题，倾听幼儿的回答，然后引出游戏，随后让幼儿扮演角色上演孔融让梨的故事，最后启发幼儿进行讨论，得出同伴之间应该礼让的结论。

（四）榜样示范法

对于幼儿来说，幼儿教师的榜样力量是无穷的，幼儿教师的表率作用是促进幼儿文明礼仪养成的前提。幼儿年龄小，没有太多的生活经验，对抽象的道理不易理解，模仿是幼儿学习的重要途径。幼儿模仿行为的大致发展趋势是从无意识模仿到有意识模仿，从游戏的模仿到生活实践的模仿。幼儿教师在各个方面的示范是对幼儿的无声要求，所以幼儿教师要注意言传身教、知行合一，以优良的品质和规范优雅的言行来影响幼儿，树立榜样。

所谓"正人先正己"，幼儿教师平时与幼儿接触时，应时时、事事、处处做幼儿的表率，注重对日常礼仪用语的使用，保持自身仪态的庄重优雅，以便更好地培养幼儿优秀的品质及良好的坐姿、站姿、行姿等，促进幼儿文明礼仪的形成。

（五）情境体验法

情境体验法是指幼儿教师按照教育目标和教育内容选择或创设良好的教育情境，让幼儿置身其中，直接感受情境的冲击，并获得一定的情感体验，促使幼儿的心理机能得到发展的教育方法。在教学过程中，幼儿教师要创设一种浓厚的礼仪氛围，物质环境创设要整洁有序、优雅，精神环境创设包括和谐的师幼关系、良好的亲子关系、良好的教养态度、严格的生活制度等。

情境体验法有情境表演和情境再现两种。例如，某中班开展的"接打电话"礼仪活动，先让大班幼儿表演正确的接打电话礼仪后，引导中班幼儿讨论怎样接电话、打电话才是符合礼仪的，之后让中班幼儿进行情境表演，引导幼儿体验、思考与辨析。

又如，某大班开展的"帮助别人真快乐"活动，用以大带小的教学形式，让大班幼儿给小班的弟弟、妹妹穿鞋袜，在真实的情境体验中感受帮助别人的快乐。这样的礼仪活动贴近幼儿生活，很容易获得幼儿的情感共鸣，促进幼儿良好礼仪行为的形成。

（六）标记提示法

标记是为了规范幼儿的行为，让幼儿在集体生活中遵守一定的规范，不影响或干扰他人；提示是为了帮助幼儿获得某些能力和技能。

例如，在活动室的玩具柜上贴上图形或编号等对应的整理标签，是为了让幼儿懂得物归原处，从而规范幼儿的整理习惯；在生活区张贴洗手、穿脱衣裤、进餐等步骤图，可为良好生活习惯的养成提供暗示性环境；在喝水处的地板上标上进出方向箭头，是为了提示幼儿有序接水。

幼儿在幼儿园生活中形成看标记和提示做事情的习惯后，就能更好地适应社会生活，在社会生活中自觉规范自己的行为，并寻找便捷的生活方法。

（七）家园共育法

幼儿园的礼仪教育工作要有家庭教育的积极配合。幼儿大部分时间在家庭中度过，受亲情关系的影响，他们受家庭教育的影响会更快一些、更多一些。例如，为使幼儿养成关心他人的习惯，家长在家里可以鼓励幼儿帮自己做事，拿糖果招呼客人，照顾别人家的小弟弟、小妹妹等。

因此，要提高幼儿礼仪教育的质量，就要有家庭教育的配合。幼儿教师应该与家长保持经常性联系，了解幼儿在家庭中的活动与表现，掌握幼儿在家庭中的各种礼仪行为情况，以便采取有效的措施。

同时，幼儿教师还应向家长介绍幼儿在园的学习情况和表现，宣传幼儿园的教育主张和幼儿礼仪教育目标，促使家长按照幼儿园的教育要求在家庭中对幼儿进行礼仪教育，达到家园教育的一致性，消除两面性行为表现。

四、当下幼儿礼仪教育存在的问题

中华民族是礼仪之邦，以"礼仪"著称。"礼"是我国传统文化中的重要组成部分，礼仪更是人们在社会活动中的行为准则和规范。对于个人而言，礼仪还是衡量一个人综合素质的重要标准。但是，当下很多幼儿园对礼仪教育不够重视，这在很大程度上突显出幼儿礼仪教育的紧迫性。

当下幼儿礼仪教育存在的问题主要体现在以下几个方面。

（一）幼儿对礼仪知之甚少

从整体上看，目前幼儿对礼仪知识的掌握比较欠缺，与很多幼儿园对礼仪教育的重视度不够有很大的关系。除此之外，目前很多家庭对幼儿过于宠爱、娇惯，任幼儿自行发展；有些家庭虽然生活条件相对优越，但幼儿的社会接触面比较狭窄，使幼儿对礼仪的认识不够深入和全面，不利于良好行为习惯的养成。

（二）幼儿礼仪行为缺失比较严重

细心的幼儿教师和家长不难发现，幼儿礼仪行为缺失的情况比较严重：一方面，家长对幼儿的溺爱，造成幼儿以自我为中心的意识太强；另一方面，大众媒体对一些不利于幼儿形成礼仪的信息的传播，如一些打斗的游戏、动漫等，是造成幼儿礼仪行为缺失的重要原因。这些现实问题使幼儿难以做到举止有礼、谈吐得体、知书达理。

（三）幼儿礼仪教育缺乏系统性

目前，很多幼儿园重智育轻德育，幼儿教师的礼仪教育意识较为淡薄，有些内容只是停留在形式上，没有真正在实践中实施。也有很多幼儿教师认识到了礼仪教育的重要性，但他们本身对礼仪教育没有系统的认知，常用片面的想法来理解礼仪，认为礼仪教育就是强调吃饭时不说话、不骂人、不打架等内容，不能从根本上改变幼儿的礼仪观念。

幼儿礼仪知识的缺乏和幼儿礼仪行为的缺失，虽然已经引起不少幼儿园教育工作者的重视，但由于针对该方面的研究较少，很多幼儿园的礼仪教育缺乏预见性、及时性和系统性，没有同幼儿的现实生活紧密联系起来，没能结合幼儿的个性特征采取科学的教育方法和教育手段，以致限制了礼仪教育发挥应有的作用。

（四）幼儿礼仪教育忽视了同家长教育的合作

目前，虽然很多幼儿教师都意识到了礼仪教育的重要性，并在教学过程中做到了言传身教，给幼儿树立了良好的榜样，但幼儿礼仪教育不仅是幼儿园及其幼儿教师的工作，幼儿家长也应当积极承担起相应的责任和义务，而这恰恰是当前幼儿礼仪教育比较欠缺的。很多家长不配合幼儿园的礼仪教育工作，导致很多幼儿回到家后依然"我行我素"，从而使幼儿园在礼仪教育方面付出的努力前功尽弃。

第二节 幼儿行为素质培养

引导案例

承承今年4岁半，是某幼儿园小班的一名小男生。午餐时间，小班幼儿教师谭老师告诉小朋友们："吃饭表现好的小朋友会有小贴纸奖励哟！大家要专心吃饭，不挑食，不剩饭……"一向吃饭比较慢的承承，趁老师不注意，把饭偷偷倒掉了，然后跟谭老师说："老师，我吃完了。"谭老师说："承承，你的饭真的吃完了吗？老师可不喜欢撒谎的孩子……"

午餐后，小朋友们都在看书。聪聪正看得津津有味，承承跑过来就开始抢聪聪的书，两个人都不愿意放手。承承看自己抢不过来就在聪聪的手上咬了一口，还得意地拿着书在聪聪面前晃来晃去。

承承这一连串的行为让谭老师很是头疼，谭老师只好联系承承的家长，与家长进行了谈话，商量解决的办法。

幼儿行为，即幼儿的所行所为，包括幼儿的言和行。受自身发育、家庭、社会等方面的影响，幼儿常常会做出各种各样的不良行为，如说谎行为、攻击性行为等。这些不良行为如果得不到及时的引导与矫正，会严重影响幼儿的成长与发展。

一、幼儿礼仪行为存在的问题

幼儿的可塑性很大，好的行为习惯和坏的行为习惯都容易形成，也容易消失。幼儿教师应引导幼儿培养良好的礼仪行为习惯，这对幼儿的生活、学习及未来事业的成功都是至关重要的。

幼儿礼仪行为存在的问题主要表现在以下几个方面。

（一）说谎行为

说谎行为是一种语言行为，通过以言表意的行为达到以言行事和以言取效的结果。幼儿说谎行为是指幼儿在没有事实依据的基础上说假话的行为。幼儿的说谎行为并不是天生的，而是在身心发展的过程中逐渐形成的。

微课

幼儿说谎行为的类型
与危害及指导

1. 幼儿说谎行为的类型与危害

根据说谎动机，幼儿说谎行为可以分为无意说谎和有意说谎两类，如图 10-1 所示。

说谎行为

无意说谎：是由幼儿的心理发展特点造成的，主要表现为为满足某种心理需要而无意说谎，或由于认识不足或理解错误产生心理错觉，出现说谎假象，或因自信心萌动，说一些不切实际的大话。

有意说谎：为了达到某种目的而故意说谎。这类说谎与品行有关，反映出幼儿品德发展中存在的问题。主要表现为取悦他人，虚夸自己；营造优越感，满足虚荣心；开脱责任，逃避惩罚。

图 10-1　幼儿说谎行为的类型

对于幼儿的说谎行为，幼儿教师要认真观察幼儿的谈吐表情、分析话语内容与实际是否矛盾等；结合当时的背景，如幼儿年龄、一贯表现、能力水平、说话动机等进行认真分析；善于判断幼儿的说谎类型，注意保护、鼓励无意说谎幼儿的自信心，给予积极的引导，让幼儿逐步学会客观地看待自己所想所说与现实的差距，懂得要实现美好的愿望就必须从小好好学习的道理。

幼儿有意说谎行为的危害性较大，主要表现在以下几个方面。

（1）说谎是讲假话、空话，不仅不能解决任何问题，还会妨碍解决问题。

（2）经常说谎会滋长幼儿的虚伪性，使幼儿变得不诚实。

（3）说谎会影响幼儿的人际关系，容易造成幼儿与父母、教师、同伴等的误解和隔阂。

（4）经常说谎的幼儿，即使有时说的是真话，也没有人敢轻易相信。

（5）长期说谎的幼儿会形成说谎的习惯，难以改掉。

2. 幼儿说谎行为的指导与矫正

幼儿教师要善于发现和分析幼儿的说谎行为，并运用恰当的方式方法进行指导与矫正。

（1）允许幼儿犯错，处罚方式得当。幼儿教师要营造一种宽容的气氛，弄清幼儿犯错的原因，并鼓励幼儿改正错误。惩罚方式要得当，不应过于严厉地惩罚幼儿，要耐心地指导教育幼儿。

（2）不给幼儿说谎的机会。幼儿教师如果明知是哪个幼儿做错了某件事，就不要再大声追责，如大喊"牛奶是谁打翻的""是你把饭菜倒掉的吗""椅子是谁推倒的"。幼儿教师此时应该直接告诉幼儿，哪些行为是不对的，下次应如何避免等。例如，案例中的谭老师可以告诉承承，倒掉饭菜是不对的，大家应爱惜粮食，珍惜农民伯伯的劳动成果等。

（3）不给幼儿贴标签。幼儿教师不要轻易给幼儿贴上爱说谎、品质不好的标签，这会让幼儿认为自己就是个习惯说谎的人，会导致幼儿一直说谎。幼儿教师要让幼儿明白说谎是不对的，说谎会受到十分严厉的责罚，经常说谎会成为不被信任和不受欢迎的人。

（4）正面引导幼儿。幼儿教师要让幼儿明白：诚实是一种美德。幼儿教师可以在幼儿面前表扬其他幼儿说真话的行为，让幼儿知道说真话才会受到夸赞与认可。当说过谎的幼儿说出真话时，幼儿教师一定要及时表扬他，如"我很高兴你能说真话""你真是一个诚实勇敢的小男子汉"。

（5）做幼儿的榜样。无论是幼儿教师，还是家长，都要做幼儿的榜样，不弄虚作假，避免说谎话或找借口。即使是关于疾病、死亡、离异等特殊的事情，幼儿教师和家长也要做到不隐瞒、不欺骗幼儿。

（6）平时多关心幼儿的生活，对幼儿的要求要切合实际情况。幼儿教师要给幼儿创造一些自我展示的机会，让幼儿从展示自己的能力中获得满足感，可以教给幼儿一些人际交往的技巧，让其巧妙地表现自己优秀的一面。

（7）帮助幼儿提高认识事物的能力，区分事实和想象。幼儿的心智发育还不够成熟，对事实和想象还不能完全区分，幼儿教师要提高幼儿的认知能力和分辨能力。

（8）注重家园配合。幼儿教师应当经常和家长取得联系、交流情况，一旦发现幼儿出现有意说谎的行为，就必须家园配合，正确把握对幼儿的期望。

（二）攻击性行为

幼儿教师要能够判断幼儿的哪些行为属于攻击性行为，分析出原因，以便及时进行指导与矫正。

1. 攻击性行为的界定与成因

攻击性行为是一种外部可见的有意损害他人的行为，主要表现在两个方面：一是身体侵犯，即利用身体的一些部位或借助工具伤害他人；二是言语攻击，如通过讥笑、嘲讽、诽谤、谩骂等方式对他人进行欺侮。幼儿的攻击性行为容易造成人际冲突，不利于形成良好的人际关系，会阻碍幼儿个性和社会化的形成与发展。

幼儿攻击性行为的出现与家庭教养方式密不可分。家长对幼儿的行为采取忽视、放任的态度，或者不考虑幼儿正常的心理需求，经常斥责、打骂幼儿，都容易让幼儿形成偏激个性和不良行为。家庭环境对幼儿行为也会产生影响，如父母经常争吵、发生肢体冲突，幼儿就可能会形成自卑、怯懦、冷漠等性格缺陷，也可能会变得十分暴躁。

此外，网络电视节目中的暴力镜头、自身气质特点、同伴影响也是引发幼儿攻击性行为的原因。

2. 幼儿攻击性行为的指导与矫正

对于幼儿的攻击性行为，幼儿教师应及时给予有针对性的指导与矫正。

（1）保持公平与冷静

当幼儿之间出现攻击性事件时，幼儿教师要公平公正、冷静客观地分析幼儿间的矛盾，了解幼儿产生攻击性行为的原因；要区别对待主动攻击行为和被动攻击行为。

微课

幼儿攻击性行为的界定与成因及指导

对主动攻击行为，幼儿教师应该坚决给予制止和纠正，要让主动攻击者认识到攻击行为所造成的后果；认识到只有与同伴建立良好的合作关系，才能被同伴接纳，从而促使其反思、调整自己的行为。而对被动攻击行为，幼儿教师应该引导幼儿采取适度、合理、多样化的还击策略。

（2）关心幼儿，为幼儿创设温暖的集体环境

幼儿教师要真诚地爱护每一位幼儿，不能因为有些幼儿调皮或其他原因而认为他们是"差孩子"

"坏孩子"，对其肆意批评、呵斥。这些幼儿会因得不到教师的爱而变得孤独、自卑，甚至会因对周围产生不满而做出一些不良行为，所以幼儿教师要关心、尊重每一位幼儿，合理评价每一位幼儿；创设一个温暖的幼儿集体，教育幼儿关心、爱护别人。

（3）鼓励幼儿培养亲社会行为

在日常生活中，当幼儿做出合作、分享等亲社会行为时，幼儿教师要及时进行表扬和鼓励，培养幼儿的利他行为。一位幼儿在面对一个有可能引起攻击性行为的环境时，如缺少玩具、游戏场地狭小等，若能自觉做出一些利他行为，也是其礼仪修养的表现。

（4）培养幼儿的移情能力

移情是对他人状态的一种替代性的情感体验和反应。幼儿如果缺乏一定的移情能力，在攻击其他幼儿时，就不能体会到他人遭受的痛苦，也不会产生羞愧和内疚感。因此，幼儿教师可以通过培养幼儿的移情能力来减少其攻击性行为。当幼儿出现攻击性行为时，幼儿教师要让其认识到他所造成的严重危害，并启发幼儿换位思考，促使幼儿产生内疚感。这种内疚感会使幼儿在以后的场合中，避免做出攻击性行为。

（5）为幼儿树立解决冲突的榜样

幼儿会因为缺乏解决冲突的恰当策略而无法妥善解决冲突，幼儿教师可以引导幼儿利用亲社会行为如分享、合作等妥善解决冲突，也可以引导幼儿向他人求助。当幼儿在冲突情境中通过自己的能力解决了冲突时，幼儿教师要及时地进行表扬，强化这一行为。幼儿教师的这一行为一方面能使幼儿继续采用这种方式解决冲突，减少攻击性行为；另一方面又为其他幼儿树立了解决冲突的榜样，让其他幼儿在面临类似情境时，能按幼儿教师认可的榜样行为解决冲突，从而可以有效地减少幼儿的攻击性行为。

（三）不爱分享行为

幼儿比较普遍存在不爱分享的心理。无论是在幼儿园还是在家中，很多幼儿都有不爱分享的行为。不管是食品还是玩具，他们都会来一句话："这是我的。"不爱分享的行为不利于幼儿良好品质的发展。

1. 分享的内涵及幼儿不爱分享的原因

分享是人类的一种亲社会行为，指个体主动、自愿与他人共享资源，并从中获得愉悦和满足的社会行为。分享具备三个特征，如图 10-2 所示。

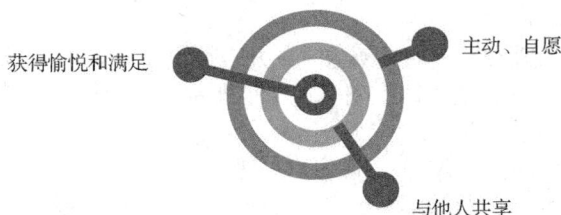

获得愉悦和满足　　主动、自愿　　与他人共享

图 10-2　分享的三个特征

分享是幼儿社会性成长趋于成熟的重要标志。分享意识和分享行为的发展是幼儿社会性发展的一个重要方面，分享意识和分享行为的养成是幼儿建立良好的人际关系、形成健康个性、良好修养的基础。

幼儿教师在日常生活中不难发现，不管是作为分享主体的幼儿还是作为分享行为对象的幼儿，在分享行为发生的具体过程中，都会明显地表现出喜悦和兴奋的情感特征。可见，分享是一种能够给幼儿带来积极的情感体验的同伴互动行为，有助于他们之间关系更加友好、亲密与和谐。

幼儿教师要正确认识幼儿不爱分享的原因（见图 10-3），以便对其进行有针对性的指导。

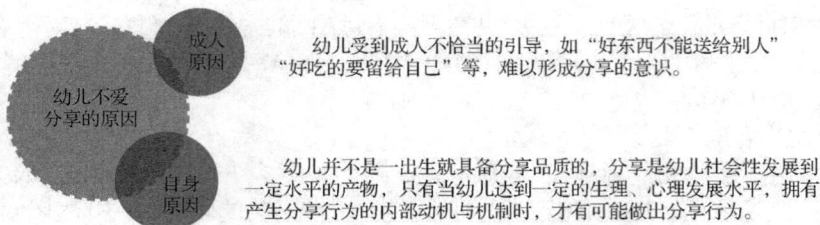

幼儿受到成人不恰当的引导，如"好东西不能送给别人""好吃的要留给自己"等，难以形成分享的意识。

幼儿并不是一出生就具备分享品质的，分享是幼儿社会性发展到一定水平的产物，只有当幼儿达到一定的生理、心理发展水平，拥有产生分享行为的内部动机与机制时，才有可能做出分享行为。

图 10-3　幼儿不爱分享的原因

2. 对幼儿不爱分享行为的指导与矫正

幼儿教师了解幼儿不爱分享的原因后，要及时对幼儿的这种行为进行指导与矫正。

微课
幼儿不爱分享行为的
原因与指导

（1）遵循幼儿的身心发展规律，满足幼儿的心理需要

幼儿表现出不爱分享的行为与他们的心理发展特点有关，他们此时思维发展的主要特点是以自我为中心，所以幼儿教师不能随意把幼儿不爱分享的行为贴上"自私"的标签。

另外，幼儿在分享意识和分享行为上存在年龄差异，幼儿教师要懂得区别对待。

4岁前幼儿的自我中心思维比较严重，他们还未建立分享的概念，幼儿教师应尊重幼儿的决定，提供足够的玩具和教具，满足幼儿独自游戏和平行游戏的需要。

4~5岁幼儿由于希望受到赞许，开始愿意分享，但他们不能完全理解分享的含义，以为把自己的东西送给别人就是分享，幼儿教师要强化幼儿的物权意识，告诉他们"分享是每个人都可以玩，而不是送给别人"，让他们对自己持有的物品具有绝对的安全感，促进幼儿分享意识的发展。

5岁以后幼儿的思维还没有完全去自我中心化，他们在分享中会时常表现出言行不一致的情况，这时幼儿教师需要帮助幼儿将分享转化为自觉的行动，指导幼儿怎样分享物品，强化幼儿的愉快体验，从而激发幼儿再次尝试分享的愿望。

（2）为幼儿树立学习的榜样

幼儿教师是幼儿模仿的重要对象，其日常行为、言谈举止和情感态度随时都对幼儿的发展产生重要的影响，所以幼儿教师要善于抓住一切有利时机为幼儿做好行为示范。例如，在分发物品时，要有意识地将这些物品以分享的形式来呈现；当自己有了快乐体验时，可以用分享的形式讲给幼儿听。

另外，同伴也是幼儿观察学习的重要对象，幼儿教师要善于发现并在班中树立有分享行为的好典型，供其他幼儿学习。例如，某位幼儿有分享某种物品的行为时，幼儿教师要做出积极的评价和鼓励，以激发其他幼儿去模仿和学习。

（3）创设分享的情境和机会，增强幼儿的分享体验

培养幼儿的分享意识和分享行为不能仅仅是道理的灌输，应重视幼儿的主动实践。幼儿教师应通过适当的方法引导幼儿，在主观上让幼儿产生分享的内在动机与愿望，形成分享意识，从而使幼儿的分享行为更加稳定、自觉。

当幼儿主动表现出分享行为时，幼儿教师要及时用鼓励、赞许、奖励等方式强化幼儿的分享行为，让幼儿体验到和大家分享是件很快乐的事情，从而激励幼儿继续做出这种行为。例如，有小朋友过生日时，幼儿教师在请大家唱完生日歌、说完祝福词后，就可以请"小寿星"为大家分发生日蛋糕。这是小朋友共同期待的时刻，在这一时刻，大家分享食物，体会过生日快乐的心情，以及由分享带来的乐趣。

（4）正面强化为主，避免过度强化

改变幼儿不爱分享的行为，塑造幼儿愿意分享的良性行为，应以积极、正面的强化为主，少用

惩罚，同时也要避免过度强化，避免幼儿只是为了获得表扬之类的外部动机而做出分享行为。

常用的正面强化方式有口头语言强化和肢体语言强化两种，如图10-4所示。

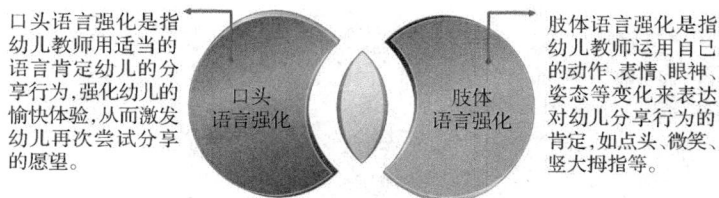

口头语言强化是指幼儿教师用适当的语言肯定幼儿的分享行为，强化幼儿的愉快体验，从而激发幼儿再次尝试分享的愿望。

口头语言强化

肢体语言强化

肢体语言强化是指幼儿教师运用自己的动作、表情、眼神、姿态等变化来表达对幼儿分享行为的肯定，如点头、微笑、竖大拇指等。

图10-4　常用的正面强化的两种方式

幼儿都特别希望得到幼儿教师的表扬。幼儿教师是幼儿心目中的权威人物，幼儿为了得到幼儿教师的赞许和认可，常常努力做出幼儿教师期待的行为。需要注意的是，幼儿教师应适度使用表扬和奖励，否则会使幼儿为了得到表扬和奖励而做出分享行为，难以形成自律的人格。

（5）分享教育应把握好尺度

成人常常教育幼儿要学会分享，不能自私，心中要有他人。幼儿教师对幼儿的分享教育非常必要，但需要把握好尺度，不能过分强调分享，而无视幼儿正当且合理的权益。过分强调分享的教育，对于幼儿来说，就有可能意味着不要按自己的愿望行事，应为了让家人或幼儿教师满意而放弃自己的愿望，意味着不要爱自己、不要成为自己，应服从于某些比自身更重要的东西，服从于外在的权威。

因此，需要特别强调的是，提倡分享并不是不要保护幼儿自身的正当权益，不是要剥夺幼儿独立思考、独立做出决定和独立行事的能力。幼儿教师在对幼儿进行分享教育时，也要教育幼儿在尊重自己的权益和情感的前提下，学会合理拒绝和接受他人的拒绝。

幼儿教师可以教给幼儿一些必要的分享技巧。例如，当自己的东西数量有限时，可以拒绝与他人分享；当别人借用自己的物品时，可以告诉对方如何使用、保护它；对不属于自己的东西，不要独占，更不能多次要求他人进行分享等。

二、幼儿行为素质培养的要求

为了更好地培养和提升幼儿的行为素质，幼儿教师需要掌握幼儿行为素质培养的要求。幼儿行为素质培养的要求主要包括以下几点。

（一）价值引领

培养幼儿的行为素质，不仅要重视对幼儿进行行为的训练，还要注意对幼儿进行行为背后价值观念的引领。只有这样，幼儿的行为才更具有可持续性；碰到类似的行为情境时，幼儿才能主动、有效地采取适宜的应对行为。

例如，在训练幼儿在洗手间洗手的行为时，不仅应告诉幼儿认真洗手，洗完手后要甩甩手，还要告诉幼儿，甩手时要在洗手池中甩，让手上的水珠全部落在水池中，不能搞得满地都是，否则会给他人带来麻烦，也是不尊重他人劳动成果的表现等。这一行为的价值观念是"心中有他人，不给他人带来麻烦"。久而久之，幼儿就会形成一种十分坚定的价值观念，而且这种价值观念会成为其今后一切行动的指导。

幼儿教师要将社会主义核心价值观（富强、民主、文明、和谐；自由、平等、公正、法治；爱国、敬业、诚信、友善）渗透于日常的幼儿行为训练中，让社会主义核心价值观深入幼儿的内心，并成为他们行动的指南。

下面提供幼儿行为素质培养的一些教育思路。

（1）富强：懂得节约，热爱劳动，有信仰。

（2）民主：少数服从多数，懂得商量，尊重他人及其不同意见。

（3）文明：文明礼貌，爱护女性，懂得女士优先，不给他人添麻烦，不随地吐痰，不乱扔垃圾，不大声喧哗。

（4）和谐：有环保意识和行为、谦让意识和行为、分享意识和行为，学会与人合作，有宽容之心。

（5）自由：以不影响他人为前提追求自己的自由、游戏自主性。

（6）平等：有序排队，抽签决定次序。

（7）公正：看到他人的优点不嫉妒，为他人的进步、成功而高兴。

（8）法治：遵守常规，维护秩序，遵守游戏规则。

（9）爱国：爱自己，爱家人，爱同伴，爱老师，爱幼儿园，爱家乡。

（10）敬业：有责任心，物归原处，自己的事情自己做，培养独立生活的意识和能力。

（11）诚信：不说谎，说话算数，兑现承诺。

（12）友善：与其他幼儿友好相处，从善的角度理解他人，爱一切生命，乐于助人，懂得成人之美，有同情心。

平时，幼儿教师不仅要在行为训练方面对幼儿进行正确价值观念的引导，还要防范错误的价值观念对幼儿的误导。

（二）一致性

为了取得更加好的行为训练效果，幼儿教师要坚持一致性原则，要做到前后要求一致，不同教育者的要求一致，家园要求一致，说的和做的一致。只有坚持一致性原则，家园才有可能在幼儿行为教育上形成合力，才有可能取得"1+1＞2"的教育效果，否则不仅可能教育无效，还可能出现负面的教育效果。

例如，幼儿教师教育幼儿得到他人的帮助时要说"谢谢"，可是幼儿回家后对给他夹菜的爸爸说"谢谢"后，爸爸却跟他说："自家人，别来这一套。"如此，幼儿刚刚出现的文明礼貌行为可能就消失了。

（三）示范性

示范性就是要求幼儿教师做好幼儿的示范，也就是说幼儿教师在训练幼儿的行为习惯时，要求幼儿做到的，自己要先做到，以便给幼儿树立一个良好的行为榜样。

强调示范性的理由：一是幼儿喜欢模仿，模仿是幼儿行为习得的一个重要途径；二是幼儿教师就是幼儿特别喜欢模仿的对象之一；三是幼儿行为方面的模仿学习，许多时候是一种无意识的学习，是在不知不觉中受到影响、习得的行为。

三、幼儿行为素质培养的方法

学习幼儿行为素质培养的方法，有利于幼儿教师更加有效地对幼儿进行行为管理，培养幼儿良好的行为素质。

幼儿行为素质培养的方法主要有以下几种。

（一）自然后果法

法国著名教育家卢梭曾提出，可以通过幼儿体验其过失的不良后果，来纠正他们的过失。有时幼儿出现不良行为后，幼儿教师不必直接进行教育，而让幼儿亲身体验不良行为所带来的后果，从而使其记住教训、明白事理，这就是自然后果法。

例如，幼儿园为了纠正幼儿不好好吃饭的行为，便规定用餐时间为 30 分钟，到时间就收碗，尝试让那些不专心吃饭的幼儿感受一下挨饿的滋味，即让其体验到"不好好吃饭"的后果，从而改掉"不好好吃饭"的不良行为。

需要注意的是，幼儿教师要在确保安全的前提下运用这种方法，不轻易地进行补救，但也要重视幼儿自身的情况。

（二）表扬奖励法与批评惩罚法

表扬奖励法是指对表现出幼儿教师所期待的良好行为的幼儿及时进行表扬、奖励，进而提高其良好行为发生概率的行为训练方法。批评惩罚法就是对表现出不良行为的幼儿及时进行批评惩罚，进而降低其不良行为发生概率的行为训练方法。幼儿教师对幼儿要多表扬、少批评，表扬奖励与批评惩罚的比例最好控制在 3∶1。

幼儿教师在运用表扬奖励法和批评惩罚法时，要注意及时性原则，让良好行为与良好情绪、不良行为与不良情绪建立紧密联系，这样才容易取得更好的行为训练效果。另外，表扬奖励要让幼儿知道其行为具体好在哪里，批评惩罚要让幼儿知道其行为具体错在哪里，越具体越好，要让幼儿知道其今后行为的发展方向。

（三）行为榜样法

幼儿是喜欢模仿的，幼儿教师可以通过提供适宜的行为榜样，为幼儿模仿学习做人做事提供榜样，进而促进幼儿良好行为的发展。榜样可以是幼儿教师自身，也可以是幼儿的同伴或幼儿自己，还可以来自文学艺术作品，特别是幼儿喜欢的影视角色等。

（四）代币法

代币是一种符号，可以是小红花、五角星、小红心，也可以是记分卡、点数等。代币法就是一种运用代币来激励幼儿良好行为的方法，当幼儿表现出良好行为时，就奖励他一个或若干个代币；当他出现不良行为时，就扣除他一个或若干个代币，进而促使其不再出现不良行为。

为了提高代币的激励作用，幼儿教师要让代币具有累积兑换功能。例如，某幼儿园教师规定，帮助幼儿园里的小伙伴，一次可以得到 2 个代币；主动向教职工问好，一次可以得到 1 个代币；积极回答老师提出问题，一次可以得到 1 个代币；用 50 个代币可以兑换一个能够挂带胸前的小红心。研究表明，花掉代币比不花掉代币的教育效果要好得多。

如果代币不能兑换成幼儿喜欢的物品或活动，那么随着时间的推移，幼儿就会对代币失去兴趣，代币就会失去其原有的激励功能。

（五）环境暗示法

环境暗示法就是通过具有暗示性的环境间接地对幼儿的心理和行为产生影响，进而促进幼儿做出幼儿教师所期望的行为的训练方法。幼儿教师要通过让环境"说话"，帮助幼儿了解在不同的环境里的行为规范要求，进而达到规范幼儿行为的目的。

例如，在需要幼儿排队的地方绘制排队的小脚印，可以帮助幼儿学会排队。又如，为了让幼儿能够在阅读区保持安静、不影响他人，幼儿教师和幼儿一起设计了一幅"一个小嘴巴前竖着一根小手指"的图片，并把它贴在了阅读区的墙壁上。

环境暗示法可以避免幼儿对幼儿教师的简单命令、重复命令产生抵触心理。对于环境中蕴含的教育指令，幼儿一般不会产生抵触心理，而且乐于接受，进而形成良好的行为习惯。

思考与练习

1. 幼儿礼仪教育的内容是什么？
2. 幼儿礼仪教育的方法有哪些？
3. 幼儿行为素质培养对幼儿教师的要求有哪些？

拓展训练

1. 两个小朋友因为抢同一个玩具，发生了冲突。小朋友甲说："这玩具是我先拿的，而且我一直在玩，就是刚才去喝水了。是他把我的玩具抢走了。"小朋友乙说："我没有抢，我看玩具放在桌子上没人玩，我才玩的。"假设你是幼儿教师，请你简述你的处理方法。

2. 早餐时，有个小朋友不小心打翻了牛奶，但他害怕被老师训斥，于是说："不是我打翻的，我看到是宾宾弄的。"作为幼儿教师，你如何对这个小朋友进行教育。

参考文献

[1] 王换成. 学前教育学[M]. 北京：清华大学出版社，2019.

[2] 赵晓丹. 幼儿教师的沟通与表达[M]. 北京：北京师范大学出版社，2012.

[3] 李红响. 保教知识与能力：幼儿园[M]. 北京：化学工业出版社，2021.

[4] [英]露西·皮特. 给幼儿教师的 100 个创意：幼儿园班级设计与管理[M]. 北京：中国青年出版社，2015.

[5] 郁琴芳，温剑青. 教师家庭教育指导实务（学前版）[M]. 上海：上海社会科学院出版社，2018.

[6] 穆清. 教师礼仪[M]. 长春：吉林教育出版社，2018.

[7] 李国祥，夏明娟. 幼儿心理学：慕课版[M]. 2 版. 北京：人民邮电出版社，2023.

[8] 张莉. 幼儿学习与教育心理学[M]. 北京：北京大学出版社，2017.

[9] 穆清. 职场礼仪[M]. 长春：吉林教育出版社，2019.

[10] 周小虎. 学前教育政策与法规[M]. 上海：华东师范大学出版社，2018.

[11] 徐旭荣. 学前教育学[M]. 北京：人民邮电出版社，2015.